Sonja Berndl

WANDERN im BAYERISCHEN WALD

Natur genießen zwischen Deggendorf, Zwiesel & Spiegelau

SüdOst Verlag

Vorwort

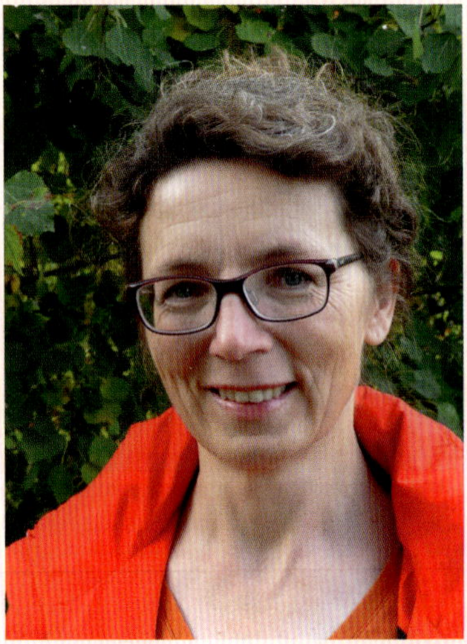

Ich heiße Sonja Berndl, lebe im Bayerischen Wald, bin viel und gern in unserem wunderschönen Bayerischen Wald unterwegs. Das kann einfach vor der Haustür um die Ecke sein oder in der näheren oder weiteren Umgebung. Dabei entdecke ich immer wieder Neues, an dem Sie mit diesem Wanderführer teilhaben können.

In der Wanderregion zwischen Deggendorf, südlichem Zwieseler Winkel und Spiegelau findet man ein dichtes Nebeneinander von Berggipfeln, naturnahen Wäldern, lauschigen Fluss- und Bachtälern sowie sattgrünen Kultur- und Naturlandschaften. Durch die kleinstrukturierte Landschaft des Naturparks ergeben sich dabei oft überraschend schöne Aus- und Weitblicke und viele verschiedene Landschaftseindrücke. Hier gibt es so viel zu sehen, zu bestaunen und zu entdecken! Ich bin von der Vielfalt immer wieder begeistert. Kaum bekannte Wanderwege, auf denen man meist nur Einheimischen begegnet, führen zu versteckten Naturplätzen. Entdecken Sie Kostbarkeiten wie den Stoaberglweg, auf dem Sie den Spuren des Teufels nachspüren können. Oder besuchen Sie einen noch unentdeckten Naturschatz: das Naturschutzgebiet der Mitternacher Ohe mit seinen gurgelnden Zuflüssen um die ursprünglichen Bachtäler Gernbach und Röhrnachmühlbach. Dann wieder geht es auf stillen Wegen mitten ins Herz bewährter Wanderziele wie Geißkopf oder Hennenkobel. Man glaubt gar nicht, dass man nur wenige Meter abseits der Wanderklassiker schon wieder fast alleine unterwegs ist. Die Natur lässt sich in dieser abwechslungsreichen Landschaft bei Wanderungen am Wasser, durch Wälder und über Wiesen, Hügel und Berge in vielen Facetten genießen. Wie schon in meinem ersten Wanderführer „Lallinger Winkel und Sonnenwald" habe ich auch hier wieder eine Mischung aus kurzen und langen, steilen und bequemen Touren aufgenommen. Damit für jede*n etwas dabei ist, fiel die Wahl auch auf neue Wegführungen zu Wanderklassikern und auf Wanderwege und Ziele, die kaum jemand kennt und die damit oft die ruhigeren Seiten der Wanderregion sind. „Wandern ist eine Tätigkeit der Beine – und ein Zustand der Seele“, sagte der Schriftsteller Josef Hofmiller. Ich hoffe, Sie können mit diesem Wanderführer ein Stück vom glückseligen Zustand der Seele erleben! Viele schöne Stunden beim Wandern und Unterwegssein wünscht Ihnen

Sonja Berndt

Wandern mit GPS

Dieses Buch ist so aufgebaut, dass Sie die Wege mithilfe der Tourbeschreibungen und der abgebildeten Karte auch ohne moderne Technik finden können. Es kann aber sicher nicht schaden, wenn man im Zweifelsfall auf technische Hilfsmittel zurückgreifen kann; besonders nützlich ist die elektronische Unterstützung auf unmarkierten Streckenabschnitten. Deshalb bieten wir unseren Lesern auf der Webseite des Verlags die GPS-Daten zu diesem Wanderführer kostenlos zum Download an.

Die Adresse der Webseite lautet: **https://gps.battenberg-gietl.de/**. Geben Sie zuerst das Passwort **sP131V4d** in das entsprechende Feld ein und klicken Sie dann bei der Tour Ihrer Wahl auf den Download-Button.

Die GPS-Daten wurden sorgfältig von der Autorin erstellt. Es kann aber vorkommen, dass Ihre Position aus technischen Gründen nicht exakt angezeigt werden kann. Mithilfe der Wegbeschreibungen und einer Wanderkarte sollten Sie sich aber stets orientieren können.

Die Touren sind im gängigen GPX-Format gespeichert. Sie können einzelne Touren direkt herunterladen oder gleich alle auf einmal; in dem Fall erhalten Sie eine ZIP-Datei, die Sie erst einmal „entpacken“ müssen.

Um die GPS-Daten benutzen zu können, benötigen Sie ein Smartphone (iPhone oder Android) mit GPS-Empfänger und eine App, die GPX-Dateien darstellen kann (z.B. Komoot, Bergfex, Outdooractive o. ä.). Sie sollten nach Möglichkeit die Dateien so speichern, dass Sie sie offline nutzen können, da häufig Wälder und Berge beim Netzausbau nicht vorrangig behandelt werden und es im Online-Betrieb bei schlechtem Netz zu lästigen Verzögerungen kommen kann.

Navigationsaufgaben verursachen meist einen höheren Energieverbrauch auf dem Smartphone. Achten Sie daher besonders bei längeren Touren darauf, dass der Akku ausreichend aufgeladen ist.

Inhaltsverzeichnis

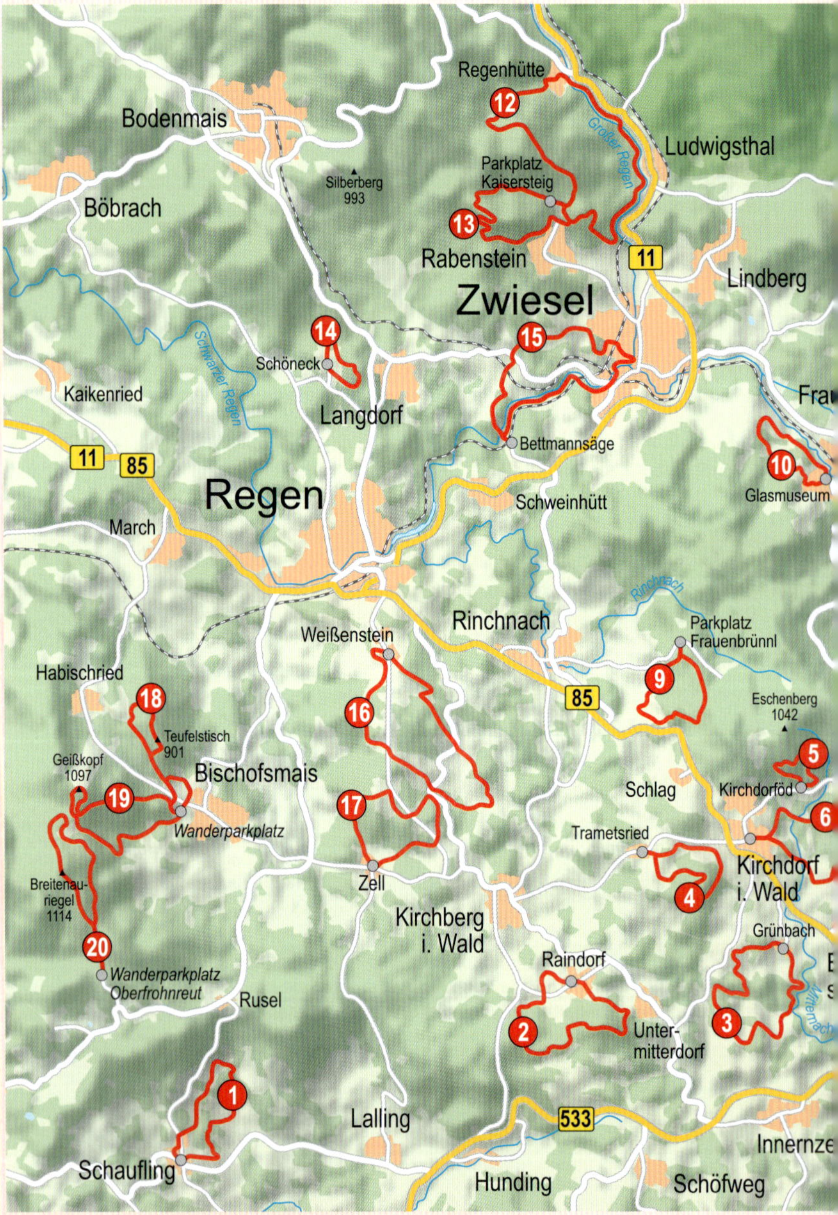
Regenhütte
Bodenmais
Ludwigsthal
Großer Regen
Silberberg
993
Parkplatz
Kaisersteig
Böbrach
Rabenstein
Lindberg
Zwiesel
Schwarzer Regen
Schöneck
Kaikenried
Langdorf
Bettmannsäge
Glasmuseum
Regen
Schweinhütt
March
Rinchnach
Rinchnach
Weißenstein
Parkplatz
Frauenbrünnl
Habischried
Eschenberg
1042
Teufelstisch
901
Geißkopf
1097
Bischofsmais
Schlag
Kirchdorföd
Wanderparkplatz
Trametsried
Kirchdorf
i. Wald
Breitenau-
riegel
1114
Zell
Kirchberg
i. Wald
Grünbach
Raindorf
Wanderparkplatz
Oberfrohnreut
Rusel
Unter-
mitterdorf
Mitternach
Lalling
Schaufling
Hunding
Schöfweg

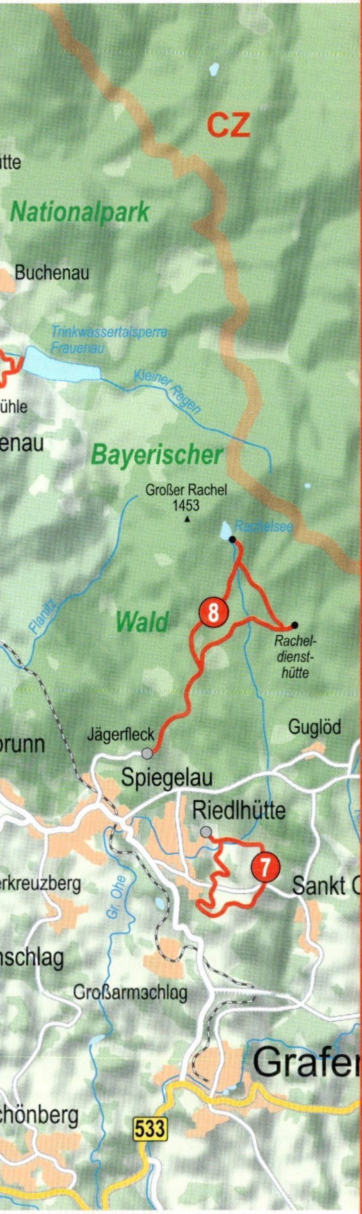

1. Verschlungene Wege um Schaufling
2. Felsenmeer am Plattenstein
3. Naturschutzgebiet Mitternacher Ohe und Rossschwemme
4. Stoaberglweg und Pfaffenberg
5. Felstürme am Habichtstein
6. Auf den Hessenstein
7. Bienstand, Moorgeflüster und Goldwaschplatz
8. Ochsenklavier und Rachelsee
9. Riedstein und Wallfahrtskirche Frauenbrünnl
10. Rastplatz- und Panoramarunde um Frauenau
11. Trinkwassertalsperre Frauenau
12. Wasserwege: Großer Regen und Schachtenbach
13. Hennenkobel und Ablegbachl
14. Aussichtsturm am Oberberg und schönes Eck
15. Landschafts- und Naturgenuss um Zwiesel
16. Burgruine Weißenstein und Pfahl
17. Einsame Wanderung um Zell
18. Bizarre Felsen am Teufelstisch
19. Über das Landshuter Haus zum Geißkopf
20. Hochmoor und verlassenes Dorf auf der Oberbreitenau

Wandern zwischen Deggendorf, Zwiesel und Spiegelau

Die Wanderregion zwischen Deggendorf, südlichem Zwieseler Winkel und Spiegelau befindet sich mitten im Naturpark Bayerischer Wald und grenzt im Osten an den Nationalpark Bayerischer Wald, dem die Tour zum Rachelsee gewidmet ist. Der Naturpark liegt im Südosten von Deutschland, befindet sich zwischen der Donau und der bayerisch-tschechischen Grenze und reicht teilweise bis an die österreichische Grenze.

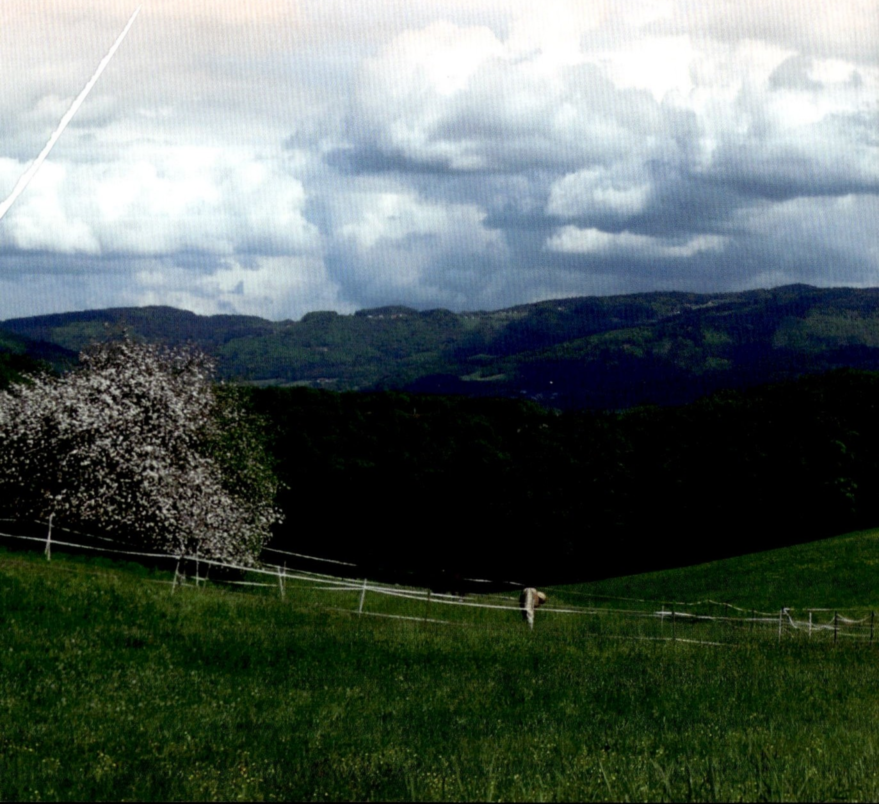

Der Naturpark Bayerischer Wald besteht seit 1967, ist ein großräumiger Kultur- und Landschaftsraum und verfügt aktuell über eine Fläche von 278.000 ha, was knapp 390.000 Fußballfeldern entspricht. Damit gehört er zu einem der größten Naturparks in Deutschland, dessen Waldanteil etwa die Hälfte der Fläche beträgt. Er gliedert sich in Vorderer Bayerischer Wald, Donautal, Täler von Ilz und Regen sowie Innerer Bayerischer Wald.

Der Schwerpunkt dieses Wanderführers liegt in Teilen des Vorderen und Inneren Bayerischen Waldes sowie in den Tälern des Großen und Schwarzen Regen. Im Naturpark existiert eine hohe Arten- und Biotop-Vielfalt, leben noch seltene Tiere wie Auerhuhn, Luchs und Fischotter. Durch besondere Pflegemaßnahmen gedeihen auf Bergwiesen bunte Blumen. Naturparks fördern den Erhalt oder die Wiederherstellung dieser Tier- und Pflanzenwelt sowie die historisch gewachsene, vielfältig genutzte Natur- und Kulturlandschaft. Darum ändert sich in der genannten Wanderregion oft das Landschaftsbild, offene, aussichtsreiche Wiesenflächen wechseln sich mit Wäldern und munter sprudelnden Gewässern ab. Diese kleinteiligen Landschaftsstrukturen ergeben vielgestaltige, interessante Wanderungen.

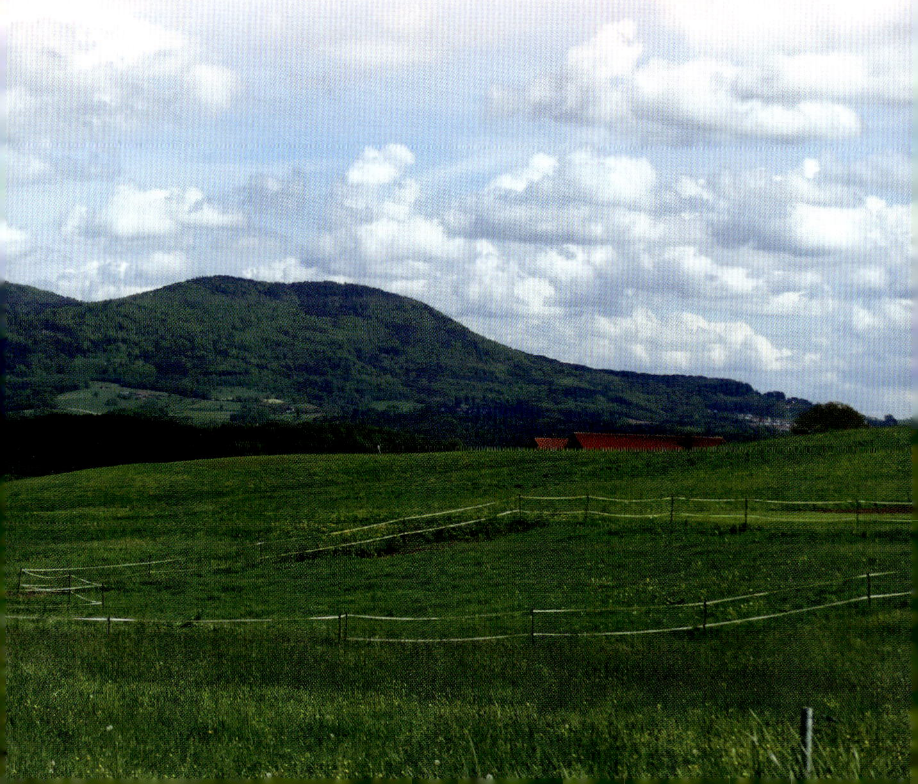

Verschlungene Wege um Schaufling

Leicht

8,0 km

↓↑ 142 m

2½ Std.

Schaufling – Böhaming – Ensbach – Schaufling

Faszinierende Fernblicke, malerische Hohlwege, leise gurgelnde Bäche und eine sanft geschwungene Landschaft sind der besondere Reiz dieser idyllischen Runde.

Zusatz-Info:
Wer unterwegs einkehren will, biegt bei der einsamen Scheune ② mit dem blauen Goldsteig links zum Düllhof in Ensmannsberg ab (kurzer Abstecher).

Parken:
In der Dorfmitte von Schaufling gibt es viele Parkplätze. (Navi: Hauptstraße, 94571 Schaufling)

Tourist-Information:
Hauptstr. 10
94551 Lalling
Tel. 09904 374

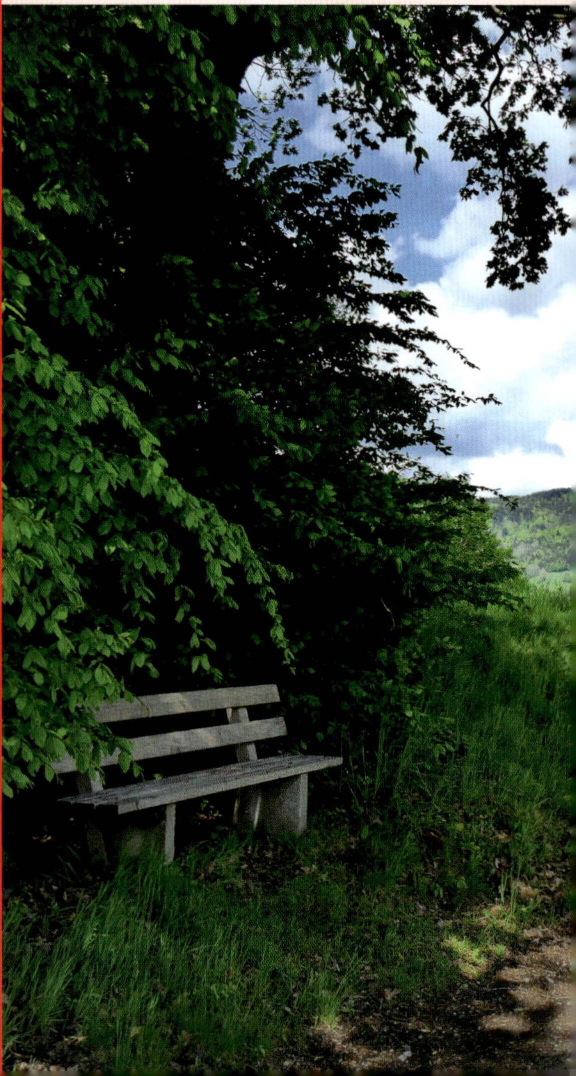

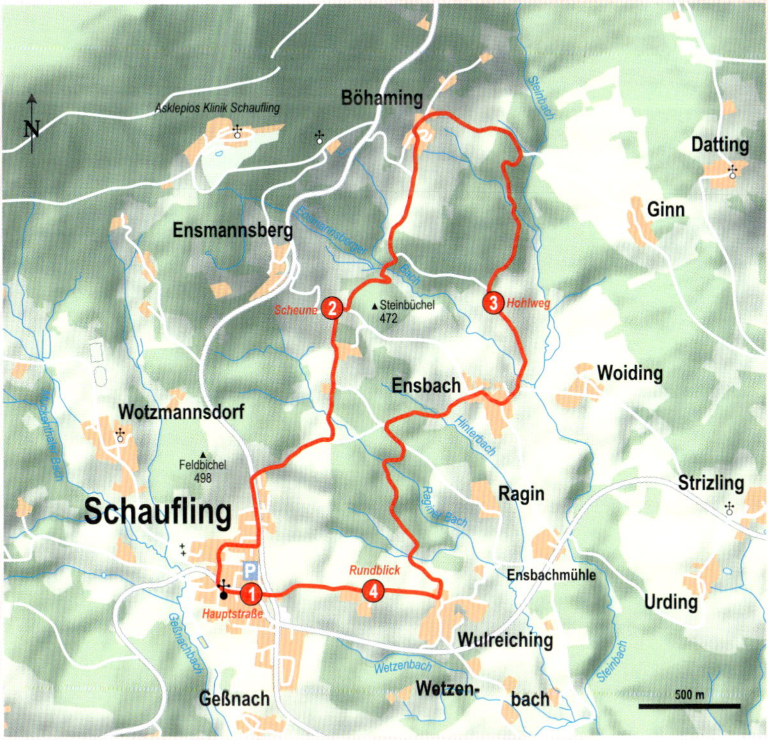

1 Start Schaufling / Parkplatz Hauptstr.

2 Einsame Scheune

3 Hohlweg

4 Rundblick

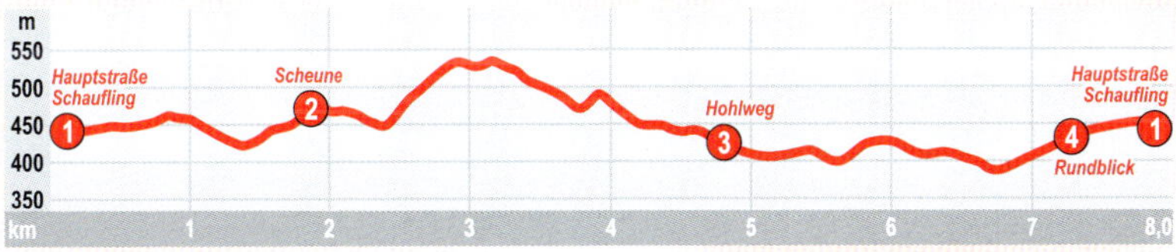

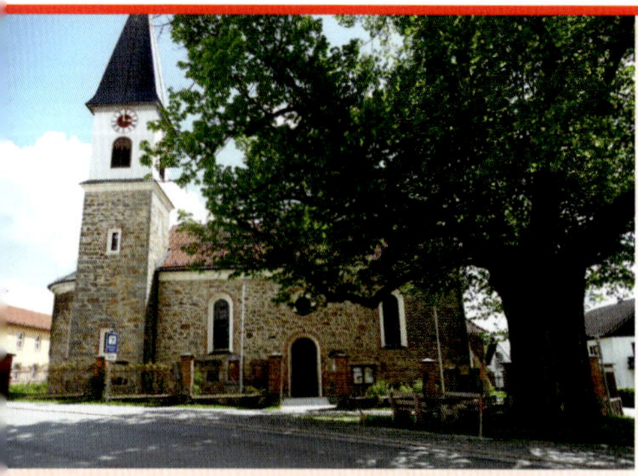

In Schaufling

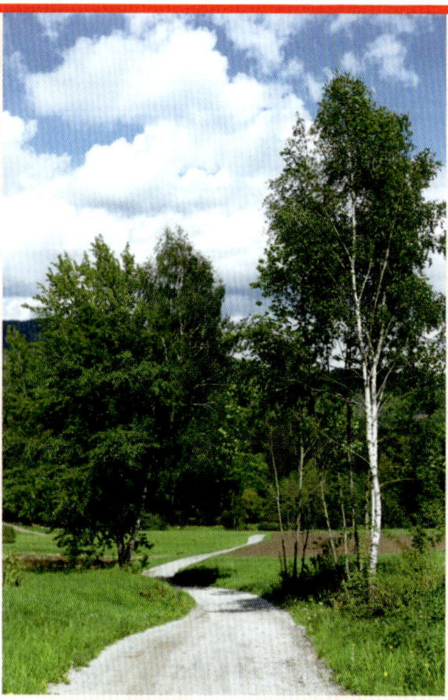

Zwischen Schaufling und Ensmannsberg

In Schaufling 1 gehen wir auf der Hauptstraße links zur alten Linde bei der Kirche. Die Straße überqueren wir und biegen neben dem Dorfladen mit dem blauen Goldsteig und der roten 17 Richtung Ensbach in die Dorfstraße rechts ab. Die Markierung lotst durch das Dorf auf eine größere Straße, der wir links folgen. Beim Ortsschild wechseln wir auf die rechte Straßenseite auf den ansteigenden Fußweg.

Oben geht es rechts auf einem Feldweg mit herrlicher Aussicht auf Brotjacklriegel und Büchelstein weiter. Mit schönem Blick auf

Blick zum Büchelstein

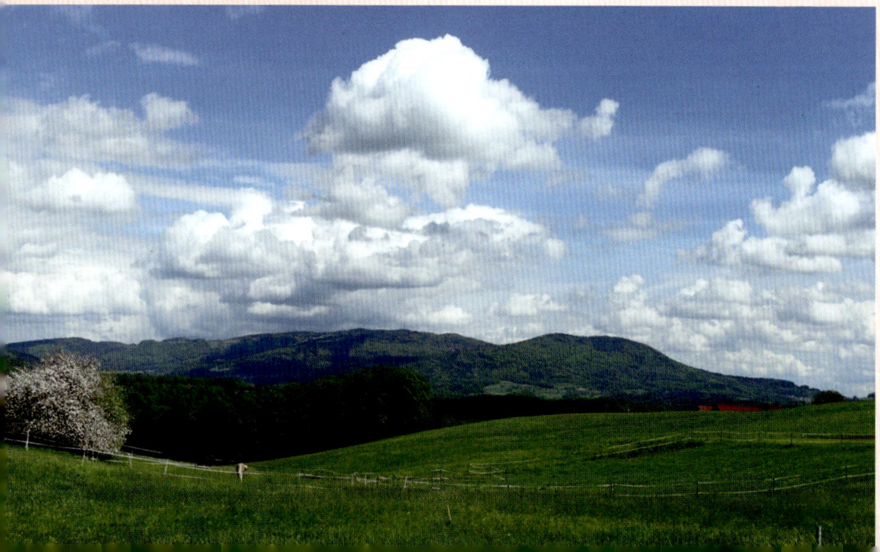

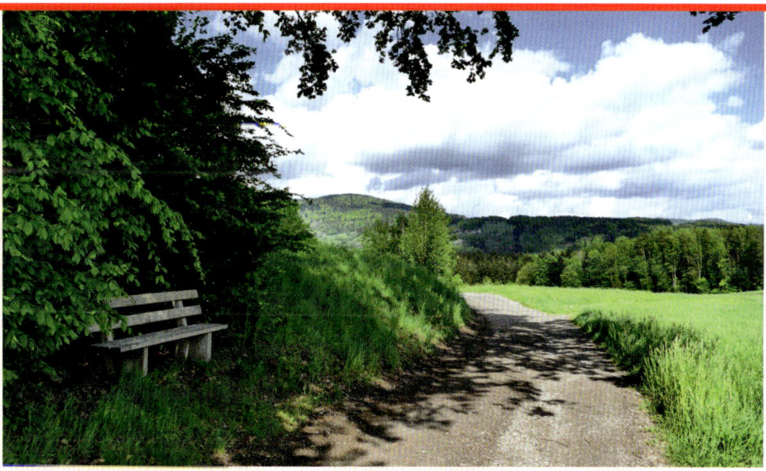

Rastplatz bei Schaufling

den Hausstein kommen wir in der Senke an einem kleinen Wasserlauf mit Biberspuren vorbei. Ein kräftiger Anstieg bringt uns zu einer einzeln stehenden Scheune ❷, wo wir mit der roten 17 Richtung Ensbach rechts abbiegen. Nach 60 m beginnt links ein Wald. Gleich vor dem Wald zweigen wir links auf den unmarkierten Wiesenweg am Waldrand ab. Nach weiteren 60 m biegt im hinteren Bereich der „Wiesenecke" rechts ein Waldweg ab. Dieser lotst zuerst eben und dann abfallend durch schattigen Mischwald in ein bezauberndes Tal. Wir stoßen wieder auf den blauen Goldsteig und halten uns links. An

Biberspuren

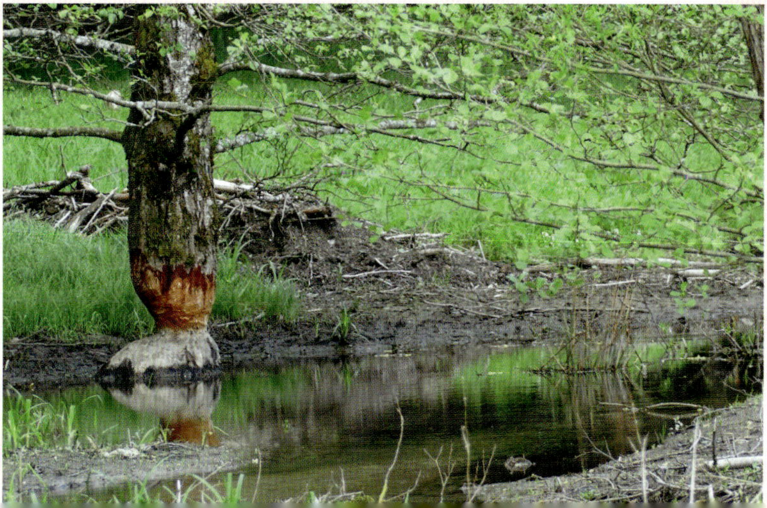

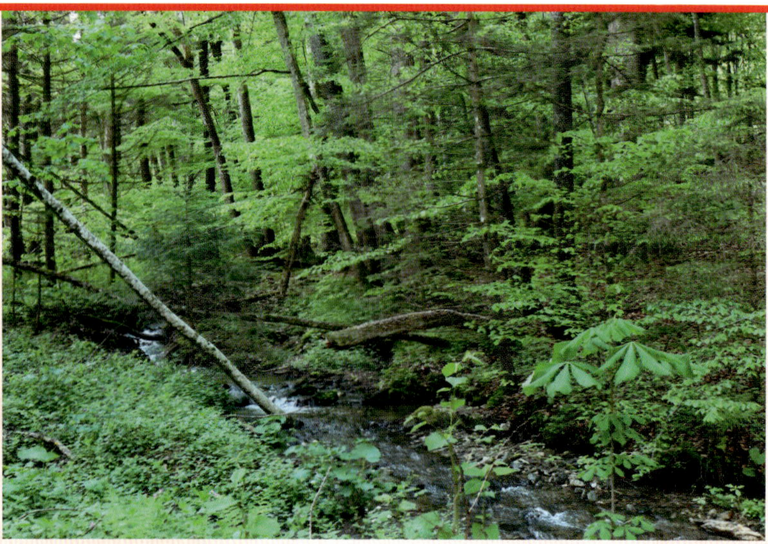

Bach kurz vor Böhaming

der Weggabel mit der roten 7 und dem blauen Goldsteig rechts den rauschenden Bach überqueren und durch Wald und dann über Wiesen bergauf gehen. Auf der Kuppe mit Rastbank und Scheune folgen wir dem Goldsteig Richtung Datting geradeaus. Nach dem letzten Haus in Böhaming halten wir uns an der Weggabel rechts. Die Markierung ist vorne bei den Feldgehölzen und lotst bergab über sanft geschwungene Wiesen in den Wald. Bei der Linkskurve zweigt auf der rechten Seite im rechten Winkel ein ansteigen-

Hinter Böhaming

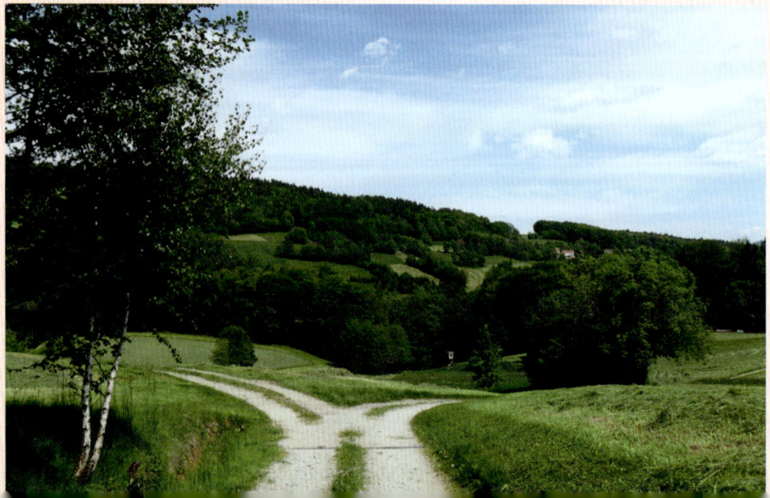

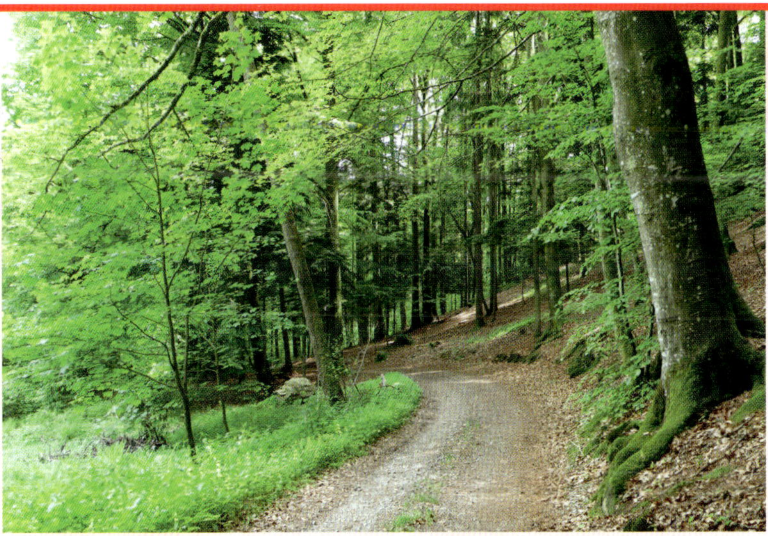

Wald nach Böhaming

der, unmarkierter, aber deutlicher Weg ab. Diesem folgen wir. Oben macht er eine Rechtskurve und wird etwas flacher. Kurz vor einer Futterkrippe zweigt links im spitzen Winkel ein Weg ab. Er kommt von rechts oben und zieht nach links unten. Wir folgen dem schönen, etwas tiefer eingeschnittenen Weg links abwärts durch herrlichen Mischwald. Kurz danach zieht er nach einer kleinen, ebenen Fläche rechts hinab in eine überraschend idyllische Senke. Ein kurzes Stück begleitet uns ein Bächlein, das wir

Ausblick vor dem Hohlweg

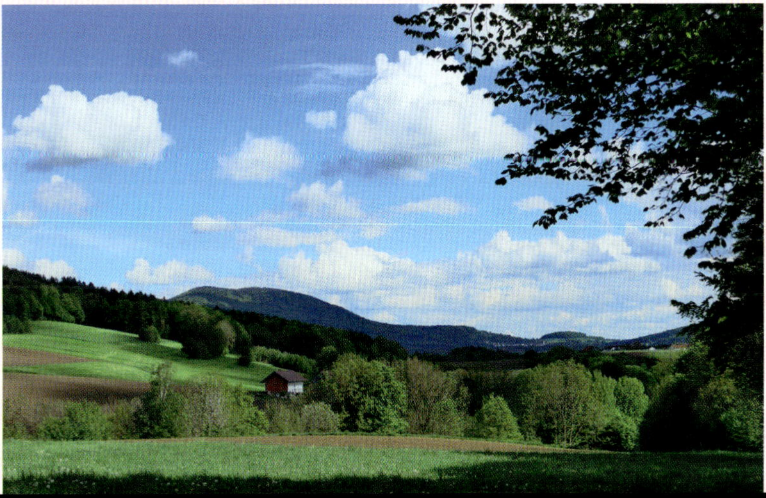

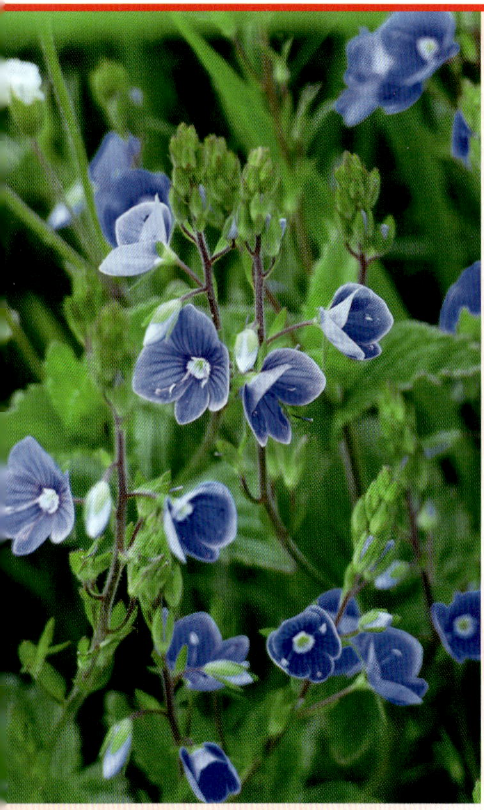

Ehrenpreis

bald auf dem kleinen Waldweg rechts überqueren.

Wir entfernen uns vom Bach, der links von uns fließt. Nach einem kurzen, abwärts führenden Hohlweg erreichen wir eine Senke vor einer Lichtung und eine Wegspinne. Hier rechts halten, den ebenen, deutlichen Weg nehmen. Kurz darauf steigt er wieder an. Von rechts oben kommen weitere Wege dazu, die wir ignorieren. Wir treten aus dem Wald und haben links einen schönen Blick auf den breiten Rücken des Büchelstein. Geradeaus dem Weg zwischen Feldgehölzen abwärts folgen, der kurz darauf in einen tollen Hohlweg ❸ übergeht. Auf der Ebene stoßen wir zwischen den Wiesen auf einen Querweg, folgen diesem rechts. Über einen Bach erreichen wir eine Straße in Ensbach. Wir gehen rechts, treffen an der nächsten Straßenabzweigung auf die rote 17 und folgen dieser rechts durch das Dorf Richtung Ensmannsberg. Dabei kommen wir an sehenswerten, unter Denkmalschutz stehenden Bauernhäusern vorbei. Im Dorf zweigen in der scharfen Rechtskurve beim Wasserhydranten der Reitweg und der blaue Goldsteig links ab (die Markierung ist nur von oben kommend zu sehen). Direkt am Haus vorbei leitet der Wanderweg einige Meter links von der Scheune auf die Wiese, führt links neben Gehölzen in die Senke hinab. Am Wassergraben und Waldrand entlang steigen wir geradeaus hinauf in den Wald. Nach einem kleinen Hohlweg treffen wir auf eine Ebene. An der ersten Weggabel halten wir uns mit dem Goldsteig links, wenige Meter weiter noch einmal links. 80 m danach gehen wir auf eine Y-Gabel zu, in deren Mitte zur Zeit der Recherche das blaue Goldsteigzeichen an einem Baum befestigt ist. Wir folgen dem unmarkierten Weg rechts. Nach ein paar Schritten fällt er ab, macht eine Rechtskurve und führt in eine schöne Senke hinab. Dort macht er eine Linkskurve und überquert einen kleinen Bach. An der unscheinbaren Weggabel nach 20 m auf dem rechten, geradeaus führenden Weg bleiben. Er steigt

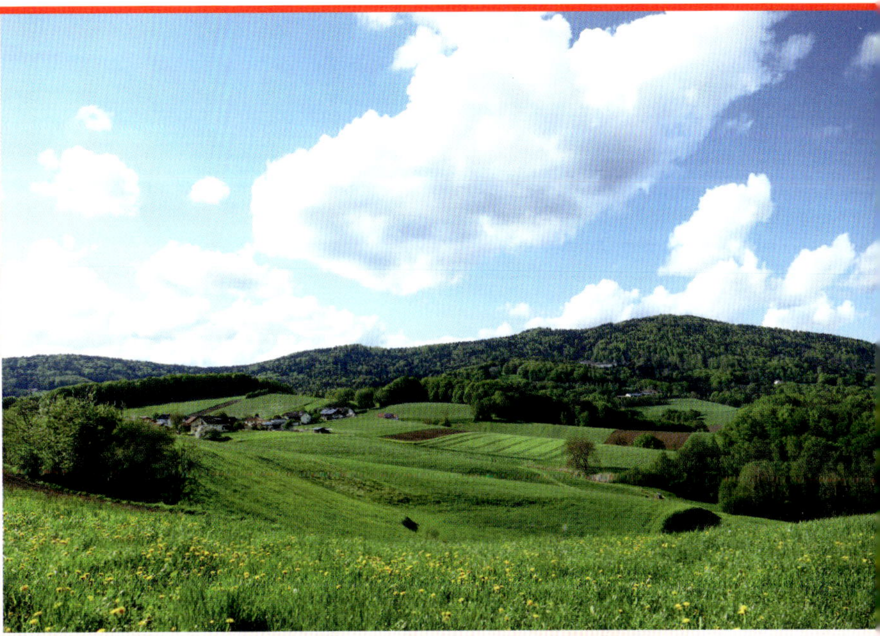

Blick zum Hausstein

kurz danach mit einer Rechtskurve an. An einer T-Kreuzung vor dem Waldrand kommt von rechts ein Hohlweg herunter. Hier links gehen. Der Weg mündet abwärts in einen tiefen Hohlweg und führt aus dem Wald hinaus. Über einen Wiesengrund schlängelt sich der Weg auf die andere Seite des Tales, zieht links hinauf zu den Häusern von Wulreiching. An der T-Kreuzung beim ersten Haus biegen wir rechts ab und sind wieder auf dem blauen Goldsteig. Schnell sind wir aus dem Dorf hinaus. Am Wegrand wachsen gelegentlich bunte Blumen. Leicht ansteigend geht es aussichtsreich über Wiesen und Felder. Kurz vor den ersten Häusern auf der linken Seite hat man einen schönen Rundblick 4 auf die Berge, die den Talkessel des Lallinger Winkels umgeben. Wir erreichen Schaufling, überqueren die Straße und gehen geradeaus zur Hauptstraße, wo wir wieder am Parkplatz ankommen.

Essen/Einkehren:

Direkt am Weg keine Einkehr möglich. Über einen Abstecher siehe Zusatz-Info. Die nächsten Gasthäuser im Anschluss an die Wanderung sind in Ensmannsberg und Lalling.

Felsenmeer am Plattenstein

Leicht/Mittel

9,6 km

↓↑ 177 m

2¾ Std.

Raindorf – Fürbergkapelle – Plattenstein – Hangenleithenbach – Raindorf

Ein „steinernes Meer im Miniformat", ein Gipfel und ein mäandernder Bach bilden neben wundervollen Ausblicken den Rahmen dieser herrlichen Rundtour.

Zusatz-Info
Eine gemütliche Runde. Nur der Pfad über das Felsenmeer erfordert Trittsicherheit.

Parken:
Parkplatz in Raindorf, Dorfmitte neben dem Feuerwehrhaus (Navi: Hauptstraße, Raindorf, 94259 Kirchberg im Wald)

Tourist-Information:
Rathausplatz 1
94259 Kirchberg im Wald
Tel. 09927 940028

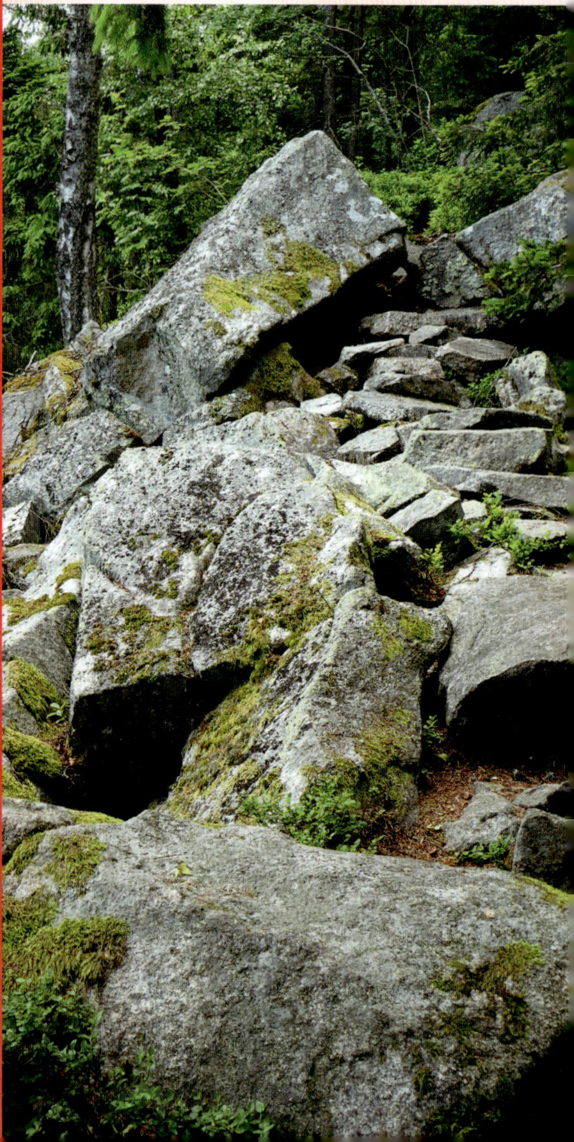

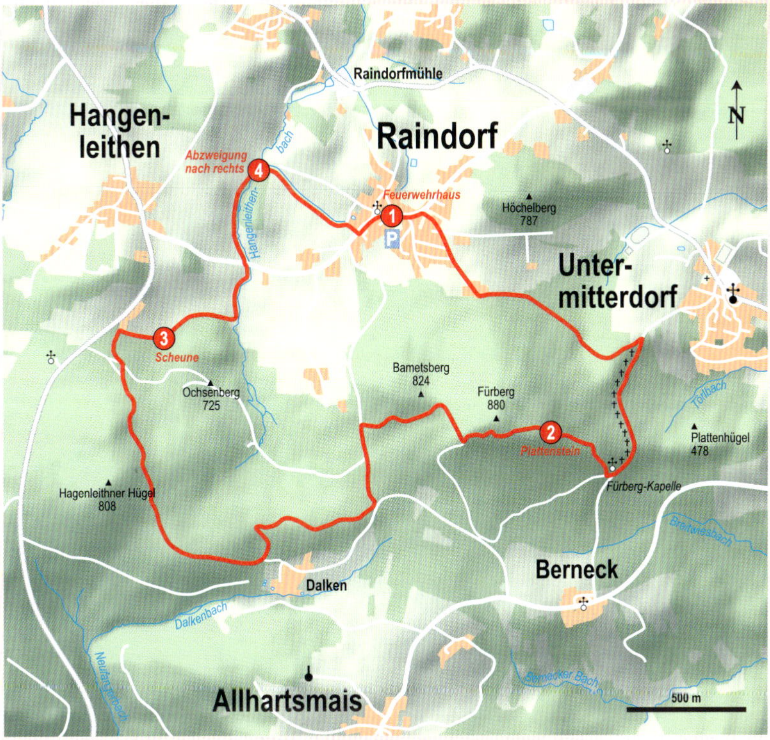

1 Start Raindorf / Parkplatz Feuerwehr

2 Plattenstein / Aussichtspunkt

3 Scheune

4 Abzweigung über den Hangenleithenbach

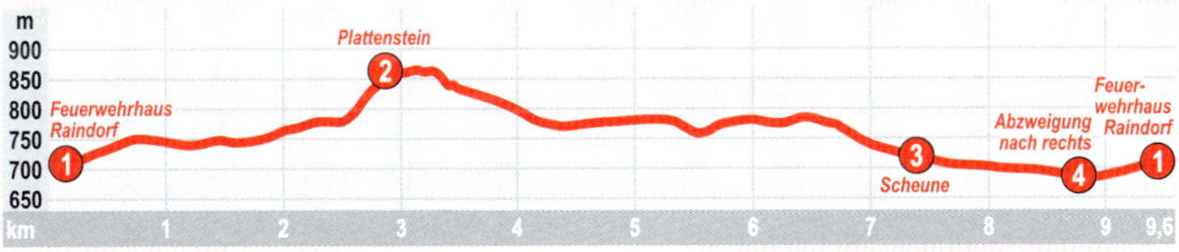

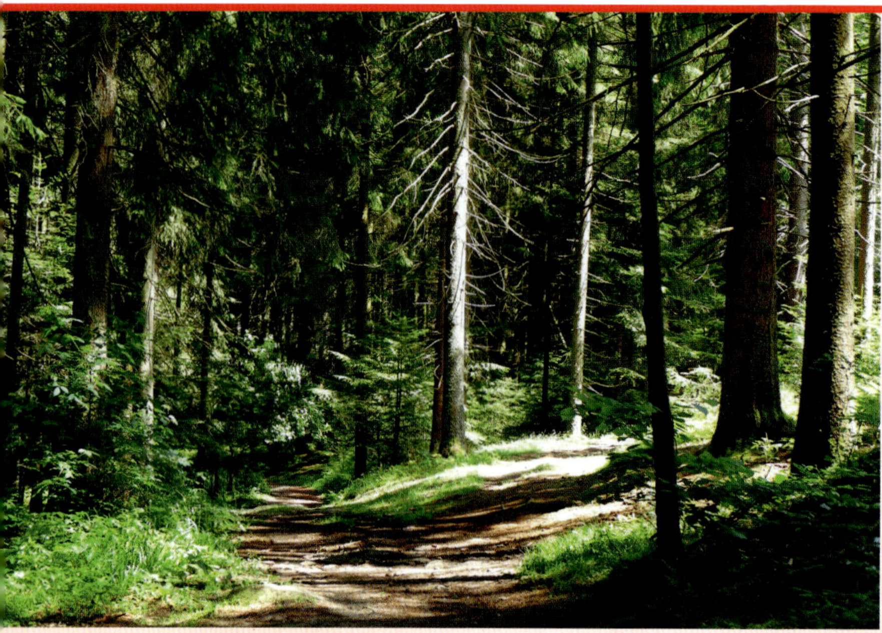

Wald kurz hinter Raindorf

Unsere Wanderung fängt beim Feuerwehrhaus in Raindorf ❶ an. An der Straße wenden wir uns links, gehen mit der roten 9 am Feuerwehrhaus vorbei. Nach der Hausnummer 24 zweigt sie rechts mit „Rundweg Raindorf" und „Fürbergkapelle" auf die Fürbergstraße ab. Zwischen Häusern und Wiesen geht es zum Wald hoch. Dreht man sich um, hat man einen schönen Blick auf Kirchberg und den Großen Arber.

Die 9 schwenkt links auf einen ebenen Weg im Inneren des Waldrandes ein, führt an Jungbäumen vorbei. Mit einer Rechtskurve kommen wir an einer weiteren Naturverjüngungsfläche vorbei und in älteren Fichtenwald mit üppig grüner Krautschicht. Weiter den Markierungen folgen. Fehlen diese an Weggabeln, nehmen wir den linken Weg, nicht den rechts ansteigenden. Am Waldrand mit schönem Ausblick zweigt die 9 rechts in den Wald hinein ab. Leicht ansteigend lenkt ein schmaler, teilweise von der Natur zurückeroberter asphaltierter Weg durch stillen, vermoosten Wald an Kreuzwegstationen vor-

Ausblick vor dem Kreuzweg

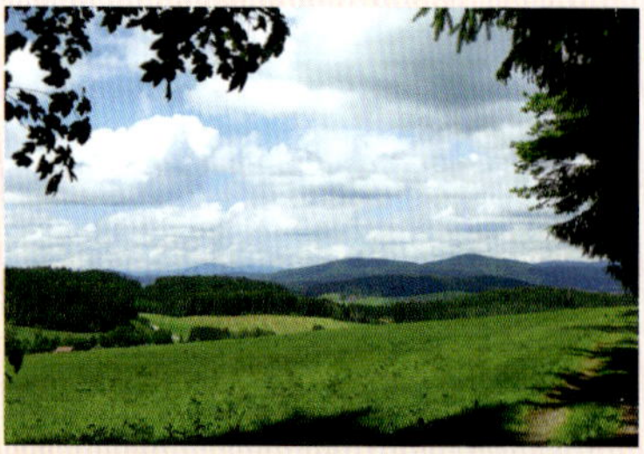

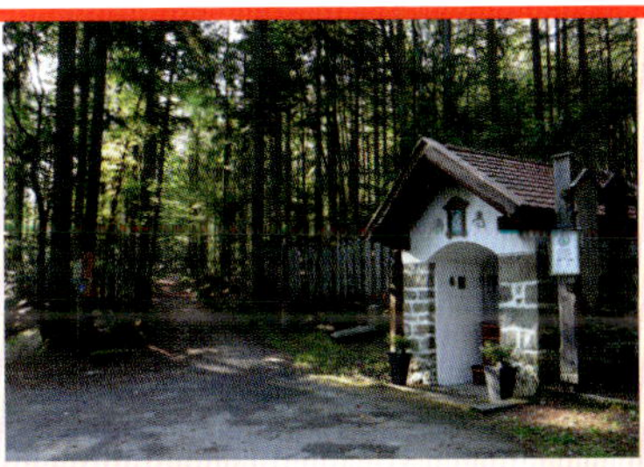

Fürbergkapelle

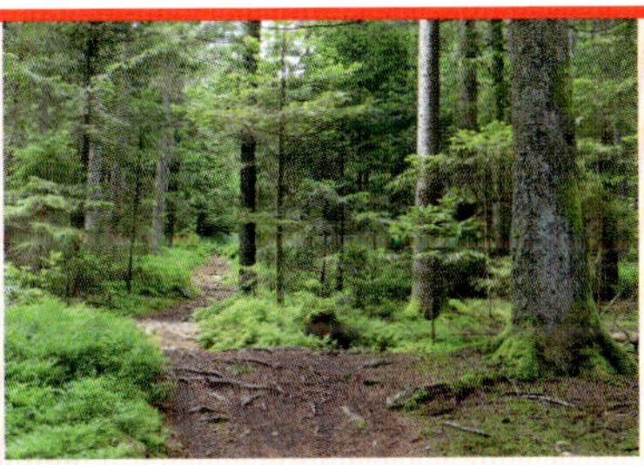

Anstieg zum Plattenstein

bei zur Fürbergkapelle. Dort leitet uns die rote 9a „Plattenstein, steiniger Weg" wenige Meter geradeaus, dann rechts ansteigend und später zwischen vermoosten Felsen hinauf zum „Steinernen Meer im Kleinformat". Oben schlängelt sich links ein idyllischer Pfad über Felsen des Blockmeeres und dann bequemer zum Aussichtspunkt am Plattenstein (880 m ü. NN) ❷. Am felsigen Abgrund schweift der Blick zum Brotjacklriegel und Aschenstein. Wir folgen weiter dem markierten Pfad auf dem Kamm, beachten unmarkierte Abzweigungen nicht. Schließlich schwenkt der Weg auf der linken Hangseite kurz abwärts zu einem vergrasten Abschnitt. Die Stille des Waldes wird gelegentlich von einem klopfenden Specht oder summenden Insekten in den Baumwipfeln unterbrochen. Wenig später führt ein breiterer, steiniger Weg abwärts. Die 9a zweigt unerwartet rechts ab, was man übersehen kann.Der Weg zieht dann durch herrlich dichten Jung-

Blockmeer am Plattenstein

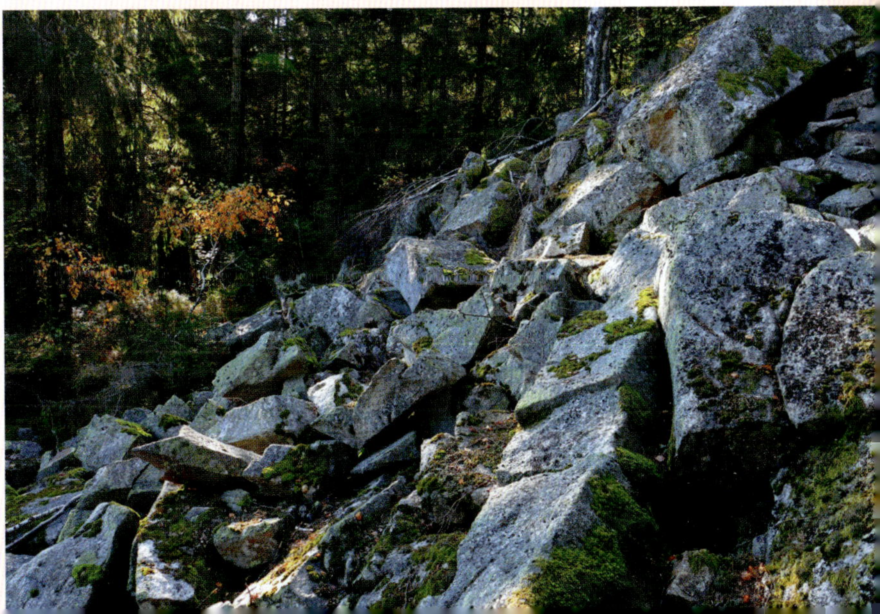

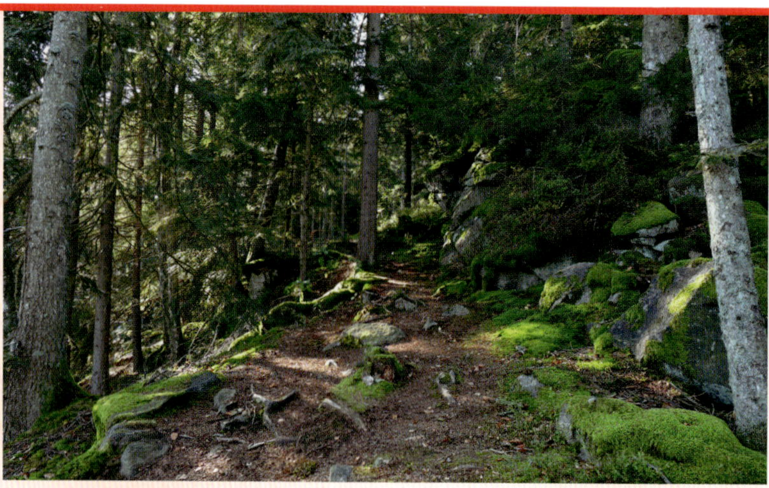

Gipfelpfad

wald und mit einem Linksschwenk den Berg hinunter zu einer Forststraße. Dieser folgen wir mit der roten 9 links bis zu einer asphaltierten T-Kreuzung. (Hier kann man alternativ zum nächsten unmarkierten Wegabschnitt einen markierten Weg nehmen. Auf der geteerten Waldstraße mit der roten 8a rechts nach und durch Dalken gehen. Nach der Kapelle weiter der 8a folgen.) Unmittelbar vor der Teerstraße an der T-Kreuzung zweigt

Blick vom Plattenstein

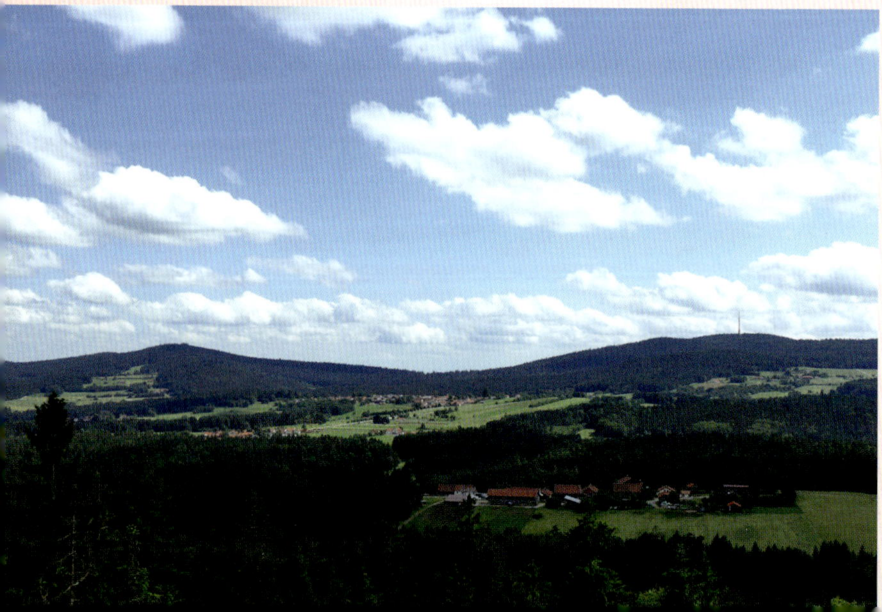

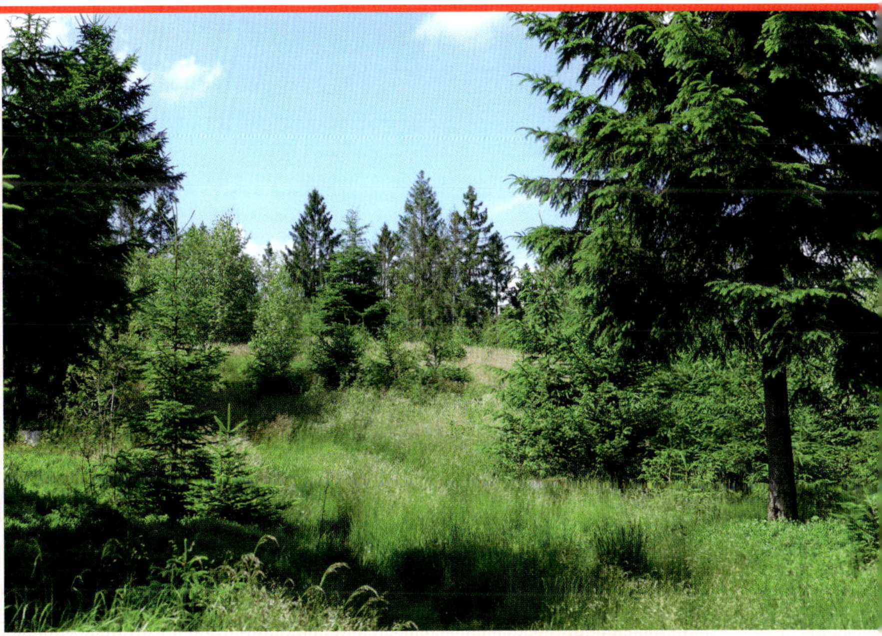

Junger Wald am Plattenstein

rechts ein ebener, unmarkierter Waldweg ab. Er führt zuerst durch älteren Baumbestand, kurz danach über eine Naturverjüngungsfläche mit Birken. Wir bleiben immer auf diesem lauschigen Waldweg, der geradeaus über die Hochebene lenkt und sich zwischen Fichten, Tannen und Heidelbeersträuchern durchschlängelt. Später streift er mehrere große Ameisenhaufen. Nach etwa 700 m seit der Abzweigung bei der Straße treffen wir auf eine vergraste, deutliche Wegkreuzung. Sie schaut so aus: Der Weg vor uns steigt minimal an. Der Weg rechts ist stark vergrast. Links zweigt im spitzen Winkel nach links ein Weg ohne Markierung nach unten ab. Er ist schon von hier aus als kleiner Hohlweg zu erkennen. Wir nehmen diesen Weg links. Ein Stück weiter unten macht er eine Links- und dann eine Rechtskurve. An der Y-Gabel (zur Zeit der Recherche war hier ein Ameisenhaufen) folgen wir dem rechten Weg. An der nächsten T-Kreuzung halten wir uns wieder rechts (vorne sehen wir zwischen den Bäumen die Häuser von Dalken). Kurz

Schleimpilz

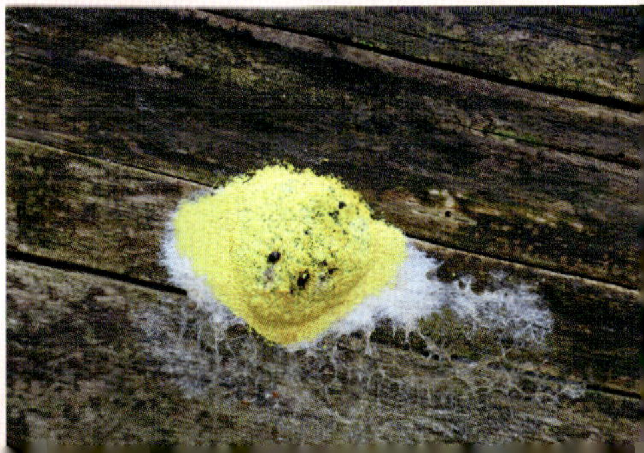

darauf nimmt uns die rote 8a auf. (Wer über Dalken gegangen ist, kommt von links und schließt hier wieder an.) Rechts haltend lenkt sie an die nächste Weggabel. Hier ansteigend durch den Wald auf eine Ebene mit einer ganz eigenen Atmosphäre gehen. Wir folgen immer dem Weg geradeaus, gehen über eine sumpfige Wegkreuzung geradeaus und dann teilweise auf vergrastem und mit Moos bedecktem Weg. Schließlich leitet die 8a an einer größeren Weggabel rechts bergab. Gelegentlich sieht man einen leuchtend gelben Schleimpilz. Schleimpilze sind keine Pilze, gehören auch nicht zu den Tieren und Pflanzen. Sie sind Einzeller, die sich auf ihre Nahrung wie Bakterien oder Pilze zubewegen können.

Nach einer Fläche mit jüngerem Wald auf der linken Seite steht rechts eine Markierung „rote 8a Dalken“. Ungefähr 40 m danach zweigen wir rechts auf den unmarkierten, leicht abwärts führenden Weg ab. Nach ein paar Metern auf diesem Weg schwenkt von links oben ebenfalls ein Weg ein. Durch Fichtenwald mit moosbedecktem Boden geht es leicht bergab. Wir kreuzen einen schnurgeraden, ebenen Querweg (markiert mit der 8) und folgen geradeaus dem unmarkierten schmalen Waldweg bis zum Waldrand bei den Häusern. Hier wenden wir uns auf dem Feldweg ohne Markierung nach rechts. Er lotst aussichtsreich am Waldrand entlang, begleitet von einem leise plätschernden Wassergraben und einem tollen

Rachelblick bei Hangenleithen

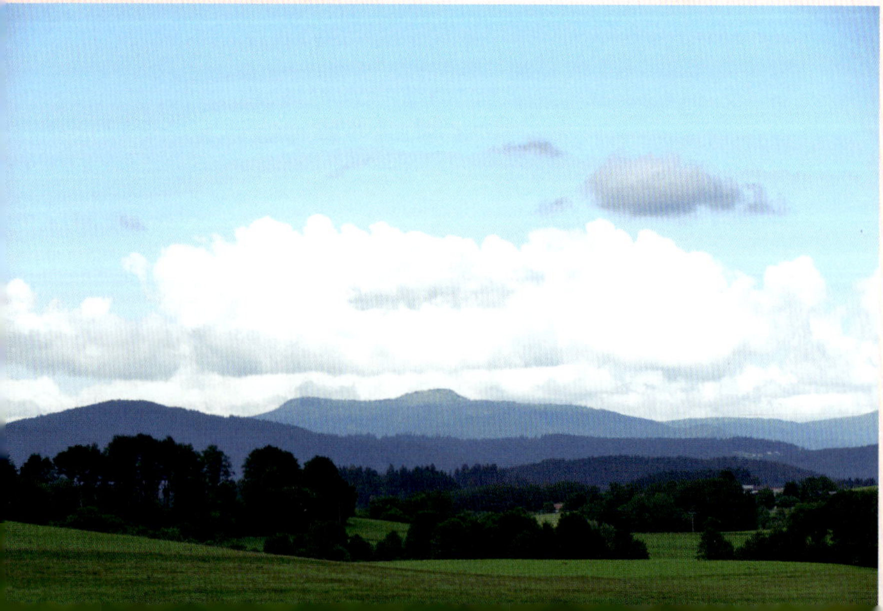

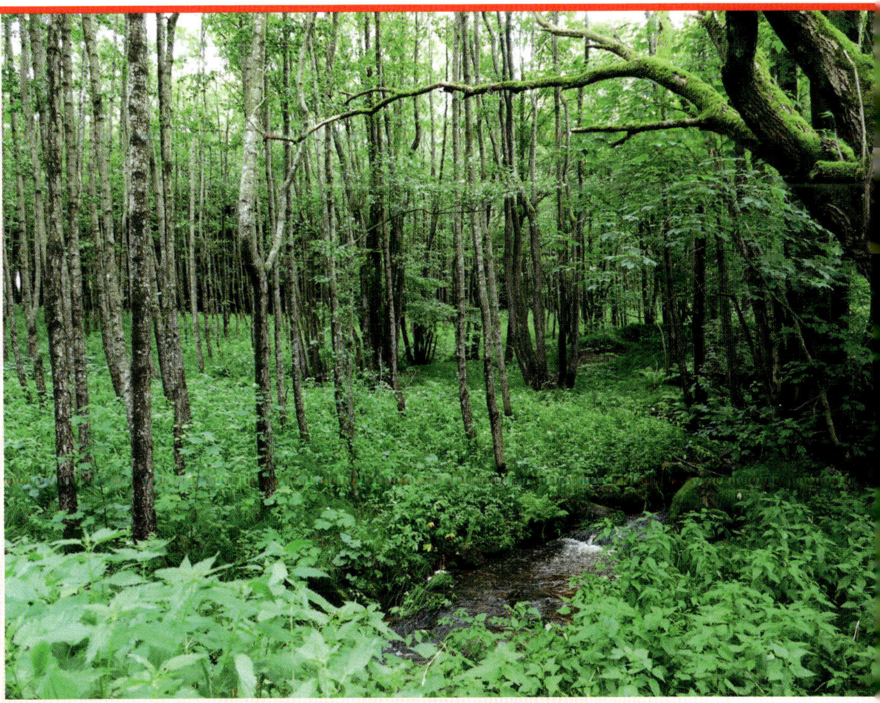

Am Hangenleithenbach

Blick über die niedrigeren Berge des Bayerischen Waldes. Kurz nach einer Scheune 3 stoßen wir auf die rote 8, die geradeaus zum mäandernden Bach mit Feldgehölzen führt und eine Straße überquert. Die 8 Richtung „Laiflitz“ führt entlang des üppig bewachsenen Hangenleithenbaches, der in wellenförmige Wiesen und Felder eingebettet ist. Bei einem Pfosten mit Markierungen zweigt rechts über den Bach ein unmarkierter Weg 4 ab, dem wir folgen. Es ist die erste Möglichkeit überhaupt, den Bach rechts zu überqueren. Wir streifen in Reihen gepflanzte Bäume, Feldgehölze, kleine Gräben und eine Hütte. Gemütlich geht es hinauf zur Straße von Raindorf, wo wir links abbiegen. Nach der Kapelle und den Totenbrettern erreichen wir wieder den Parkplatz.

Essen/Einkehren:

Keine Einkehr möglich. Die nächsten Optionen sind in Kirchberg im Wald und Lalling.

Naturschutzgebiet Mitternacher Ohe und Rossschwemme

Leicht

11,2 km

↓↑ 99 m

3½ Std.

Grünbach – Abtschlag – Gernbach – Ort – Rossschwemme – Grünbach

Ursprüngliche Bachtäler, charmante Dörfer, stille Wiesengründe und überraschend schöne Blicke über die sanft gewellte Landschaft lassen den Wanderflow aufkommen.

Zusatz-Info:
An der Rossschwemme ist ein Badeplatz. Wer will: Badesachen einpacken.

Parken:
In Grünbach am Dorfplatz, z. B. bei der Kapelle (Navi: Grünbach, 94261 Kirchdorf im Wald)

Tourist-Information:
Marienbergstraße 8
94261 Kirchdorf im Wald
Tel. 09928 9403-0

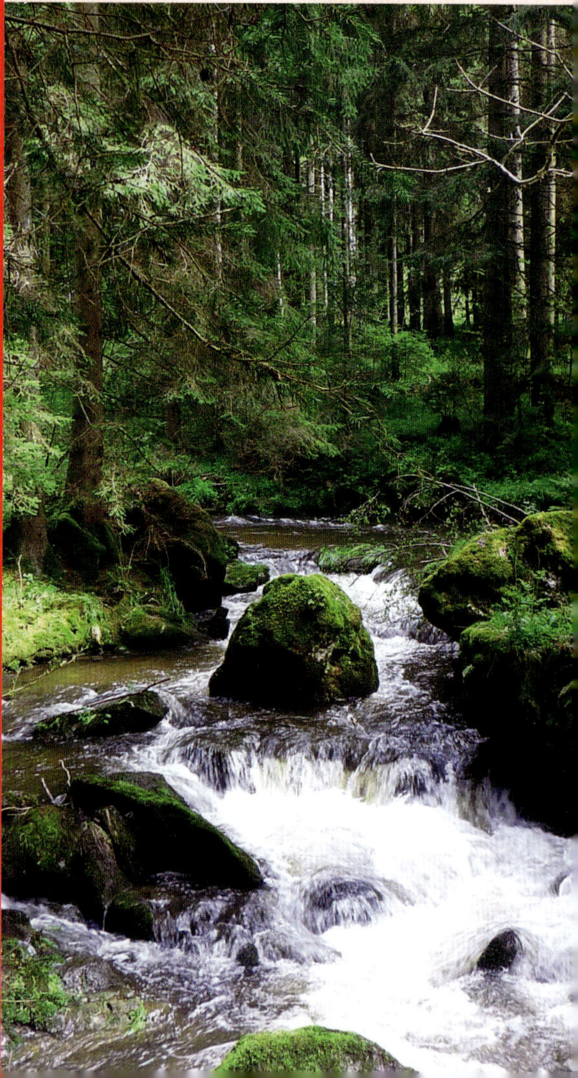

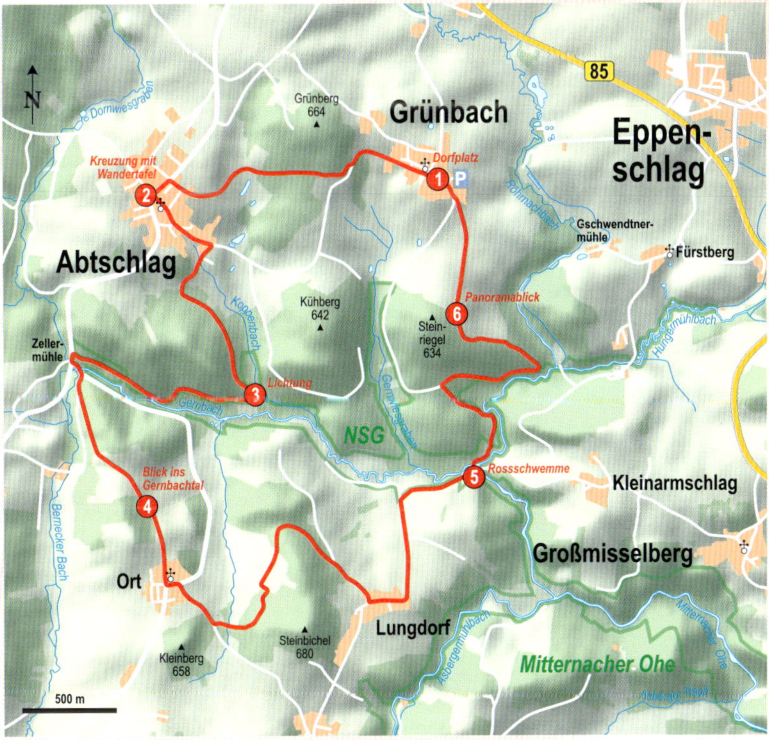

❶ Start Grünbach / Dorfplatz

❷ Kreuzung mit Wandertafel

❸ Lichtung im Tal

❹ Blick ins Gernbachtal

❺ Rossschwemme

❻ Beeindruckender Panoramablick

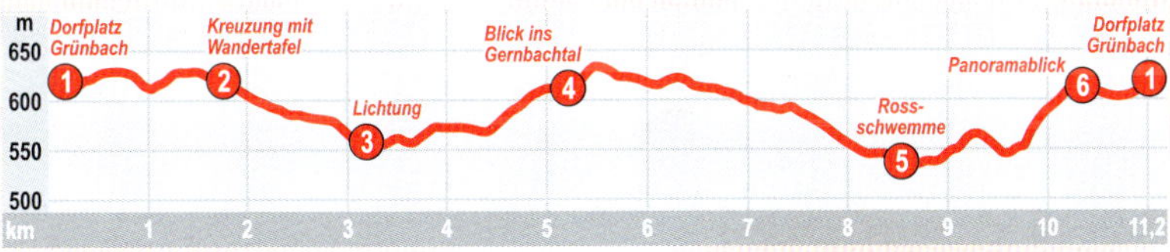

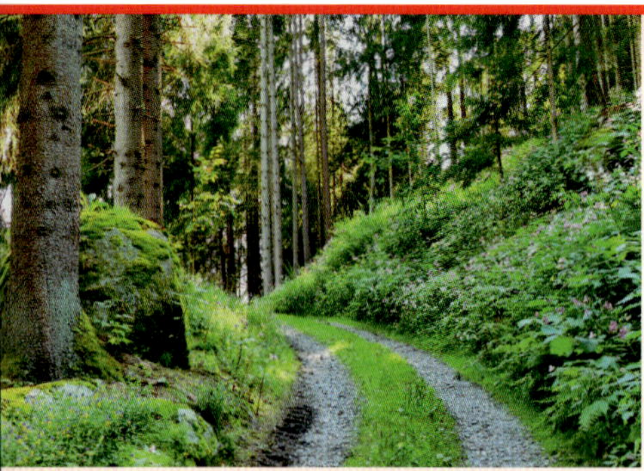

Kurz nach Grünbach

Vom Dorfplatz in Grünbach ❶ gehen wir mit der roten 11 und roten 10 auf der Straße durch das Angerdorf leicht bergab. Die Markierungen sind bei der Kapelle, und die 11 zeigt nur in die Gegenrichtung. Mit Blick über die friedliche Wald- und Wiesenlandschaft gelangen wir auf der kleinen Landstraße in den Wald, wo wir rechts nach Abtschlag in einen Waldweg abbiegen. An einem Waldrand haben wir einen schönen Blick auf die herrlich geschwungene Landschaft. Im Wald immer geradeaus leitet danach ein Feldweg hinauf nach Abtschlag. Dort nehmen wir nicht die erste Abzweigung bei der Markierung (sie zeigt nur in die Richtung, aus der wir gekommen sind), sondern gehen ohne Markierung wenige Meter geradeaus zur Straßenkreuzung. Hier biegen wir links ab, gehen bis zur Kreuzung mit Wanderwegetafel ❷ und zweigen links in die Grünbacher Straße ab. Dort treffen wir am Dorfanger wieder auf die 11, die geradeaus lenkt. Nach dem letzten Haus auf der rechten Seite (gegenüber der Hausnr. 33 und dem Ortsendeschild) zweigt die 11

Zwischen Grünbach und Abtschlag

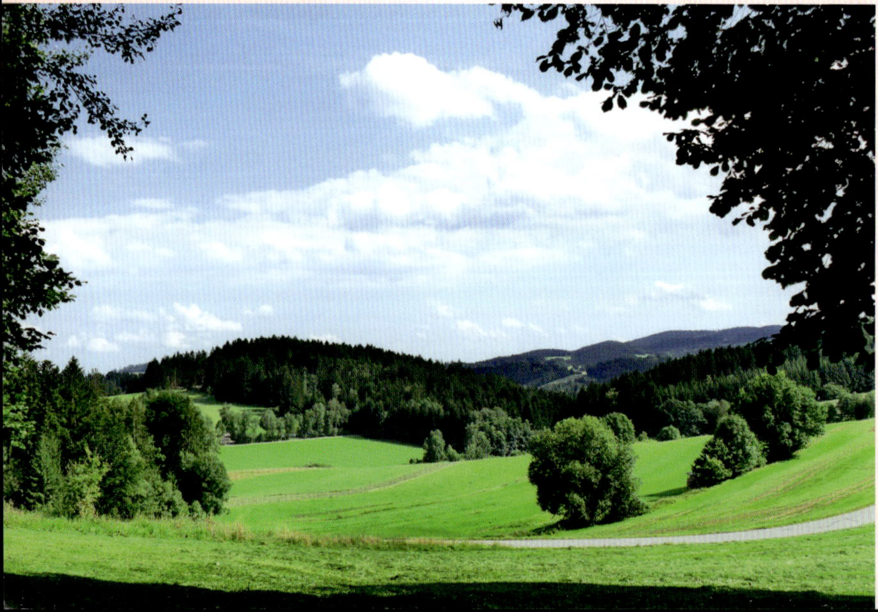

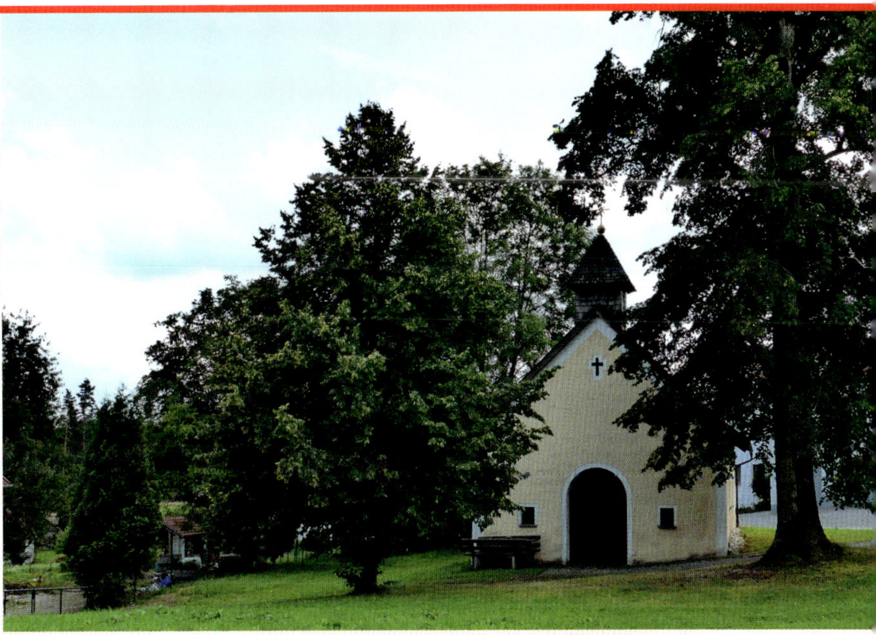

Kapelle in Abtschlag

rechts ansteigend ab. Die Markierung ist nicht gleich zu sehen. In einer Senke biegen wir nach einer Scheune und einem Bach sofort mit der 11 links ab. Ein kleiner Waldwirtschaftsweg leitet langsam hinab zu einer Lichtung. Hier bleiben wir mit der Rechtskurve am rechten Rand der Lichtung 3 und tauchen wieder in den Wald ein. Am Fuß eines ansteigenden Weges lenkt die 11 links in ein feuchtes, dann vergrastes Gebiet hinab. Der Pfad steigt leicht an und mündet in einen Weg am Hang. Links unten rauscht der Gernbach, einer der Quellbäche des Naturschutzgebietes „Mitternacher Ohe", dem wir später wieder begegnen werden. An der Straße biegen wir zweimal links ab, folgen dem Straßenschild nach „Innernzell" und „Ort". Wir kreuzen den Bach und schwenken rechts in einen Waldweg ein. Die 11 zeigt nur die Gegenrichtung an. Rechts vom Weg rauscht der Bernecker Bach. Schnell entfernen wir uns links haltend von ihm, wandern durch vermoosten und von Felsen durch-

Im Gernbachtal

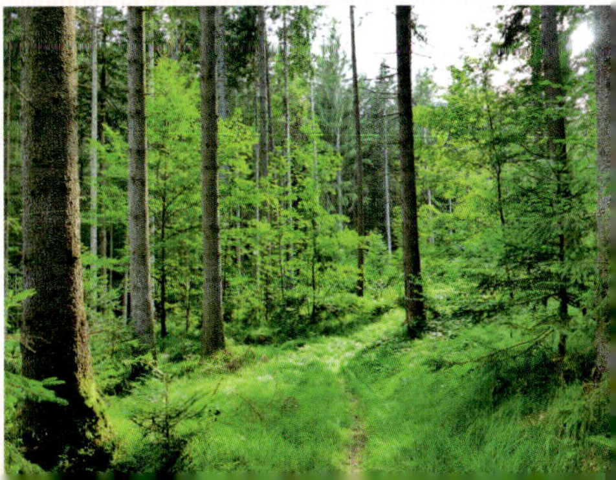

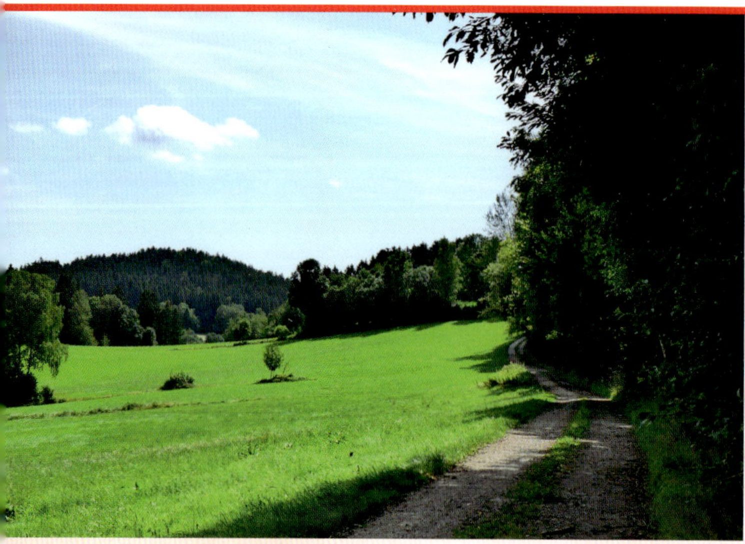

Kurz vor Ort

setzten Wald den Berg hinauf. Über Wiesen und entlang von Waldrändern geht es mit tollen Blicken auf Rachel und Lusen weiter. Dreht man sich ab und zu um, eröffnen sich immer wieder neue, überraschende Blickwinkel auf die geschwungene Landschaft und das Tal des Gernbachs ❹.

Im Dorf „Ort" halten wir uns bei der Kapelle

Blick über das Gernbachtal

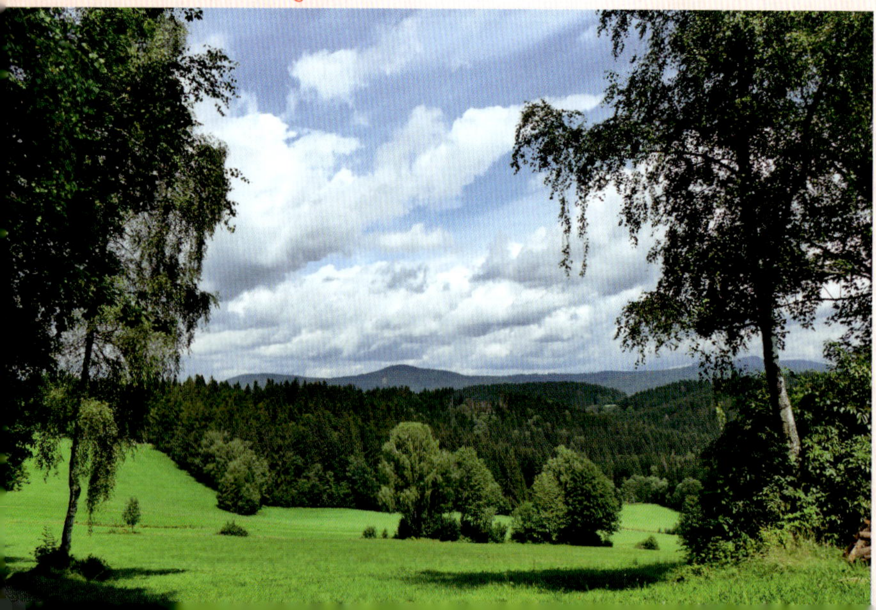

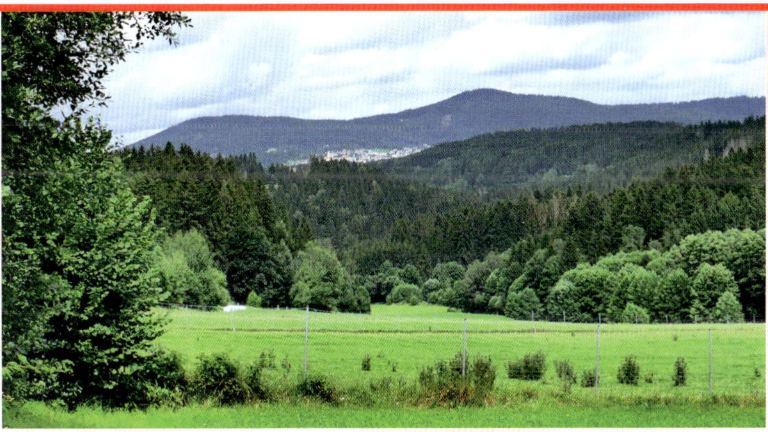

Blick hinter Ort auf Kirchdorf

links und an der Straßengabel nach der Hausnr. 7 rechts. Die 11 führt aus dem Dorf hinaus und passiert ein Wildgehege. Wieder im Wald biegt sie an der ersten Abzweigung links ab. Die Markierung befindet sich einige Meter im Weg! Beim Feuchtgebiet taucht links eine Lichtung auf. Im Anschluss gabelt sich der Weg mit einer Y-Gabel. Hier orientieren wir uns an den alten Nummern 5 und 13 links, weil die 11 fehlt. Leicht ansteigend

Rossschwemme

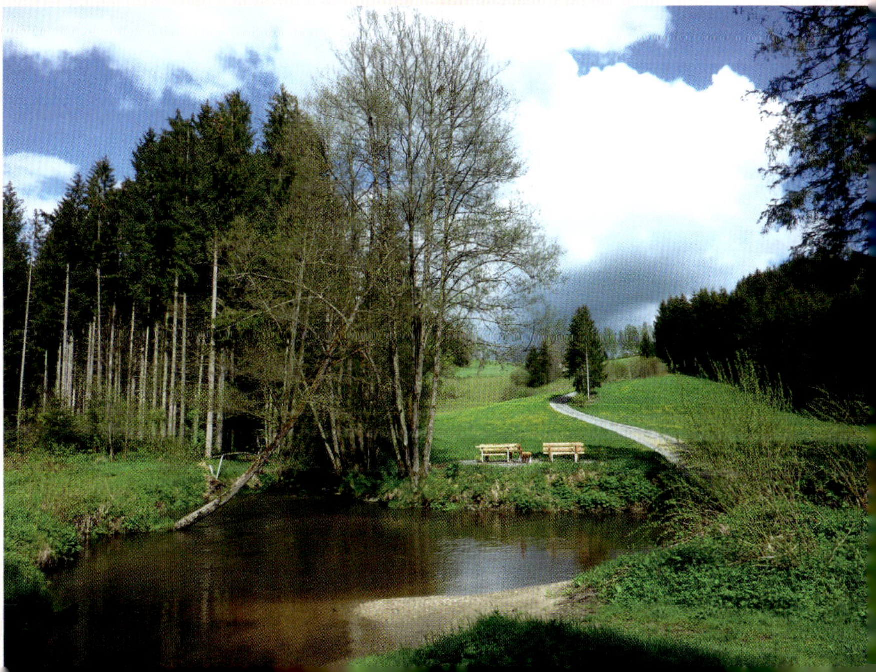

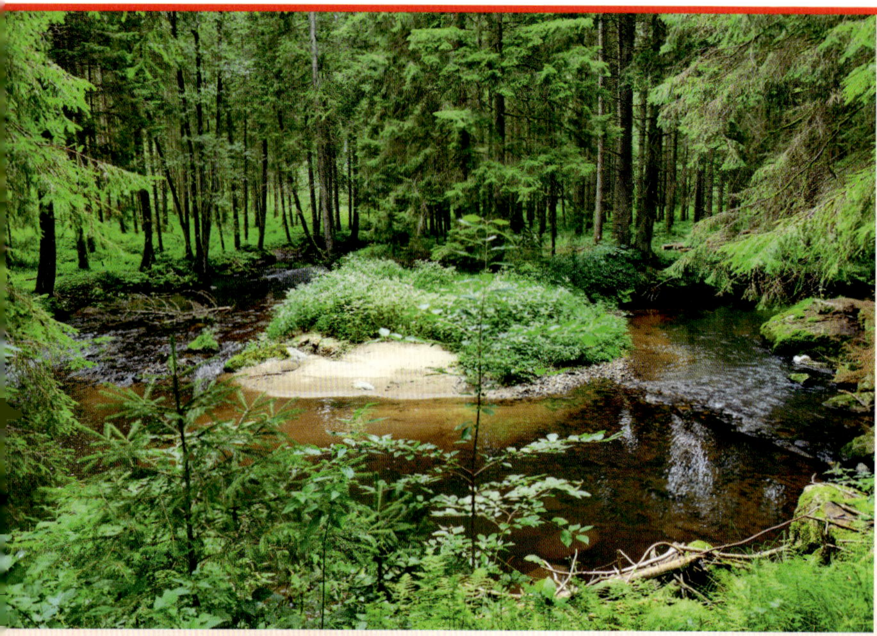

Große Wasserschleife ↑

Röhrnachmühlbach ↓

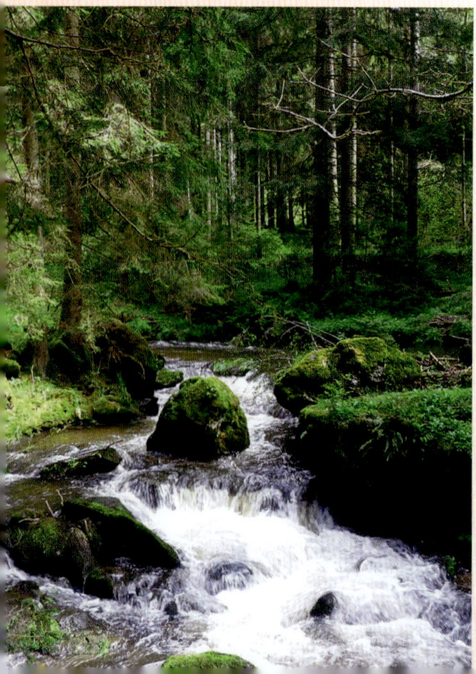

trifft der Weg kurze Zeit später auf einen Querweg, dem wir ebenfalls links durch Wald mit moosbedecktem Boden folgen. Dann lenken wir unsere Schritte rechts vom Zaun zum Waldrand. Nun am Waldrand links abwärts und dem Wiesenweg rechts über die Wiese folgen. Dabei können wir noch einmal auf „Ort" und die hügelige Landschaft schauen. Der Weg leitet durch angenehmen Mischwald, trifft später auf eine querende, ebene Forststraße, wo es rechts weitergeht. Kurz danach durchstreifen wir das charmante Dorf Lungdorf und biegen am Ende Richtung Grünbach links ab. Über erfrischendes Grün der Wiesen und Felder wandern wir bergab und genießen den schönen Blick auf die typisch gerundeten Bergrücken des Bay-

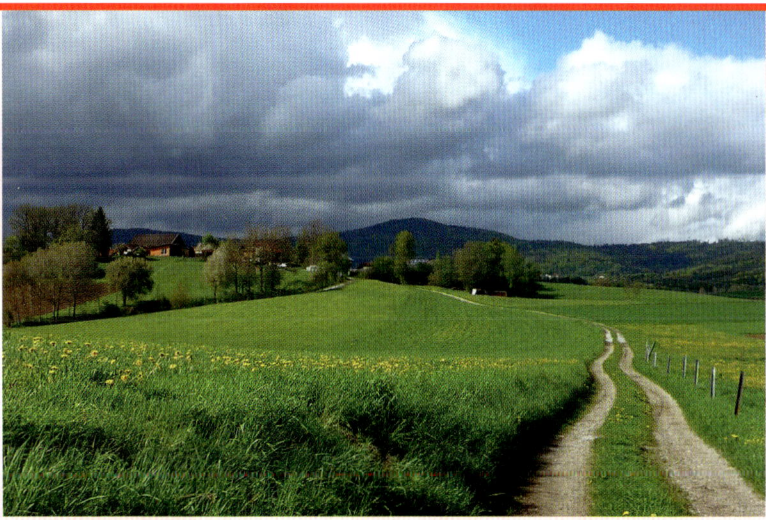

Feldweg vor Grünbach

erwaldes. Die 11 und 2 leiten rechts zur malerischen alten Rossschwemme 5 mit Bademöglichkeit in einer Furt. Wie der Name schon sagt, wurden hier zur Zeit der Salzsäumer Pferde getränkt. Der Zusammenfluss von Gernbach und Röhrnachmühlbach zeigt den Beginn der wild rauschenden Mitternacher Ohe an, die sich im Naturschutzgebiet befindet. Vor der Furt leitet bei der Wandertafel die rote 1 links über eine kleine Brücke auf die andere Bachseite und dann rechts. Der Pfad windet sich durch das verwunschene Tal. Kurz vor einer beeindruckenden Wasserschleife kann man auf einer Fahrspur einen kurzen Abstecher direkt zum Wasser machen. Danach führt die Markierung rechts auf einem Forstweg bergauf durch Wald mit vielen Farnen. Oben biegt die 1 rechts Richtung „Rundweg Eppenschlag" ab und lotst später in die Nähe vom Röhrnachmühlbach. Auf dem ansteigenden Pfad genießen wir noch einmal das tosende Wasser. Es geht zu einem Marterl hinauf, wo wir geradeaus mit der roten 1a Richtung Grünbach weiter bergauf gehen. Am Waldrand links, und wir haben einen tollen Weitblick über die „Breitäcker" (terrassierte Wiesen) und auf eine Bergkette. Kurze Zeit später eröffnet sich ein weiteres wunderbares Panorama 6. Dann leitet der Feldweg über Wiesen und Äcker nach Grünbach. Geradeaus in das Dorf und an der Straßengabel links erreichen wir wieder den Dorfanger von Grünbach.

Essen/Einkehren:

Keine Einkehr möglich. Die nächsten Optionen sind in Kirchdorf i. W. und Eppenschlag.

Stoaberglweg und Pfaffenberg

Leicht

7,5 km

↓↑ 118 m

2 ¼ Std.

Trametsried – Bruck – Pfaffenberg – Trametsried

Die überraschend lauschige Runde präsentiert Kurioses vom Teufel, spannende Infos über die Natur, schöne Weitblicke und abgeschiedene Wälder am Pfaffenberg.

Zusatz-Info:
Zusätzlich kann man von Trametsried aus noch den Naturerlebnispfad besuchen. Infos dazu befinden sich im Buswartehäuschen.

Parken:
In Trametsried am Dorfplatz, z. B. bei der Bushaltestelle (Navi: Trametsried, 94261 Kirchdorf im Wald)

Tourist-Information:
Marienbergstr. 3
94261 Kirchdorf im Wald
Tel. 09928 9403-0

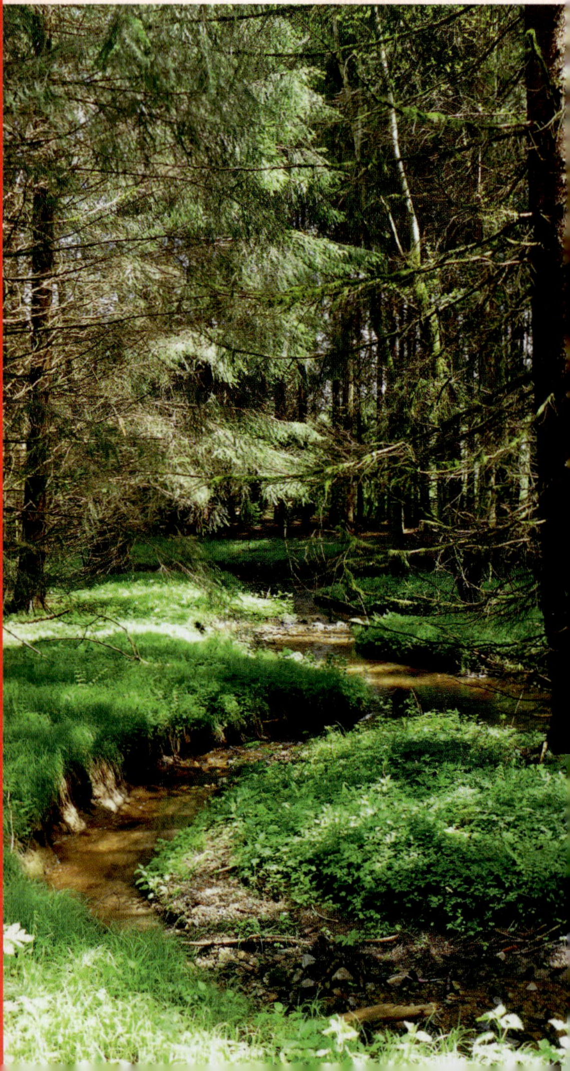

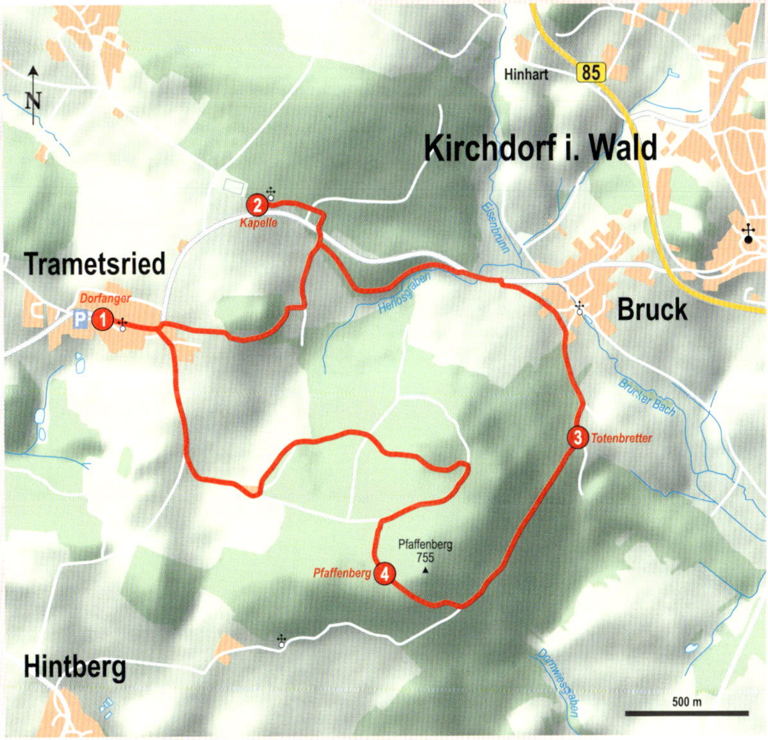

1 Start Trametsried / Dorfanger

2 Kapelle

3 Totenbretter und Rastbank

4 Hochebene auf dem Pfaffenberg

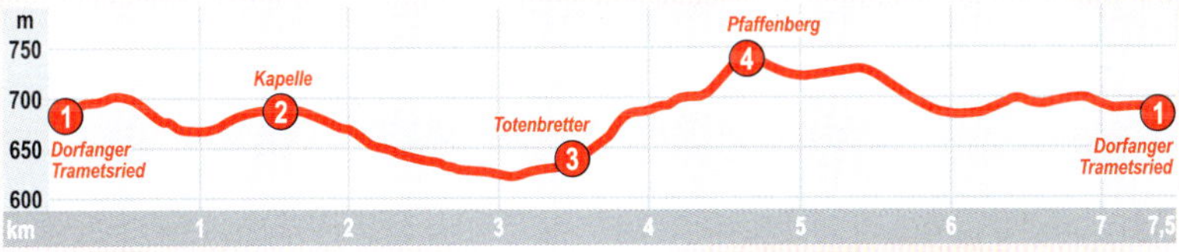

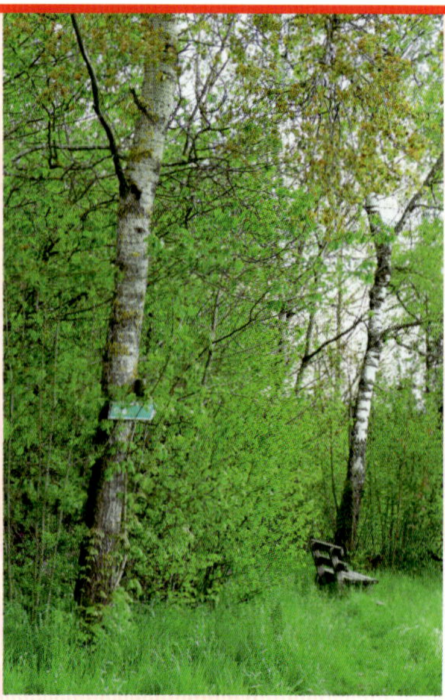

Am Stoaberglweg

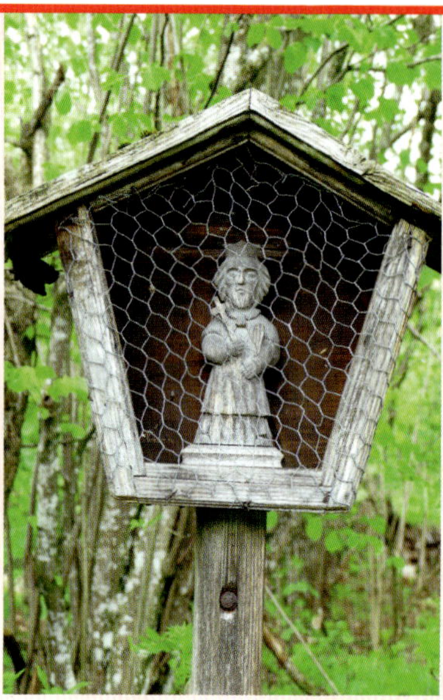

Holzfigur am Weg

In Trametsried gehen wir vom Dorfanger 1 in östlicher Richtung leicht ansteigend an der Kapelle vorbei durch das schmucke Dorf. Am oberen Ende folgen wie links der Straßenkurve. Gleich danach zweigt rechts der „Stoaberglweg" nach „Kirchdorf" auf einen ebenen Feldweg ab. Schon fast am Waldrand sehen wir links in der Ferne den Arber. Am Waldrand halten wir uns rechts, folgen dem idyllischen Pfad bei der Rastbank. Er führt am Hang entlang durch vielfältigen Mischwald abwärts.

Rastplatz mit Teufelsspuren

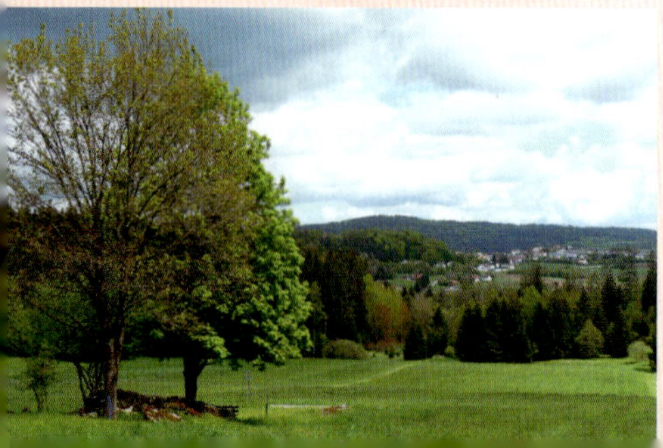

Beim Verlassen des Waldes öffnet sich ein schöner Blick auf Kirchdorf im Wald. Links geht es zum „sagenhaften" Rastplatz mit großem Findling mitten in der Wiese. Der prominente Felsen wartet mit Spuren des Teufels auf. Das erzählt zumindest die Infotafel, die weitere kuriose Details kennt. Wir biegen auf dem Feldweg links ab, gehen für einen Abstecher zur Straße vor. Diese überqueren und links halten. Kurze Zeit später biegt der „Naturerlebnispfad" rechts auf einen kleinen, vergrasten Waldweg ab. An der nächsten Abzweigung mit einer Infotafel über Alter und Wachstum der Bäume links, dann über eine Forststraße, am „Klingenden Holz" geradeaus vorbei. Wenige Meter weiter biegen wir an der nächsten Kreuzung links

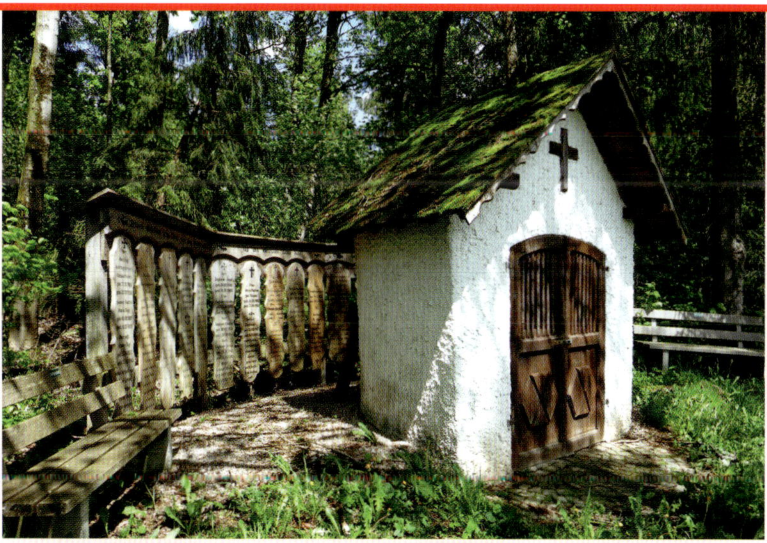

Abstecher zur Kapelle

zum Waldrand mit Benjeshecke ab. Nun halten wir rechts am Waldrand auf eine von Totenbrettern eingerahmte Kapelle 2 zu. Von der Kapelle wandern wir auf dem gleichen Weg zur Straße zurück, überqueren diese und erreichen wieder den Feldweg. Nach wenigen Metern zweigt links die Markierung nach Kirchdorf in den Wald ab. Auf beschaulichem Weg passieren wir ein uraltes, gusseisernes Wegkreuz. Hier ist im Jahr 1889 etwas Schreckliches passiert!

Ein Pfad lotst in ein Tal mit einem leise plätschernden Bach und an Hütten vorbei zu einer Straße. Auf dieser rechts abbiegen. Nach 150 m zweigen wir rechts auf einen unmarkierten, leicht ansteigenden Feldweg ab und gleich danach links auf den breiten Feldweg, der an einer Stromleitung vorbeiführt. Ober-

Bach vor Bruck

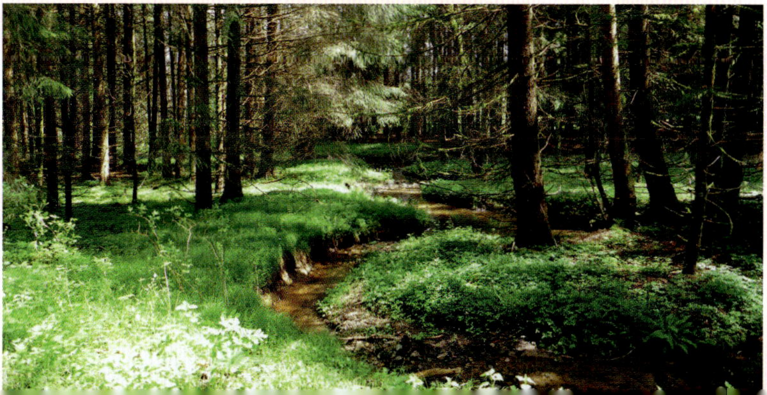

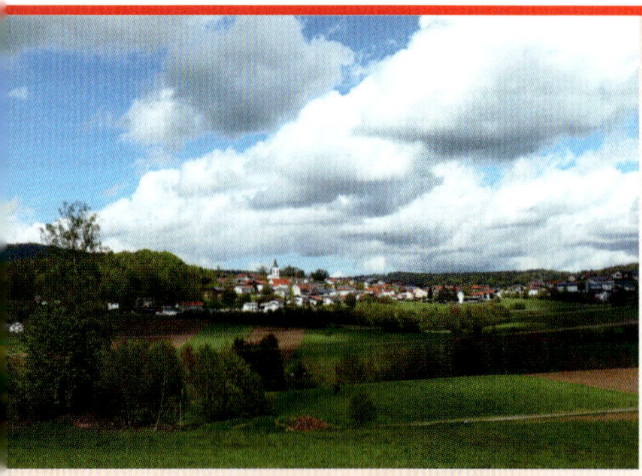

Blick auf Kirchdorf

halb des linken Stalles wechseln wir auf den Wiesenweg geradeaus und stoßen kurz danach auf Asphalt, wo wir uns nach rechts wenden. Schnell geht der Asphalt in einen befestigten Weg am Waldrand über. Den Hinweis rechts Richtung Trametsried beachten wir nicht. Später taucht die rote 10 auf, an der wir uns nun längere Zeit orientieren. Vor einer Wiese zweigen die rote 10 und die blaue 21 rechts ab. Das kann man übersehen. Leicht ansteigend leiten sie am Waldrand hinauf zu Totenbrettern mit Rastbank ❸. Von dort schweift der Blick nach Kirchdorf hinüber, das am Hang gegenüber liegt. Ganz hinten rechts rückt sogar der Rachel ins Blickfeld! Dann biegen wir rechts Richtung Abtschlag

Am Pfaffenberg zurückgeschaut

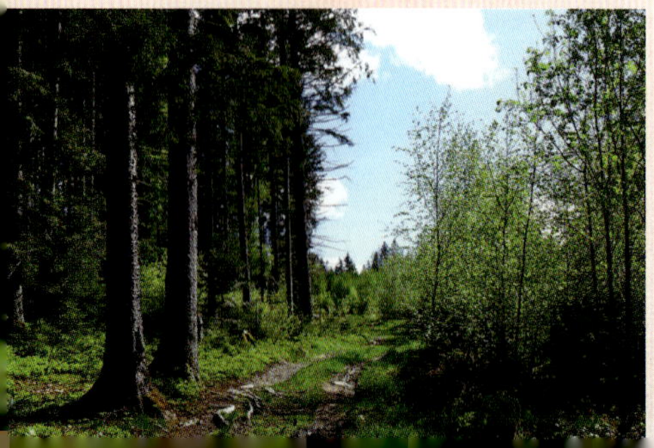

und Hintberg in den Wald ab, gehen bergauf an alten Infotafeln vorbei. An der „Eulen-Info“ gabelt sich der Weg, schlängelt sich links fast eben am Hang entlang und passiert ein Marterl. An einer breiteren Wegstelle folgen wir rechts jetzt der blauen 21 nach Abtschlag. Auch das kann man übersehen. Nach etwa 250 m gelangen wir zur Abzweigung „Pfaffenberg“. Diese lenkt rechts ansteigend auf die Hochebene vom Pfaffenberg ❹. Aussicht hat man keine, dafür kann man Ruhe und Natur ganz für sich alleine genießen. Der vergraste Weg zieht geradeaus weiter, dann leicht bergab und trifft auf eine querende Forststraße. Wir folgen der Forststraße ohne Markierung rechts, ignorieren abzweigende Wege. Nach rund 400 m kommt eine deutliche, langgezogene Linkskurve, nach der sich auf der linken Seite ein Lagerplatz befindet. An diesen schließt ebenfalls eine Linkskurve an, an deren Ende rechts ein Zaun ist. Wir bleiben noch auf dem nun schmalen Forstweg. In der nächsten Kurve gabelt sich der Weg versetzt zueinander in drei Richtungen. Wir biegen auf den unmarkierten Weg links ab. (Zur Orientierung: Würde man weiter geradeaus gehen, würde der Weg abwärts führen und eine Linkskurve machen.). Nach weiteren 10 m nehmen wir an der Weggabel den linken Weg, der mit einer S-Kurve sanft abwärts durch ruhigen Mischwald führt. Alle Wege links und rechts unbeachtet lassen. An der nächsten Forststraße steht ein Hinweis nach „Bruck“, den wir aber nicht beachten. Wir überqueren die Forststraße geradeaus, nehmen den linken

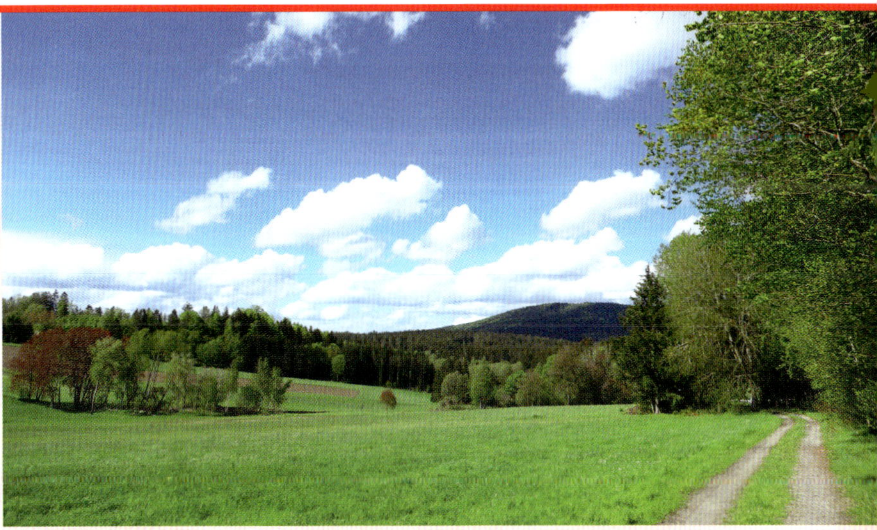

Kurz vor der Scheune zurückgeschaut

der beiden unmarkierten Wege (zwischen den beiden Wegen ist ein kleiner Hügel aufgeschüttet), der zunächst kaum wahrnehmbar abwärts und dann mit einer Linkskurve fast eben durch Nadelwald führt. Nach 300 m reichen vor einer Linkskurve ein paar Schritte nach rechts, um an den Waldrand zu gelangen. Jetzt geht es links, mit schönem Blick über Wiesen und Felder, leicht aufwärts am Waldrand entlang. Bei der T-Kreuzung leitet eine Forststraße rechts an der Scheune vorbei aus dem Wald. Über Wiesen und Felder fällt der Blick rechts auf Kirchdorf. An der nächsten Abzweigung halten wir uns rechts nach „Trametsried" und gehen auf der Hochebene neben Feldgehölzen zurück. Am südlichen Ortsrand sehen wir ein paar Scheunen. Man kann kaum glauben, dass es in diesem Bereich im 11. oder 12. Jahrhundert eine „Motte" gab. Eine Motte ist eine Turmhügelburg. Für diese wurde ein ringförmiger Graben ausgegraben, der Aushub in der Mitte aufgeschüttet und darauf ein Turm gebaut. Damals gab es Räuber, Wegelagerer und wilde Tiere, sodass anzunehmen ist, dass die Motte innerhalb eines Gehöfts ein Befestigungswerk war, das zusätzlich Schutz bot. Kurz vor Trametsried taucht links die Bergkette um den Geißkopf auf. An der Straße wenden wir uns links und erreichen den Ausgangspunkt des preisgekrönten Dorfes, in dem Blumen um die Wette leuchten.

Essen/Einkehren:

Keine Einkehr möglich. Die nächsten Optionen sind in Kirchdorf im Wald, in Schlag bei Kirchdorf i. W. und in Kirchberg i. W.

Leicht

3,6 km

↓↑ 166 m

1¼ Std.

Felstürme am Habichtstein

Kirchdorföd – Habichtstein – Kirchdorföd

Die kurzweilige Waldrunde, kühl auch an sonnigen Tagen, führt durch schattigen Mischwald zu hoch aufragenden Felstürmen und einem Blockmeer. Am Ende laden Kneippanlage und Abenteuerspielplatz zum Entspannen ein.

Zusatz-Info:
Im Bereich der Felsklippen ist auf zum Teil steilem, rutschigem Pfad Trittsicherheit erforderlich.

Parken:
Parkplatz beim Fuchsspielplatz in Kirchdorföd an der Kreisstr. REG 5, nahe Hausnr. 12 (Navi: Fuchsspielplatz Kirchdorföd, 94261 Kirchdorf im Wald)

Tourist-Information:
Marienbergstr. 3
94261 Kirchdorf i. Wald
Tel. 09928 9403-0

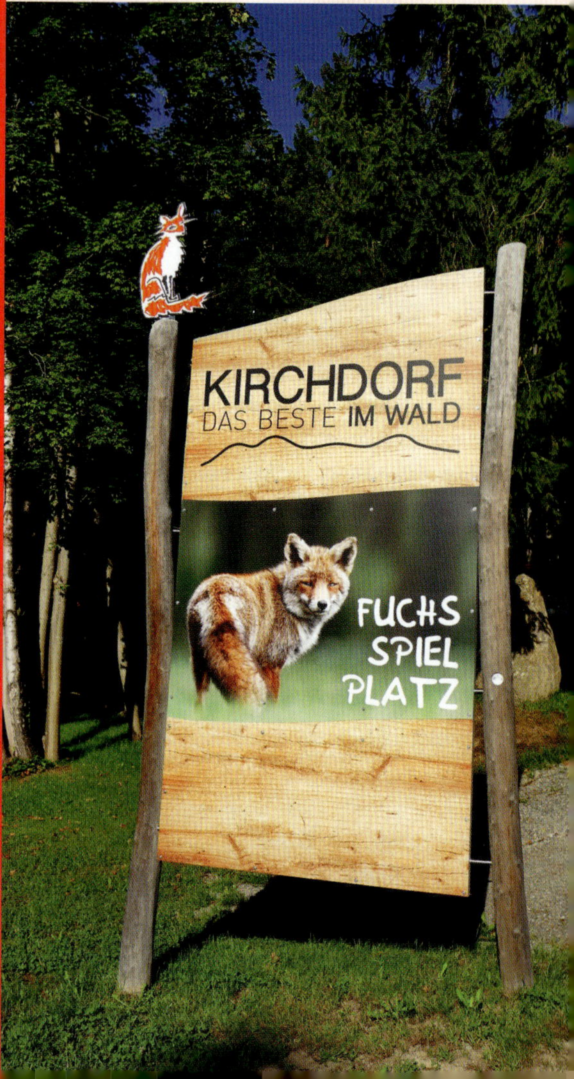

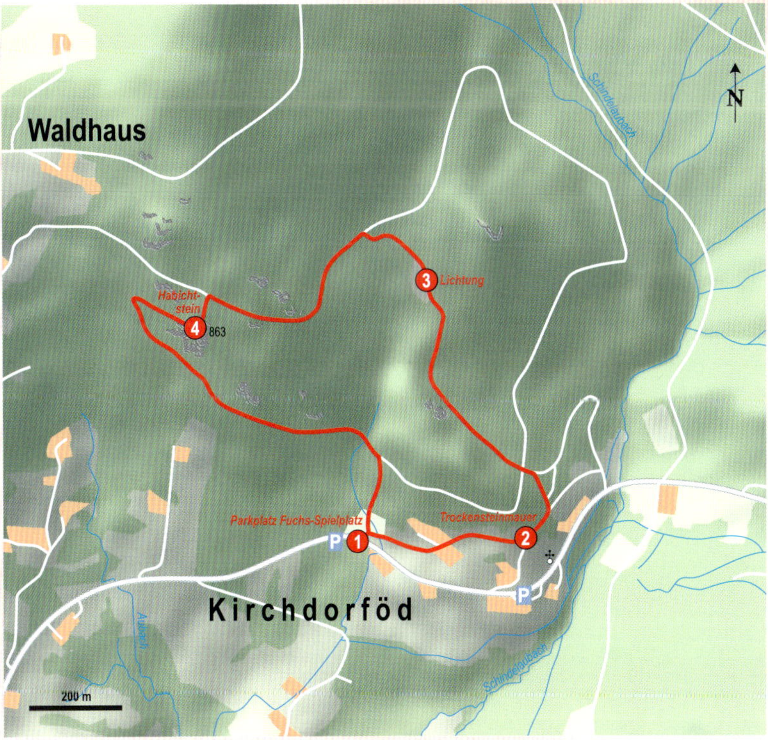

1. Start Kirchdorföd / Parkplatz Fuchs-Spielplatz
2. Trockensteinmauer
3. Lichtung
4. Felstürme am Habichtstein

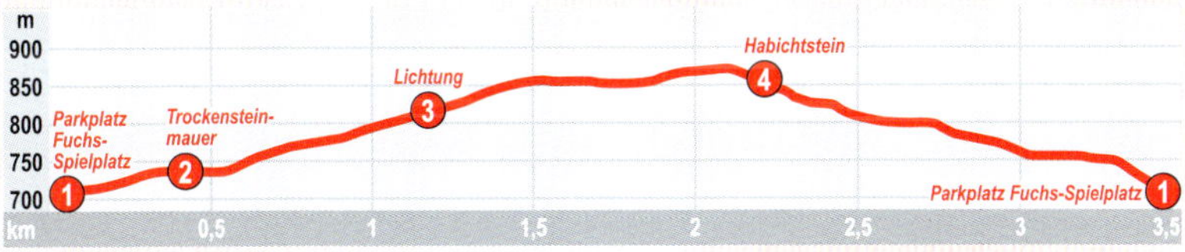

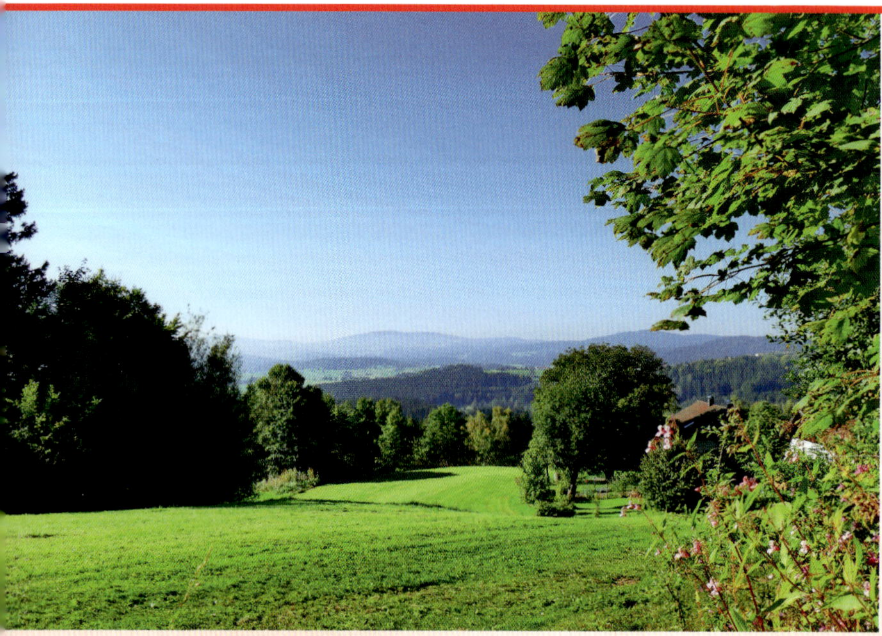

Blick über Kirchdorföd

Vom schön gestalteten Fuchsspielplatz ❶ in Kirchdorföd wenden wir uns der kleinen Straße direkt neben dem Spielplatz zu. Der Spielplatz liegt in Gehrichtung links. Die Straße führt ohne Markierung über Wiesen leicht bergauf nach Kirchdorföd, das wir nach 200 m erreicht haben. Zwischen den Häusern mündet die Straße in einen gemächlich ansteigenden, beschaulichen Wiesenweg, dem wir folgen. Nach einer Rechtskurve öffnet sich ein schöner Blick auf die Landschaft.

Am Waldrand treffen wir bei einer Trockenmauer ❷ auf einen Wanderweg, der von rechts unten heraufzieht. Wir wandern geradeaus in den Wald, bleiben auf dem anfangs noch ebenen Weg. Nach einer deutlichen Linkskurve gabelt sich der Weg. Hier halten wir uns auf dem linken ansteigenden Weg mit der roten 7 Richtung Habichtstein. Die Markierung ist weiter vorne an einem Baum befestigt. Von Vogelgesang begleitet lenkt kurz nach einem kleinen Hohlweg die 7 auf der Forststraße nach links. Nach we-

Trockenmauer

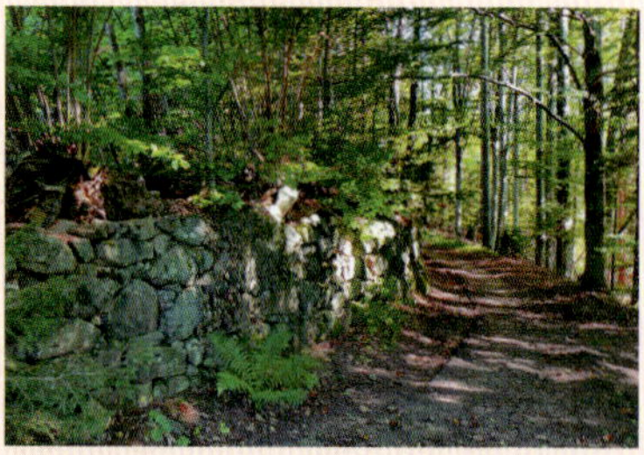

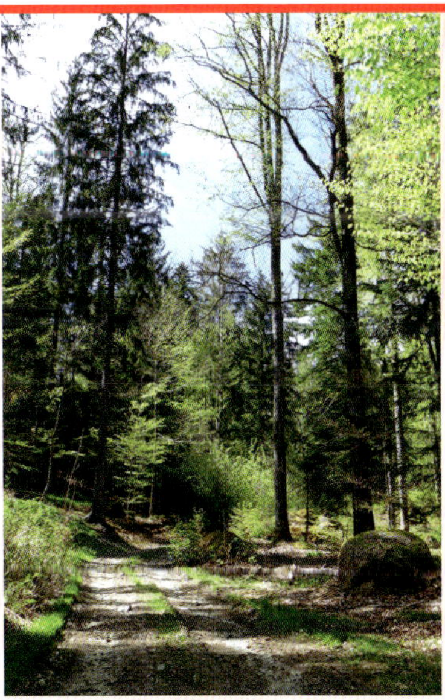

Beschaulicher Anstieg

nigen Metern überqueren wir bei der größeren Kreuzung eine Forststraße geradeaus, folgen dem Weg ohne Markierung, der sich gleich wieder gabelt. Wir bleiben auf dem Waldweg geradeaus, der nur leicht ansteigt und die blaue Tafel „Wasserschutzgebiet" passiert. Nun geht es eine Weile meistens nur mäßig ansteigend durch vielfältigen Mischwald. Gelegentlich tauchen seitlich größere Felsen auf, dabei immer geradeaus auf dem Hauptweg bleiben. Später streifen wir linker Hand eine Trafostation und eine Lichtung ❸, kommen im weiteren Verlauf an einigen Wasserquellfassungen vorbei. An der nächsten Forststraße mit noch einer Quellfassung biegen wir links auf die Forststraße ab. Es handelt sich um den markierten Wanderweg, auch wenn das Zeichen zunächst nicht zu sehen ist. Anfangs eben, steigt der Weg später an. Schließlich zeigt ein Wander-

Felsen neben dem Weg

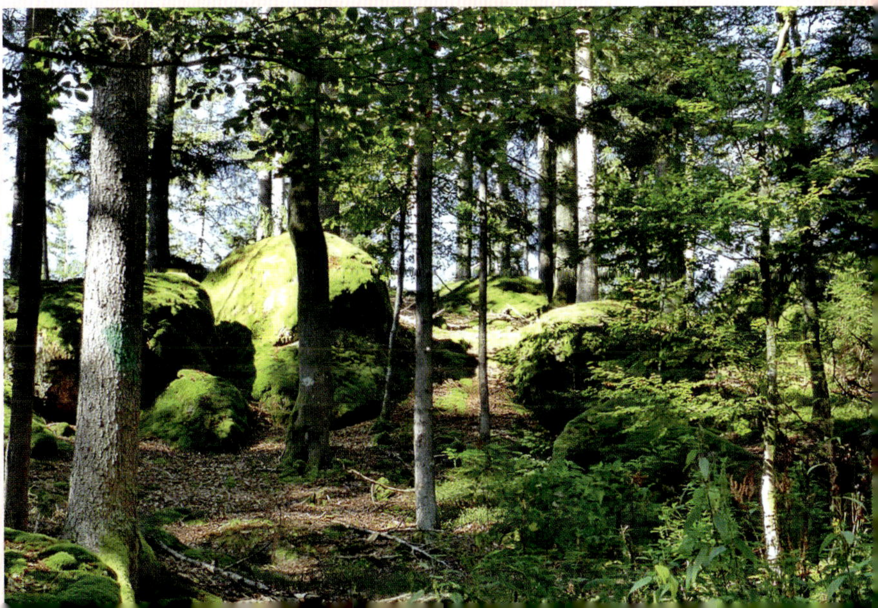

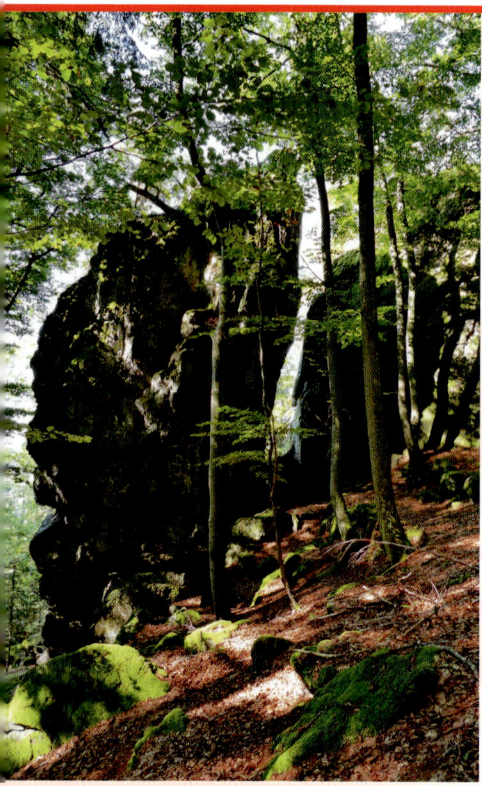

Habichtstein

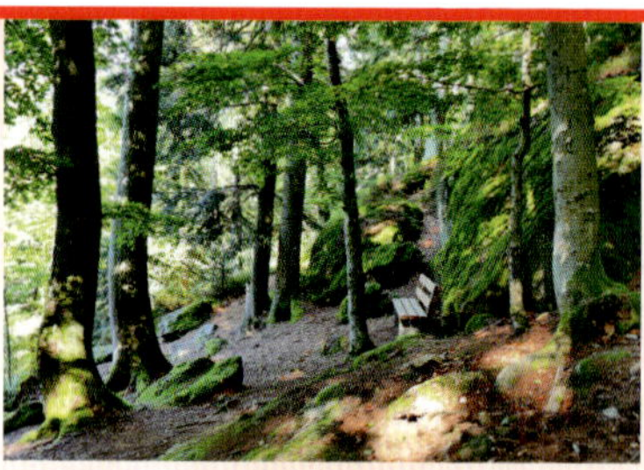

Rastbank am Habichtstein

wegweiser in Gehrichtung mit der roten 7 Richtung Habichtstein. Wir erreichen eine Wendeplatte, an deren hinterem Ende die 7 links abzweigt. Leicht bergab wandern wir durch schattigen Mischwald zu den beiden 20 m hohen, senkrecht aufragenden und imposanten Felstürmen am Habichtstein ❹. Im Laufe der Zeit zersetzte sich durch Verwitterung der Berg. Erosion befreite die nicht verwitterten Felsen von diesem Zersatz, so dass die Gneisklippen zum Vorschein kamen.

Schließlich folgen wir der 7 Richtung Kirchdorf. Der reizvolle Pfad schlängelt sich am Steilhang mit großen Felsblöcken entlang, ist an einigen abschüssigen Stellen mit ei-

Mit Seilen gesicherter Pfad

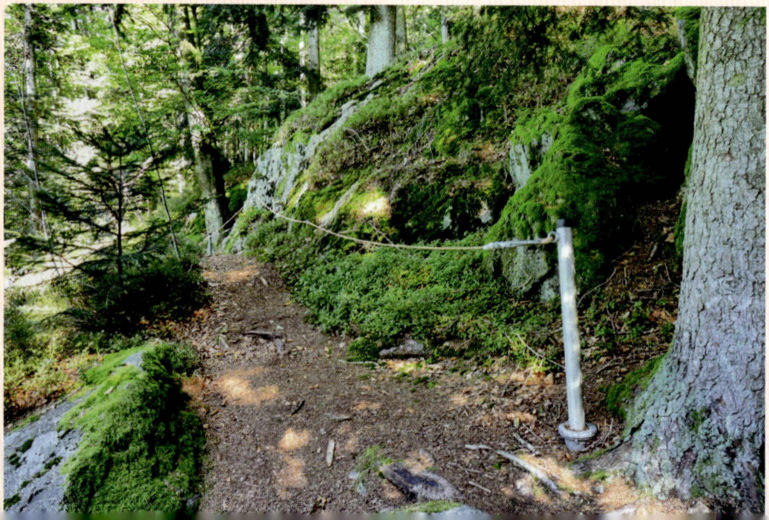

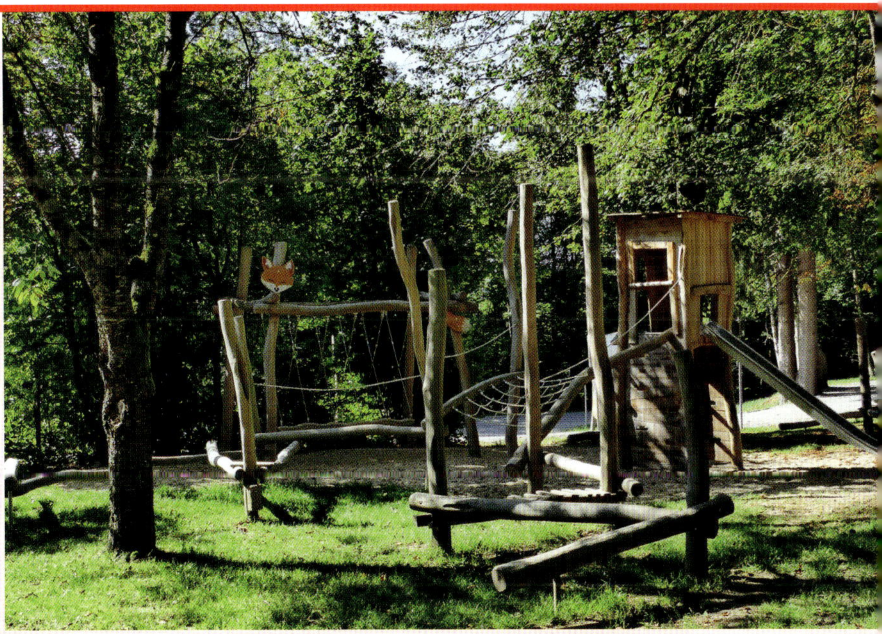

Spielplatz

nem Seil zum Festhalten gesichert. Diese Passagen erfordern Trittsicherheit, denn sie können rutschig sein. Der idyllische Abschnitt geht in einen bequemen Waldweg über, wo ringsum immer noch mächtige Steine liegen. An der nächsten Abzweigung lenkt die Markierung scharf nach links, führt am Fuße des mit Felsen übersäten Steilhanges vorbei. Später verlassen wir die 7, die rechts abzweigt, folgen geradeaus den Hinweisen Richtung „Klingenbrunn“ und „Freizeitanlage“. Links vom schön eingewachsenen Wirtschaftsweg reicht der Blockstrom bis an den Weg. Im Frühling blüht hier die weiße Pestwurz. Bequem zieht der Weg am Hang entlang. In einer Rechtskurve fließt von links ein Bächlein herab. Dann lenkt vor einem Hochsitz der Hinweis Richtung „Freizeitanlage“ nach rechts. Gleich danach nehmen wir an der nächsten Weggabel wieder den rechten, steileren Weg bergab. Dieser lotst zum Abenteuerspielplatz am Waldrand mit Rastplätzen und Kneippanlage, wo wir Arme und Füße im erfrischenden Bergwasser abkühlen können. Am unteren Ende des Spielplatzes befindet sich der Parkplatz.

Essen/Einkehren:

Keine Einkehr möglich. Die nächsten Optionen sind in Kirchdorf i. W. und Klingenbrunn.

Mittel

9,8 km

↓↑ 250 m

3 Std.

Auf den Hessenstein

Kirchdorf i. Wald – Raumreuth – Hessenstein – Daxberg – Kirchdorf i. W.

Einsame Wege durch stille Wälder führen auf den Hessenstein. Unterwegs sind schöne Aus- und Weitblicke ein wahrer Augenschmaus.

Zusatz-Info:
Überwiegend Wald- und Feldwege sowie Pfade. Nach den Häusern „Am Eisenstein“ ein längeres Stück auf einer wenig befahrenen, kleinen Nebenstraße.

Parken:
Am Dorfplatz von Kirchdorf im Wald (Navi: Wilhelmstraße, 94261 Kirchdorf im Wald)

Tourist-Information:
Marienbergstraße 8
94261 Kirchdorf im Wald
Tel. 09928 9403-0

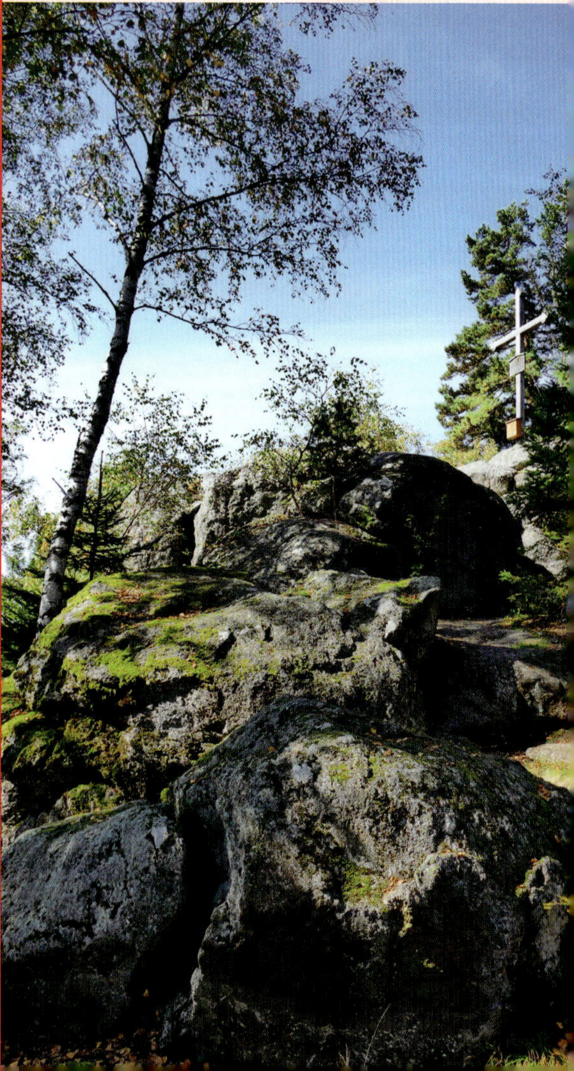

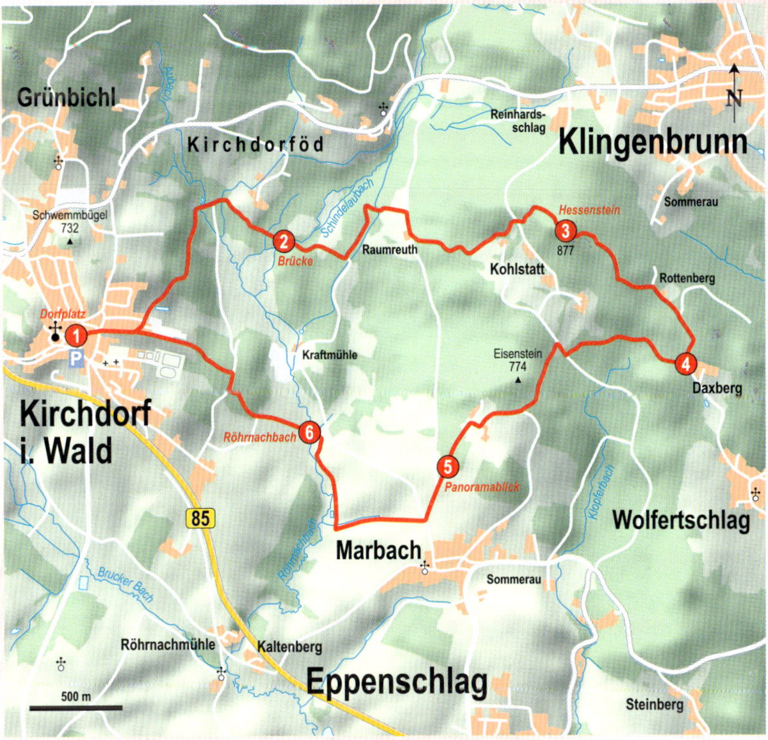

1 Start Kirchdorf im Wald / Parken Dorfplatz

2 Brücke über den Schindelaubach

3 Hessenstein

4 Daxberg

5 Panoramablick

6 Röhrnachbach

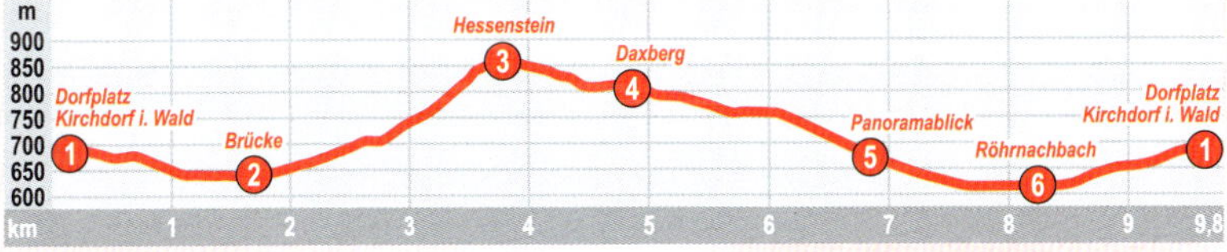

Vom Dorfplatz in Kirchdorf im Wald ❶ wenden wir uns dem der Kirche gegenüberliegenden Ende des Platzes zu. Dort biegen wir in der oberen Ecke bei der Hausnr. 8 in die Wilhelmstraße ein. An der Kreuzung geradeaus auf dem Aubergweg der roten 5 Richtung Hessenstein folgen. Das ist unsere Markierung bis zum Hessenstein. Am Übergang zum „Übermassenweg" führt die 5 geradeaus auf zweispurigen Betonplatten abwärts über Wiesen und passiert ein Tiergehege. Im Wald lenkt die 5 abwärts in eine Senke. Dann lotsen rechts bequeme Wege durch das bewaldete, feuchte Aubachtal mit sattgrün wucherndem Unterwuchs, plätschernden Rinnsalen und Bächen.

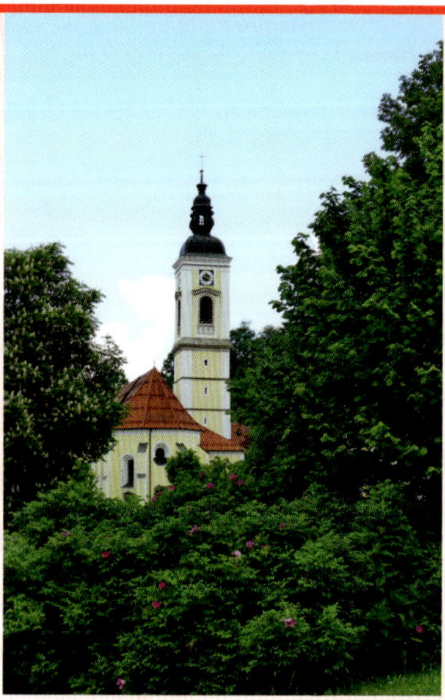

Kirche in Kirchdorf

Wir streifen eine Wiese mit Pferdekoppel und tauchen gleich wieder rechts in den Wald ein. Später überqueren wir den Schindelaubach auf der Beschlbruck ❷ und orientieren uns mit der 5 links. Nach einer Wiese biegen wir im Wald vor einem Gehegezaun links ansteigend ab. Nach einer weiteren Wiese, die wir in der Mitte aufwärts überqueren, lenkt die 5 rechts zum einsam gelegenen Haus von Raumreuth und biegt dort links auf einen Waldweg ab. Dann gleich an

Schindelaubach

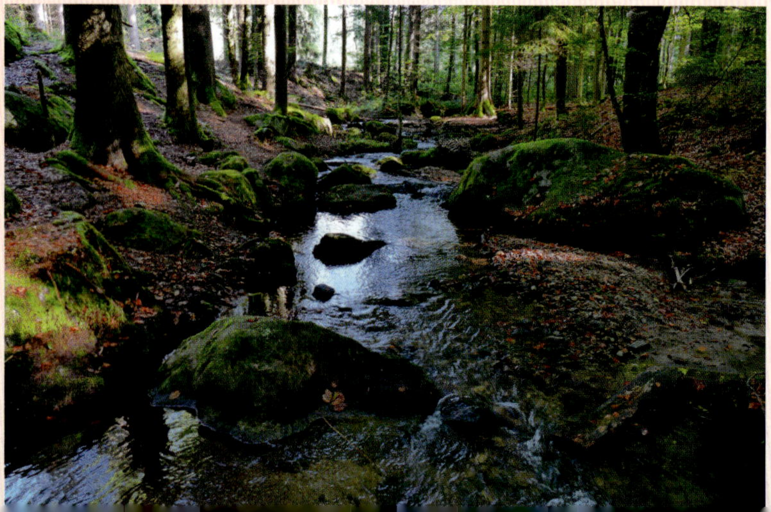

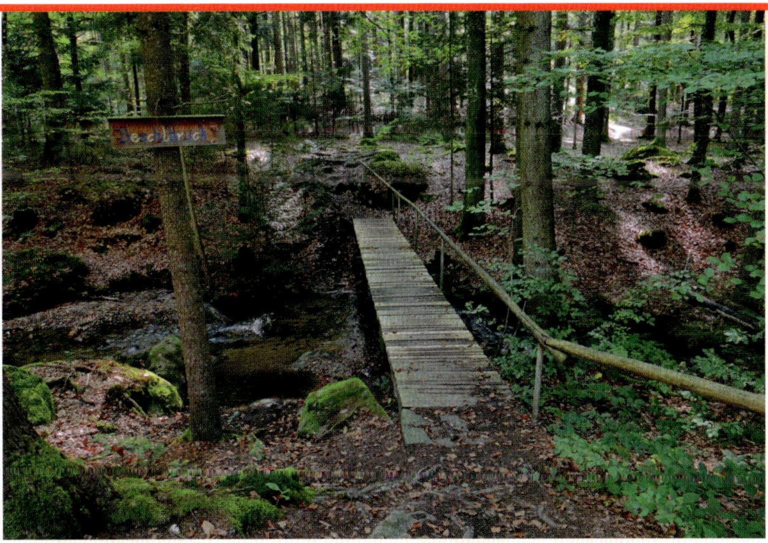

Beschlbruck

der Weggabel den rechten Weg nehmen, der durch schönen Wald immer weiter ansteigt. Manchmal sind die Markierungen etwas versteckt. Noch einmal laufen wir im Wald neben einem Wildgehegezaun bergauf. Schließlich kreuzen wir einen Hohlweg und eine Straße, halten über die nächste Wegkreuzung auf eine karge Rastbank mit Gedenktafel zu. Nun lenkt ein Pfad zwischen Bäumen, Sträuchern und Felsen hinauf zum Hessenstein ❸ mit nur eingeschränkter Aussicht. Nach dem Gipfelbesuch mit der roten 2 und der 5 rechts halten, dem Pfad zwischen Wandertafel und Felsen folgen. Zunächst bergab und nach einer Rechtskurve leicht bergauf kommen wir auf der Ebene an eine Weggabel. (Die Trampelpfade rechts führen zu beeindruckenden Felsen.) Hier verlassen wir die 5, folgen dem linken, ebenen Weg mit der 2 (auch Radweg). Schöne

Hessenstein

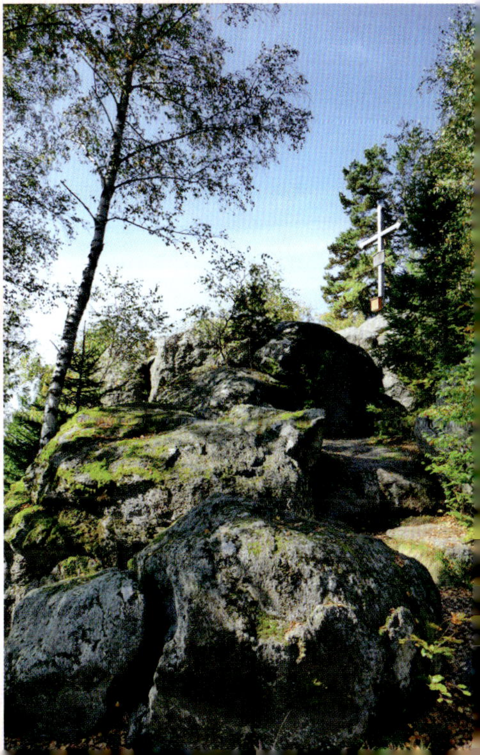

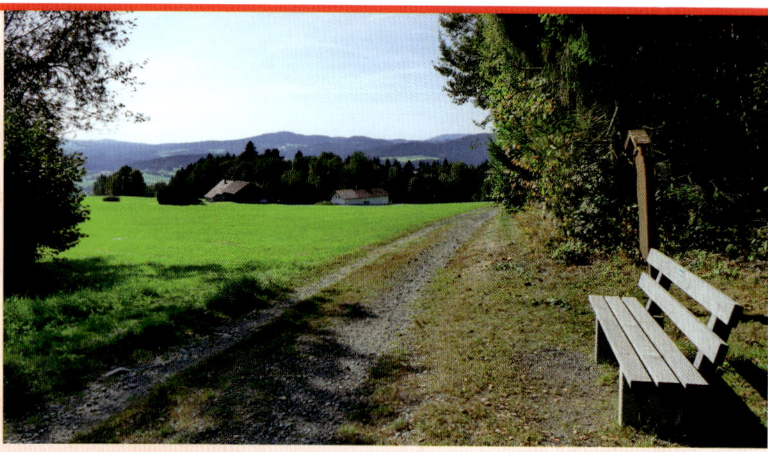

Kurz vor den Häusern von „Am Eisenstein“

Waldwege wechseln sich mit Pfaden ab und führen zu einer Forststraße. Auf der geht es rechts mit der 2 Richtung Daxberg weiter. Wenige Meter danach streifen wir Rottenberg, bestehend aus einem Haus und einem Brotbackofen. Knapp 500 m später treffen wir auf die Lichtung von Daxberg 4. Gleich am Anfang von dieser Lichtung zweigt rechts eine unmarkierte, geschotterte Forststraße ab. An der Ecke steht ein blaues Schild mit „Wasserschutzgebiet“. Wir nehmen diesen Weg rechts, der nach einigen Metern abfällt. Später tauchen mehrere Ameisenhaufen am Wegrand auf. An der Höhe des Ameisenhaufens lässt sich ablesen, wie schattig der Standort ist. Je höher der Hügel, desto schattiger ist der Platz.

Wir treffen auf eine kleine Landstraße, halten uns auf dieser ohne Markierung rechts. Nach 100 m, am Ende der Wiese, biegt die rote 5 vor dem Wald links ab. Die Markierung befindet sich rechts bei der Rastbank und ist nur von der Gegenseite zu sehen. Über einen ebenen Wiesenpfad tauchen wir wieder in den Wald ein, überqueren die nächste Kreuzung geradeaus. Die Markierung fehlt. Durch beschaulichen Wald und einen Mini-Hohlweg gehen wir nach einem Rechtsknick bergab. Wenige Meter vor dem Waldrand ist eine Weggabel, hier den linken Weg an den Waldrand nehmen. Dort halten wir uns mit der 5 Richtung Kirchdorf rechts. Mit schönem Weitblick laufen wir am Waldrand entlang zu den Häusern „Am Eisenstein“ und folgen der kleinen Landstraße links bergab. Durch Wald hindurch entschädigt der anschließende Panoramablick 5 für den Wegbelag. Beim „Vorfahrt-achten“-Schild auf der Ebene verlassen wir die 5. Wir kreuzen die Straße geradeaus (links versetzt) und gehen auf dem asphaltierten Feldweg ohne Markierung weiter bergab in eine Senke. Dort wenden wir uns rechts dem Feldweg im breiten Wiesental zu, der Fischweiher, eine Feuchtwiese und einen mäandernden Bach passiert. An der nächsten

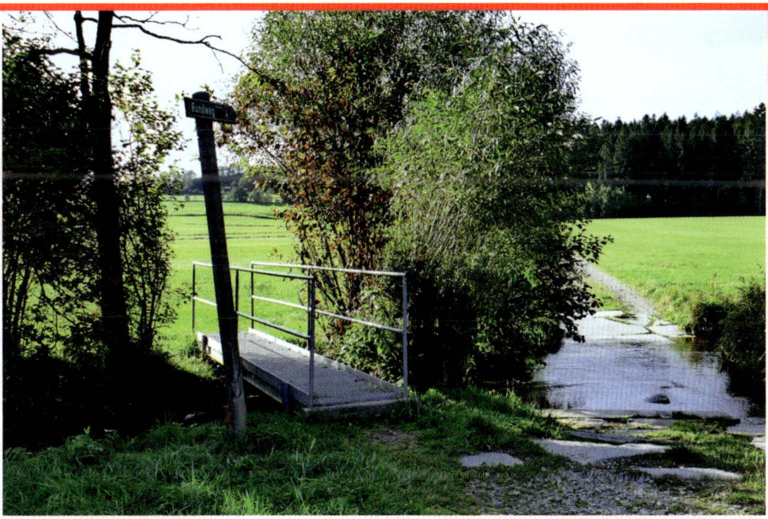

Röhrnachbach

Weggabel biegen wir links zum Röhrnachbach 6 ab. Jetzt nimmt uns ein kurzes Stück die Markierung mit der roten 4, „Rundweg“, an die Hand. Der Feldweg führt zunächst schnurgerade über die Wiesen. Vor dem nächsten Wald macht er eine stärkere Linkskurve. In dieser gehen wir ohne Markierung etwa 10 m über die Wiese auf den Waldrand zu. Rechts von der Waldecke stoßen wir auf einen ansteigenden Waldweg, dem wir geradeaus folgen. Nach einem Linksknick treffen wir auf eine Forststraße, gehen auf dieser rechts. 90 m weiter biegen wir auf der Kuppe links Richtung Kirchdorf ab. Nach einem Holzlagerplatz auf der rechten Seite gabelt sich der Weg. Hier folgen wir dem rechten, leicht ansteigenden Weg. Er geht in Asphalt über und leitet zu den Häusern von Kirchdorf hinauf. Dort, wo ein Zaun den Weg versperrt, wechseln wir links auf den Trampelpfad am Zaun entlang. Wir treffen wieder auf die bekannte Straße vom Anfang, gehen mit der 5 geradeaus, über die nächste Kreuzung geradeaus in den Wilhelmweg und zum Dorfplatz zurück.

Essen/Einkehren:

Zum Fürst'n
Daxberg 1
94536 Eppenschlag
Tel. 08553 1687
Öffnungszeiten: Auf Anfrage

Landgasthof Kirchenwirt
Wilhelmstraße 3
94261 Kirchdorf im Wald
Tel. 09928 1618
Öffnungszeiten:
Donnerstag – Samstag ab 17 Uhr
Sonn- und Feiertage: Mittag und Abend

Bienstand, Moorgeflüster und Goldwaschplatz

Leicht

9,5 km

↓↑ 122 m

2 ¾ Std.

Riedlhütte – Bienstand – Höhenbrunn – Hochmoor – Riedlhütte

Überraschend schöne Panoramablicke, ewig lange Holzbohlenwege mit gluckerndem Moorwasser unter den Füßen und sein Glück beim Goldwaschen versuchen. Das ist wunderbare Wandervielfalt.

Zusatz-Info:
Das Moor befindet sich im Kerngebiet des Nationalparks. Deshalb bitte zum Schutz des empfindlichen Moores auf den Wegen bleiben. Zum Goldwaschen Sieb mitnehmen.

Parken:
Parkplatz am Sportplatz in Riedlhütte, Pocherstr. / Ecke Triftweg
(Navi: Pocherstr. 39, 94566 St. Oswald-Riedlhütte)

Tourist-Information:
Schulplatz 2
94566 St. Oswald-Riedlhütte
Tel. 08553 8919201

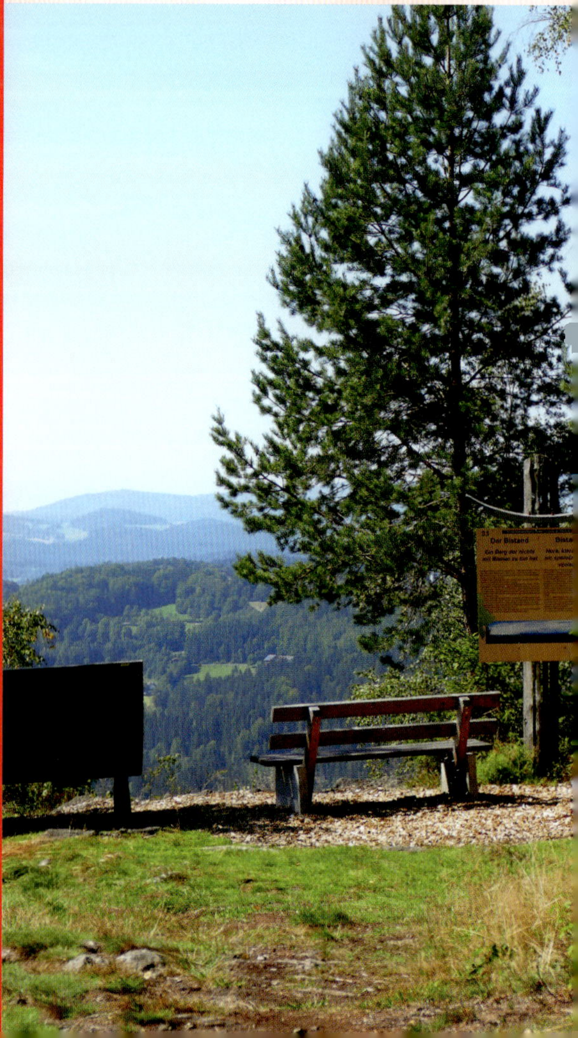

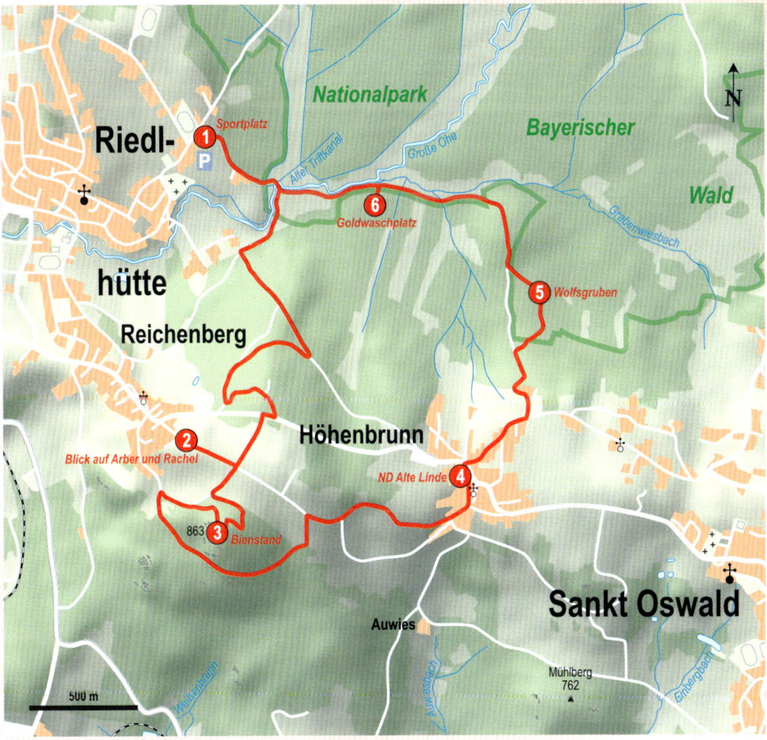

❶ Start Riedlhütte / Parkplatz Sportplatz

❷ Blick auf Arber und Rachel

❸ Aussichtspunkt Bienstand

❹ Naturdenkmal Alte Linde

❺ Wolfsgruben

❻ Goldwaschplatz

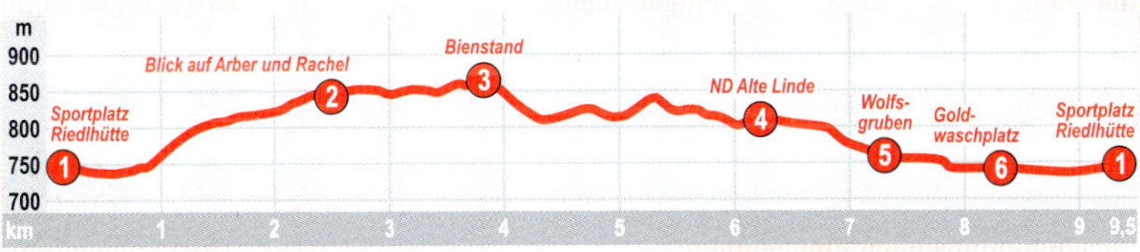

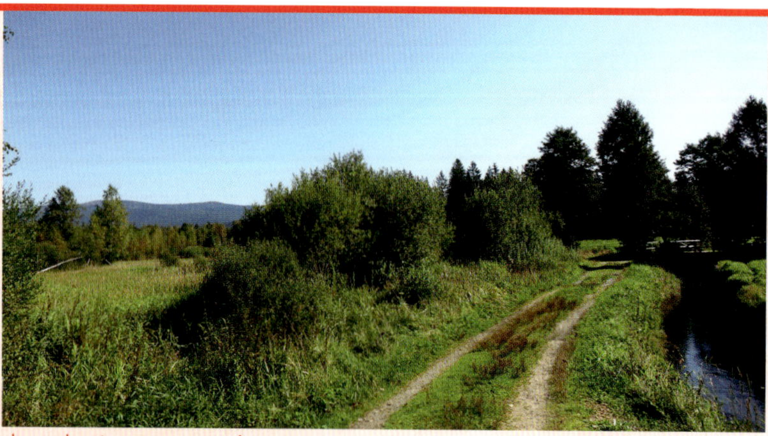

Am Anfang vom Moor

Vom Sportplatz in Riedlhütte ❶ biegen wir mit der Kreuzotter und der roten 4 Richtung Siebenellen auf die kleine Straße „Triftweg“ ab. Durch landschaftlich schönes Gebiet gehen wir neben Wiesen und dichten Wäldern geradeaus durch das Tal ins Moorgebiet. Nach der Brücke über den alten Triftkanal biegt die 4 rechts Richtung Spiegelau / Riedlhütte ab. Entlang der leise gluckernden Großen Ohe verlassen wir auf Holzbohlen das Moor, halten uns am Waldrand rechts.

Kurz darauf lotst uns der Gläserne Steig links Richtung St. Oswald / Höhenbrunn in den Wald. Dort zweigt der Gläserne Steig nach wenigen Metern an einer kleinen Kreuzung links ab, wechselt auf den schmalen, ansteigenden Pfad. An der nächsten Weggabel den linken Wurzelweg nach oben nehmen. Jetzt taucht zusätzlich die Markierung „Biene“ auf. Stets ansteigend kreuzt der heimelige Wanderweg mehrmals Waldwege. Im spitzen Winkel stoßen wir auf einen ebenen, gut befestigten und zum Teil vergrasten Waldwirtschaftsweg. Hier den Gläsernen Steig verlassen, der auf diesem links weiterginge. Wir folgen dem ebenen Weg rechts. Die Markierung „Biene“ hängt erst später an einem Baum. Nach knapp 300 m an einer Weggabel den Weg links ansteigend nehmen. (Der rechte fällt leicht ab.) Hier steht links das Schild „Bayerwaldloipe“. Geradeaus geht es zur großen T-Kreuzung einer Forststraße, von wo man rechts am Waldrand eine Straße sieht. Wir biegen ohne Markierung links auf die Forststraße ab. Nach 20 m nehmen wir den mittleren der drei Wege, geradeaus und leicht ansteigend.

Zwischen Riedlhütte und Bienstand

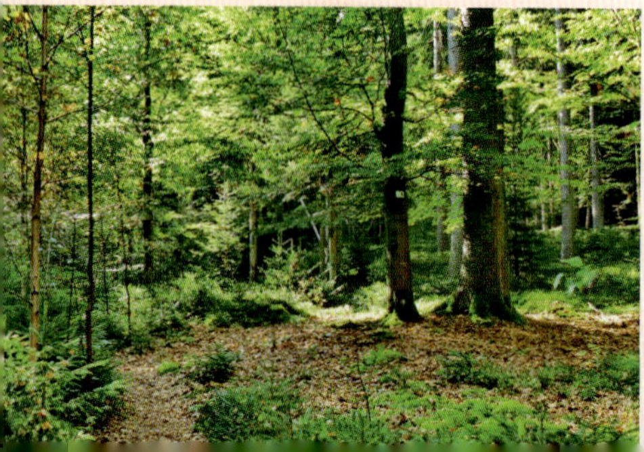

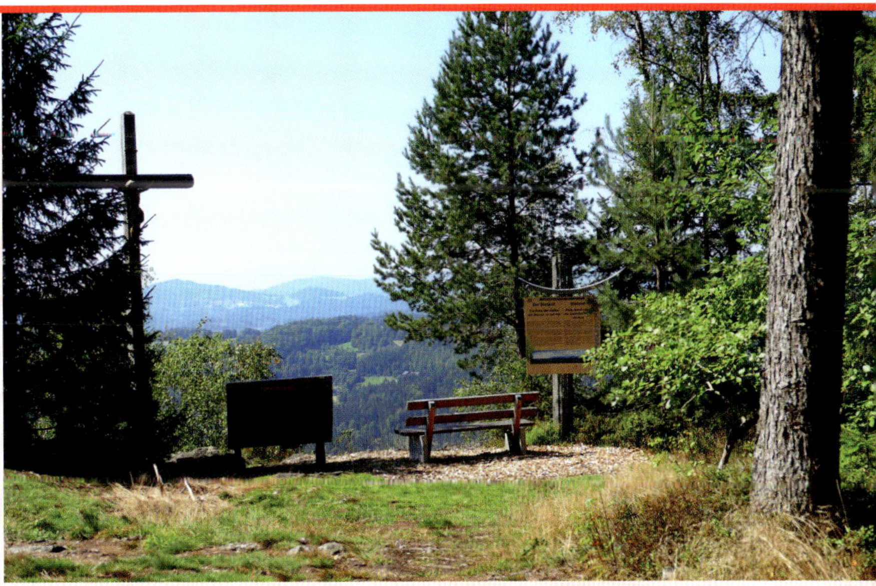

Bienstand

Nach ein paar Kurven und einem fast ebenen Abschnitt in nordöstlicher Richtung gabelt sich der Weg kurz vor einem Jungwald. Hier rechts fast im rechten Winkel nach oben abzweigen. Wir stoßen auf einen befestigten Wirtschaftsweg, der rechts zur Straße lotst. Auf dieser rechts und nach 40 m links zum Wanderparkplatz abbiegen. Nun lenkt die rote 3 „Rundwanderweg Bienstand" über einen Feldweg zu einer Kreuzung, wo wir einen grandiosen Rundumblick auf Brotjacklriegel, Lusen und Rachel haben! An der Kreuzung lohnt sich ein 300 m langer Abstecher auf dem Feldweg nach rechts. Ein Schild klärt unterwegs über den beschwerlichen Ackerbau in früherer Zeit auf.

Dort, wo der Asphalt anfängt, hat man hinter dem Gehölzstreifen auf der rechten Seite einen herrlichen Blick **2** auf Arber und Rachel. Wir laufen zur Kreuzung zurück und biegen mit der roten 3 rechts zum Wald ab. Hier zweigen am Anfang der „Themenwanderweg Bienstand" und die 3 links in den Wald ab. Im Wald folgen wir dem Weg geradeaus, lassen die 3 rechts liegen. Der Themenwanderweg umrundet den Berg rechts herum. Weitere Markierungen „Geschichte" und „Biene" kommen dazu. Nach einem Anstieg biegen wir auf einer Ebene mit der 3 links ab und halten auf den Aussichtspunkt Bienstand **3** zu. Wir gehen rechts von der Infotafel den Pfad hinab, folgen den Schildern rote 3 und „Reichenberg". Am Waldrand 150 m entlang, dann biegt die 3 links ab und streift eine Lichtung. Mit dem Hinweis Richtung Höhenbrunn umrundet der kleine Forstweg in leichtem Auf und Ab den

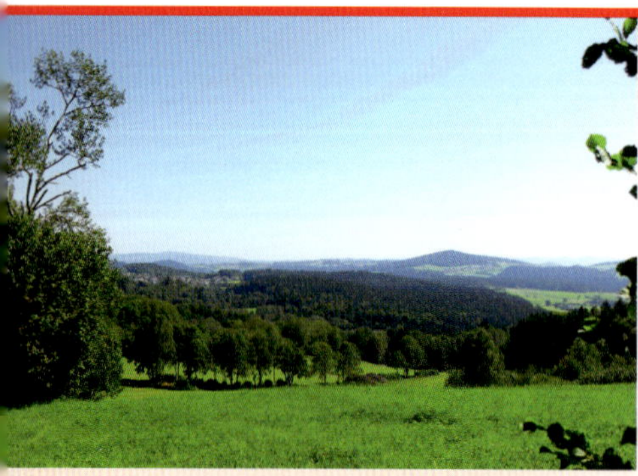

Unterwegs nach Höhenbrunn

Berg „Bienstand“. Wir verlassen den Wald und wenden uns mit dem „Themenweg St. Oswald“ nach links, hinauf zu einer Kreuzung, wo es rechts weitergeht. Mit einer wunderschönen Aussicht auf eine Landschaft, die aussieht wie bei den 7 Zwergen hinter den 7 Bergen, und immer neuen, schönen Blickwinkeln laufen wir an Feldrainen und am Waldrand entlang nach Höhenbrunn. Am verträumten Dorfanger folgen wir der roten 2 und roten 3 links bergauf, kommen dabei an einer mächtigen Linde ❹ vorbei. Der Dorfanger bot durch die Anordnung der Höfe Dorfbevölkerung und Weidetieren Schutz vor Angriffen. Der Dorfbrunnen in der Mitte sicherte die Wasserversorgung. Am oberen Ende gehen wir an der T-Kreuzung mit dem Gläsernen Steig links ein paar Meter Richtung Spiegelau und Riedlhütte. In der abknickenden Vorfahrtsstraße biegen wir ohne Markierung rechts in die „Totenmanner Straße“ ab, zweigen (nach der Hausnr. 20) links auf die Straße „Am Zechbiegel“ ab. Sie führt

Holzbohlen ohne Ende

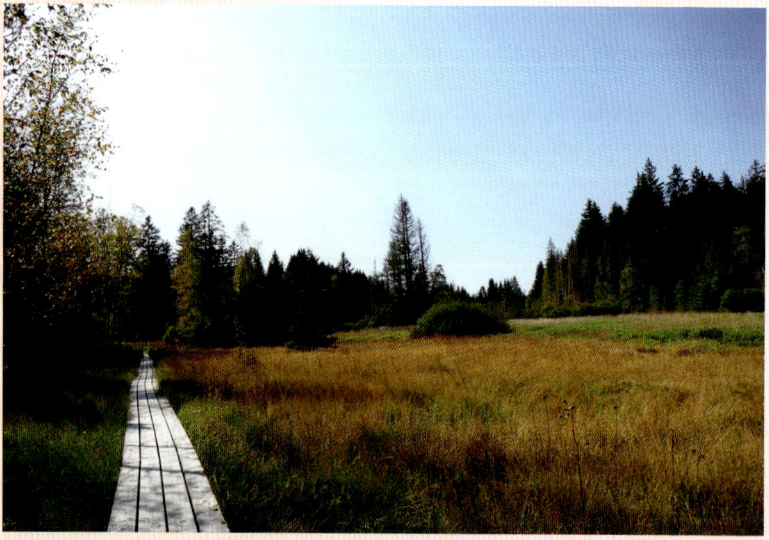

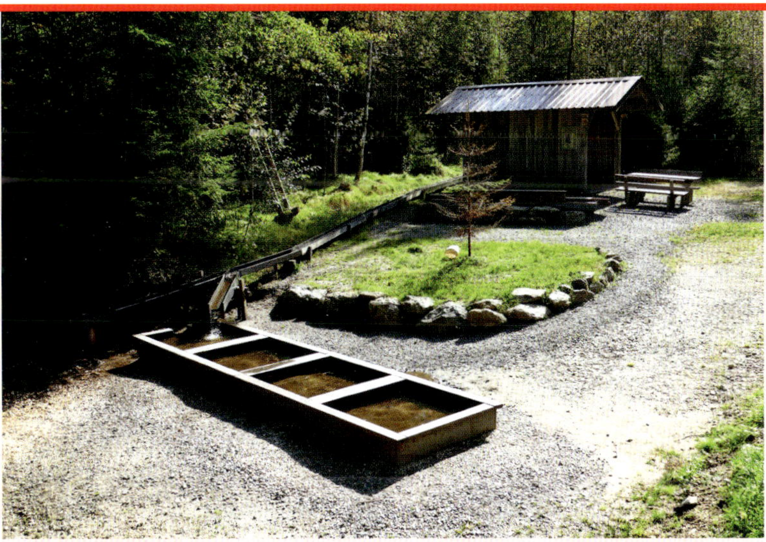

Goldwaschplatz

zu Häusern am Waldrand hinab und mit einer scharfen Rechtskurve in den Wald. Nach einem kurzen, steilen Abschnitt endet der Asphalt in einer Art Absatz. 100 m danach nehmen wir rechts den eindeutigen, fast ebenen Waldweg. Er macht wenig später eine Linkskurve und lotst zur Abzweigung, wo es mit der Kreuzotter Richtung Spiegelau links weitergeht. Durch Mischwald kommen wir zu den Wolfsgruben 5, einer besonderen Form der Wolfsfalle. Durch grünen Wald mit einem Teppich aus Moosen und Heidelbeersträuchern erreichen wir Klosterfilz und Großen Filz. Lange Holzbohlenwege lenken im Wechsel mit beschaulichen Pfaden durch das stimmungsvolle Moor mit Gräsern, Birken und Moorpflanzen, mit Libellen, Heupferden und Eidechsen. Dreht man sich ab und zu um, sieht man irgendwann im Hintergrund den Gipfel des Lusens. Später ist links ein kurzer Abstecher zum Goldwaschplatz 6 möglich, an dem tatsächlich Gold „geschürft“ werden kann. Pro Kilogramm Sediment kann man mit 1–2 Körnern mit einer Größe von je 0,1–0,3 mm rechnen. Wieder zurück leitet der romantische Pfad neben dem sanft plätschernden Bach zur Brücke, die wir vom Anfang kennen. Diese überqueren und mit der „Kreuzotter“ auf bekanntem Weg zurück zum Sportplatz wandern.

Essen/Einkehren:

Keine Einkehr möglich. Die nächsten Optionen sind in Riedlhütte und Spiegelau.

Ochsenklavier und Rachelsee

Mittel

16,7 km

↓↑ 253 m

5 Std.

Spiegelau – Föhraufilz – Rachelsee – Racheldiensthütte – Föhraufilz – Spiegelau

Einsame, traumhaft schöne Wege, beeindruckend wilder Wald und ein idyllischer Bergsee mitten im Nationalpark sind die besten Voraussetzungen für puren Naturgenuss.

Zusatz-Info:
Zum Schutz der Wildtiere ist das Betreten des Föhraufilzes vom 1.12. bis 16.5. nicht möglich.

Parken:
Parkplatz Jägerfleck nahe Spiegelau; Anfahrt über Spiegelau: Neuhütter Str. → Forststraße → Neuhütte → P Jägerfleck an der Straße hinter Neuhütte, in der Nähe des Weilers Jägerfleck (Navi: Jägerfleck, 94518 Spiegelau)

Tourist-Information:
Konrad-Wilsdorf-Straße 1
94518 Spiegelau
Tel. 08553 8919110

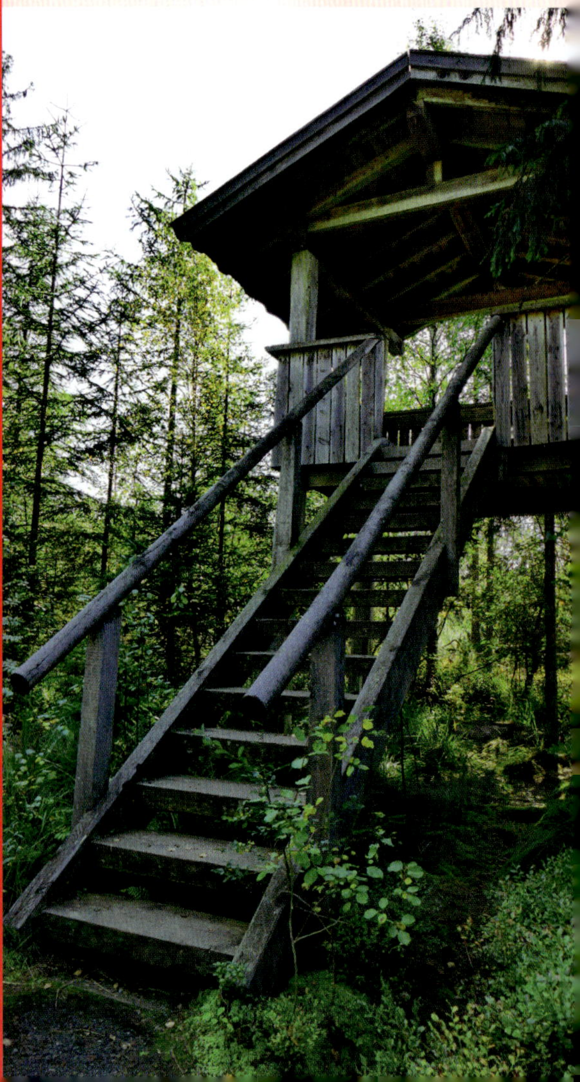

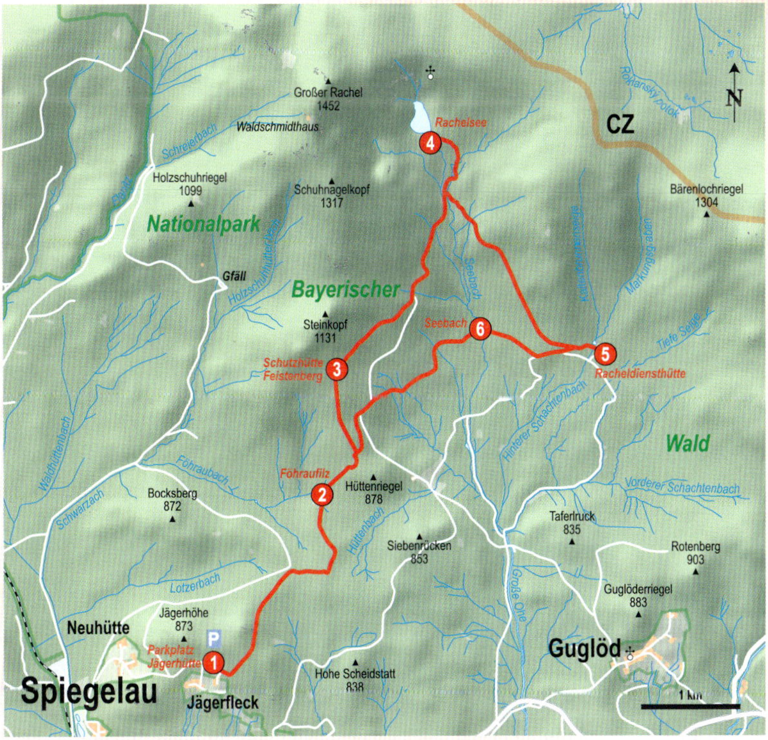

1. Start Spiegelau / Parkplatz Jägerfleck
2. Föhraufilz
3. Schutzhütte Feistenberg
4. Rachelsee
5. Racheldiensthütte
6. Wilder Bergbach

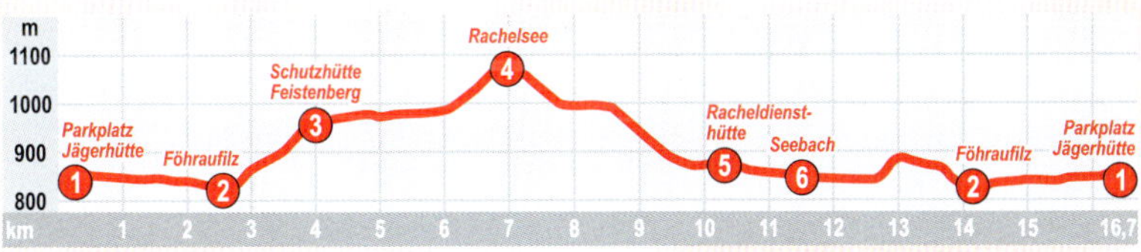

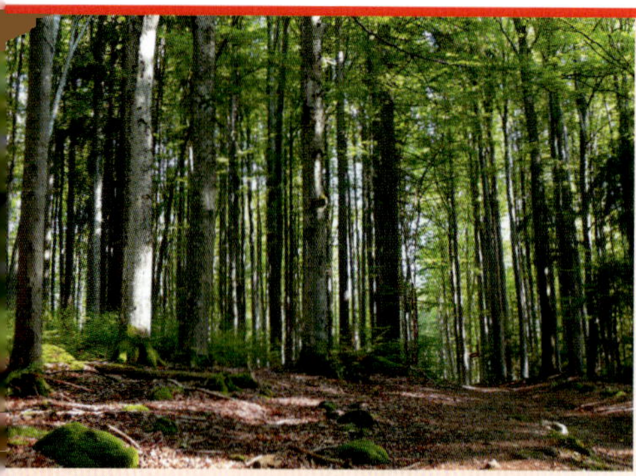

Kurz nach dem Start

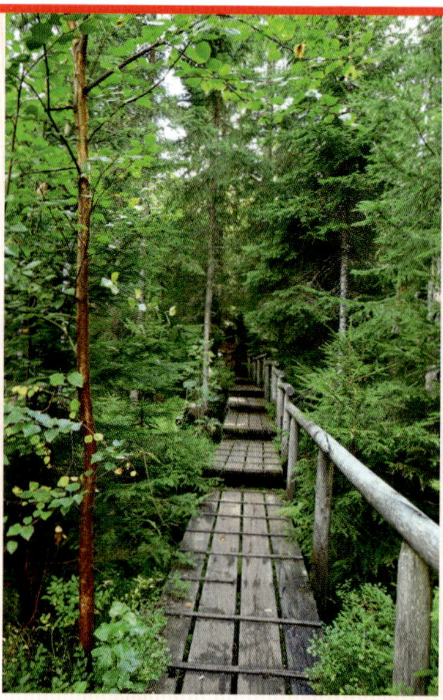

Brücke ins Moor

Wir starten die Wanderung am Parkplatz Jägerfleck ❶ bei Spiegelau. In Fahrtrichtung nach 50 m auf der Straße biegen wir links mit der Markierung „Ahorn“ Richtung „Rachelsee“ auf den Waldweg ab. Anfangs geht es durch Mischwald und auf weichem Waldboden durch einen von Buchen dominierten Wald. Spuren von Wildschweinen auf der Suche nach Leckerbissen und Inseln mit jungen Buchen säumen den Weg. Mal wandern wir durch dichten Nadelwald, dann durch Laub- und Mischwald. Auf einem kleinen Fahrweg rechts und kurze Zeit später links.

Auf Pfaden und Waldwegen erreichen wir schließlich das Moorgebiet „Föhraufilz“ ❷.

Netz der Trichterspinne

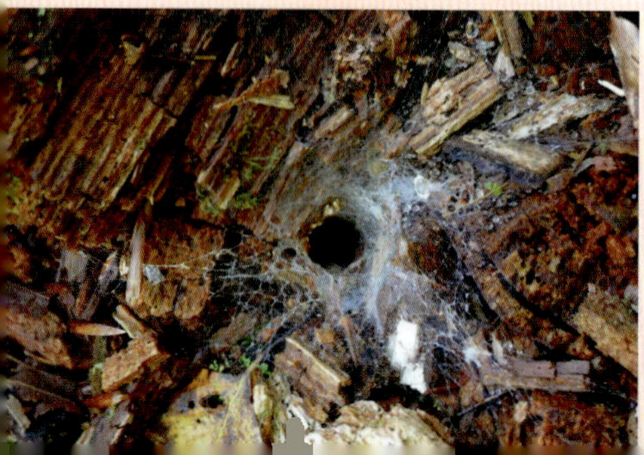

Den ausgesprochen schmalen Pfad durch das Moor säumen Moose und Heidelbeersträucher. Ein Aussichtsturm ohne Aussicht informiert über das „Ochsenklavier“. Nach dem Moor steigt der Wanderweg kontinuierlich an. Wir orientieren uns weiter Richtung Rachelsee geradeaus, passieren liegendes und stehendes Totholz und üppig nachwachsenden Wald. An der T-Kreuzung bei der Schutzhütte Feistenberg ❸ zweigt das Ahornblatt rechts ab. Nun nimmt uns für lange Zeit ein alter Steig am Hang entlang auf. Er führt durch urig wilden Wald, ist dazwischen steinig oder nass. Später leitet das Ahornblatt links auf einen schmalen Fahrweg. Kurz nach der waldfreien Fläche links und der Brücke über den Seebach merken wir uns die Abzweigung, die es da rechts gibt, für den Rückweg. Zunächst folgen wir

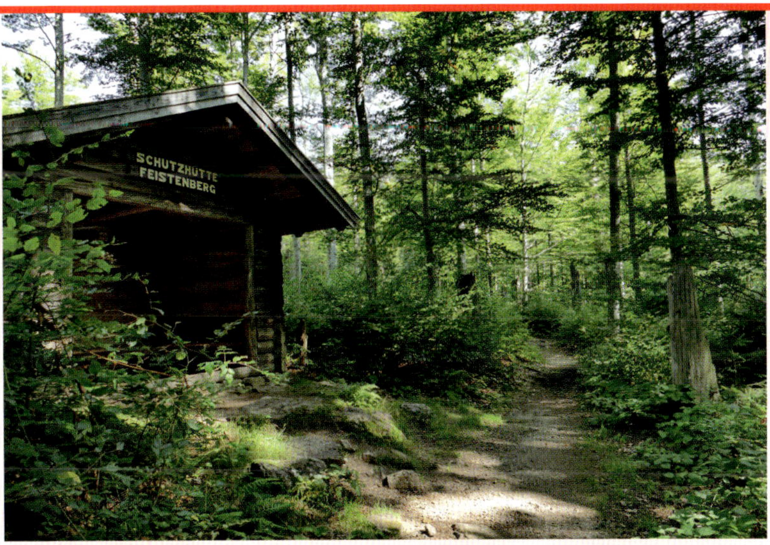

Schutzhütte Feistenberg

weiter dem Hinweis zum Rachelsee. Der Weg wird immer öfter vom wild rauschenden Bergbach begleitet. Hier herrscht eine eigene Stimmung, inmitten von nichts anderem als wilder Natur. Gelegentlich informieren Tafeln über die Besonderheiten des Ortes. Schließlich erreichen wir den Rachelsee 4 mit der dahinter aufragenden Seewand. Rechts oben in der Steilwand sieht man bei genauem Hinsehen zwischen den Bäumen

Rachelsee

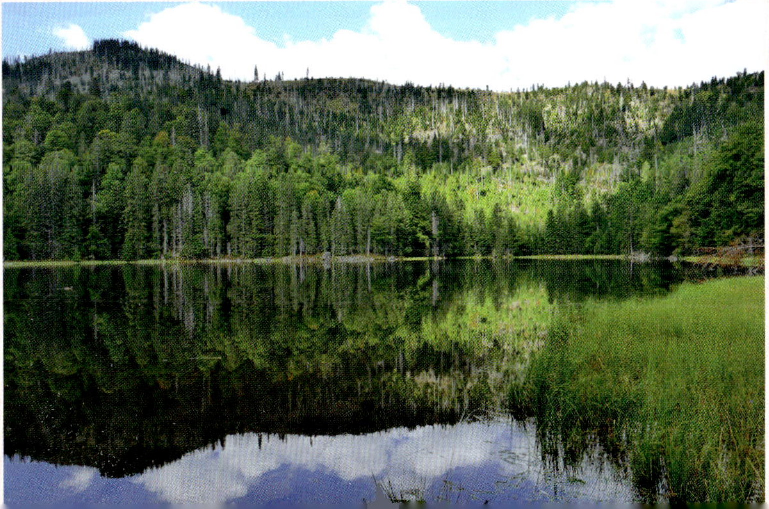

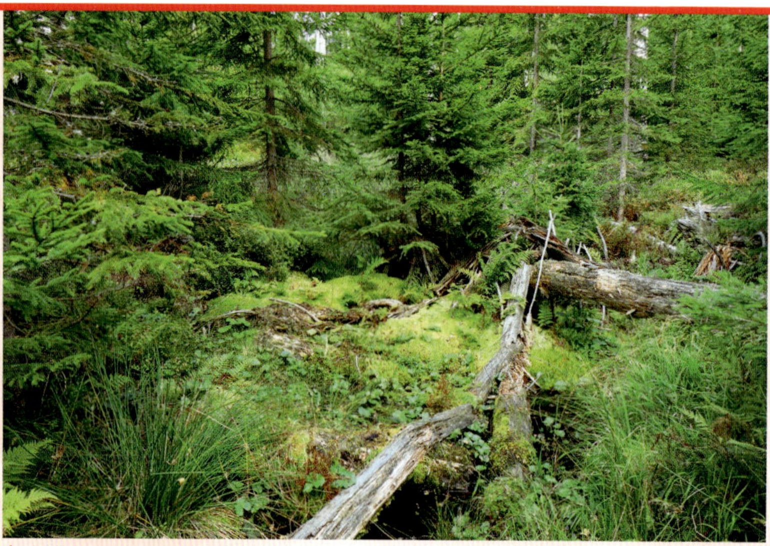

Waldimpressionen

die Rachelkapelle. Für eine Pause bietet sich eine der vielen Rastbänke an. Wir kehren um, gehen auf dem gleichen Weg, den wir gekommen sind, ein längeres Stück zurück. Dabei folgen wir 800 m dem Ahornblatt Richtung Spiegelau. Die erste Buntspecht-Abzweigung kurz nach dem See ignorieren wir. Knapp vor der Brücke über den Seebach (das ist die Stelle, die wir uns gemerkt haben) biegen wir mit dem Buntspecht und dem grünen Dreieck links zur Racheldiensthütte ab. Wir schwenken auf einen wildromantischen Pfad ein. Selbst Biberspuren sind in diesem unwegsamen Gelände auszumachen.

Der nachwachsende Wald, der sich selbst überlassen bleibt, ist anfangs sehr dicht. Dreht man sich nach einem kurzen Anstieg bei einem Felsen um, sieht man im Hintergrund die Seewand. Der Wald wird lichter und der Weg etwas breiter. Nun geht es längere Zeit leicht bergab. An der nächsten Abzweigung beim befestigten Wirtschaftsweg biegen wir links Richtung Racheldiensthütte ab. Nach 150 m auf dem ebenen Weg erreichen wir den Schwellweiher an der Racheldiensthütte 5, einem sehenswerten, denkmalgeschützten Gebäudeensemble mit Einkehrmöglichkeit. Dann gehen wir ein kurzes Stück auf dem gleichen Weg zurück. Dafür folgen wir der Markierung Ahorn Richtung Spiegelau und Föhraufilz. Wir streifen die Abzweigung, von der wir gekommen sind, bleiben auf dem kleinen Fahrweg geradeaus. Nach ein paar hundert Metern auf demselben biegt das Ahornblatt in einer Rechtskurve, unmittelbar bevor der Waldweg abfällt, rechts auf einen kleinen Steig ab. Sofort wandern wir wieder durch wilden Wald, in dem Totholzbäume als Biotope stehen bleiben. Andere Bäume sind

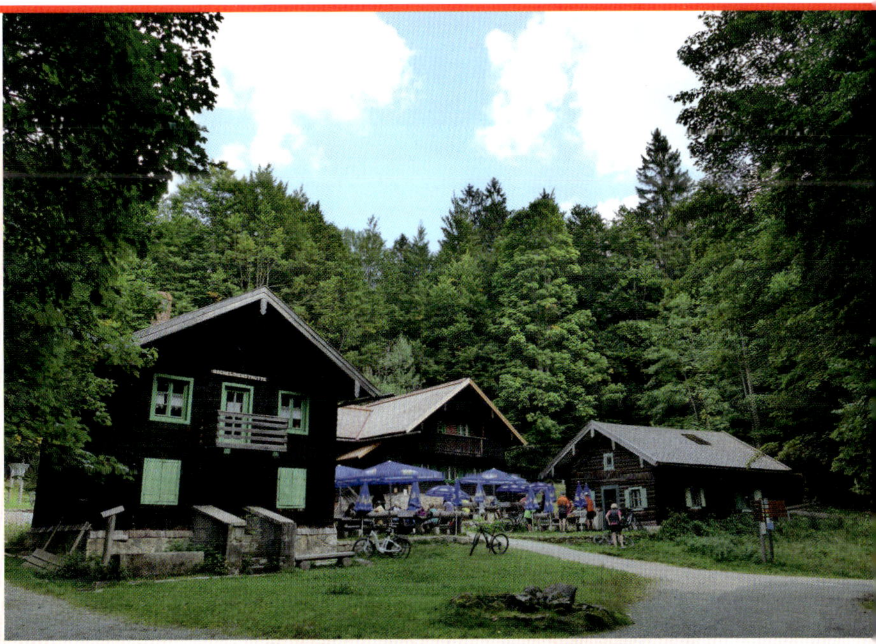

Racheldiensthütte

schon umgefallen, bleiben liegen, zersetzen sich und bieten Lebensraum für viele verschiedene Arten. Jedes Stadium der Zersetzung hat seine eigenen „Bewohner".

An manchen Stellen ist der Untergrund sumpfig. Der Pfad schlängelt sich zu einem Bach 6 hinab und an diesem ansteigend entlang. Auch hier umgibt uns wieder diese besondere Stimmung. Über eine kleine Brücke gelangen wir auf die andere Seite und ziehen den Hang hinauf. Nach einem längeren Anstieg durch Buchenmischwald treffen wir auf einen kleinen Fahrweg, auf den wir links abbiegen. Achtung! Wenige Meter später rechts halten. Hier kann man die Markierung übersehen. Mit dem Ahorn treffen wir auf die Abzweigung, die wir vom Hinweg schon kennen. Jetzt biegen wir links Richtung Spiegelau ab und gehen wieder über das Föhraufilz 2 zurück. Danach dem Ahorn Richtung Spiegelau / Waldspielgelände folgen. Schließlich stoßen wir wieder auf die Teerstraße, an der wir rechts in 50 m den Parkplatz Jägerfleck erreichen.

Essen/Einkehren:

Racheldiensthütte
Parkplatz Diensthüttenstraße
94566 St. Oswald / Riedlhütte
Tel. 08553 979004
Mobil 0170 4025996
Öffnungszeiten auf Anfrage

Riedstein und Wallfahrtskirche Frauenbrünnl

Leicht

7,2 km

↓↑ 203 m

2 Std.

Frauenbrünnl – Ried – Riedstein – Danzeröd – Frauenbrünnl

Tolle Panoramablicke im Wechsel mit schattig-grünen Wäldern und eine hübsche Wallfahrtskirche bilden den Rahmen für entspanntes Wandern.

Zusatz-Info:
Wanderung überwiegend auf Wald- und Feldwegen sowie Pfaden.

Parken:
An der Straße zwischen Gehmannsberg und Kohlau ist bei einem Brunnen ein Parkplatz. Parken am oberen Ende auf der linken Straßenseite (Navi: Wallfahrtskirche Frauenbrünnl, 94269 Rinchnach)

Tourist-Information:
Gehmannsberger Str. 12
94269 Rinchnach
Tel. 09921 5878

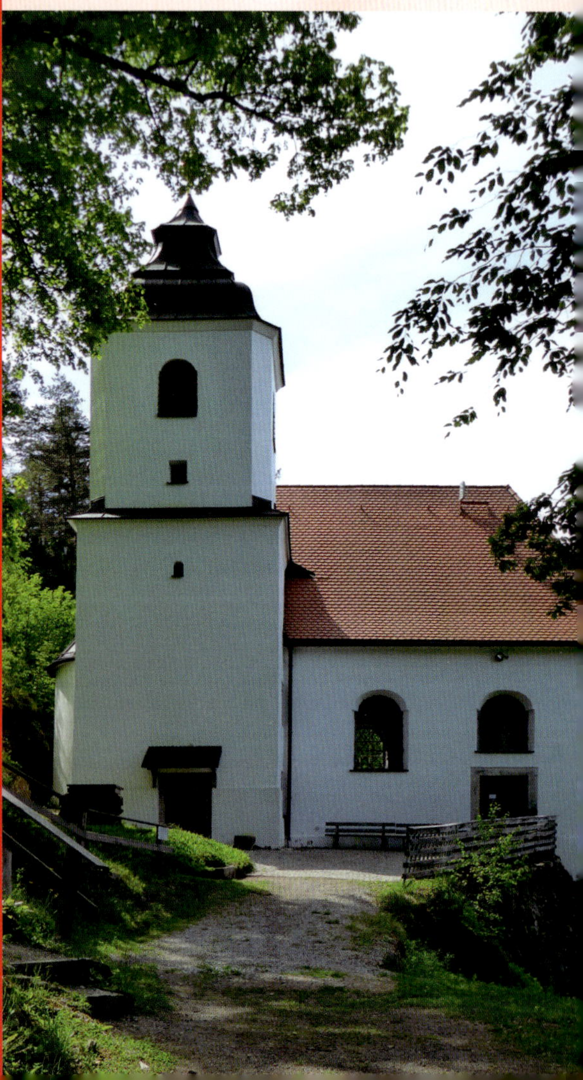

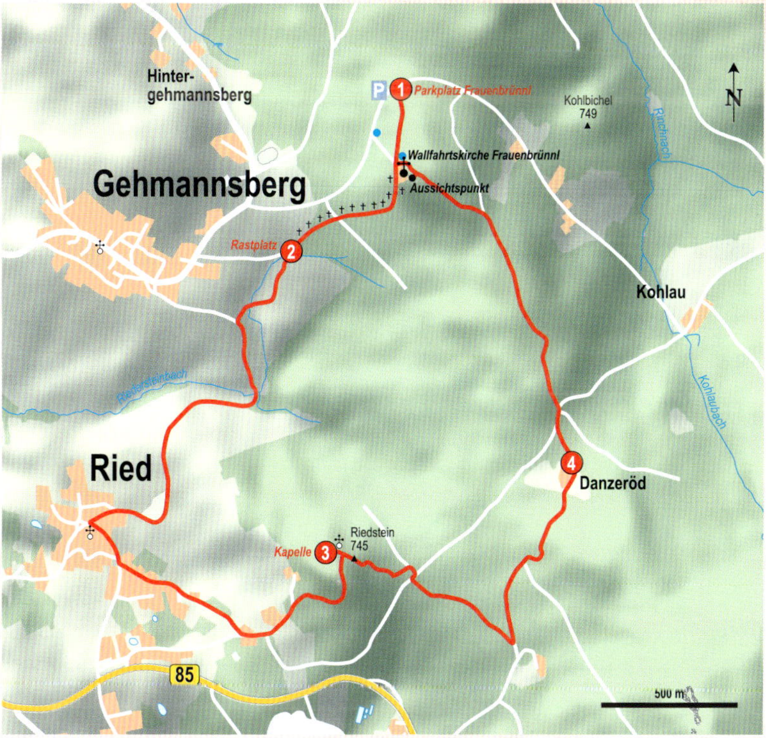

1 Start Straße nach Kohlau / Parkplatz Frauenbrünnl

2 Rastplatz am Waldrand

3 Riedsteinkapelle

4 Danzeröd

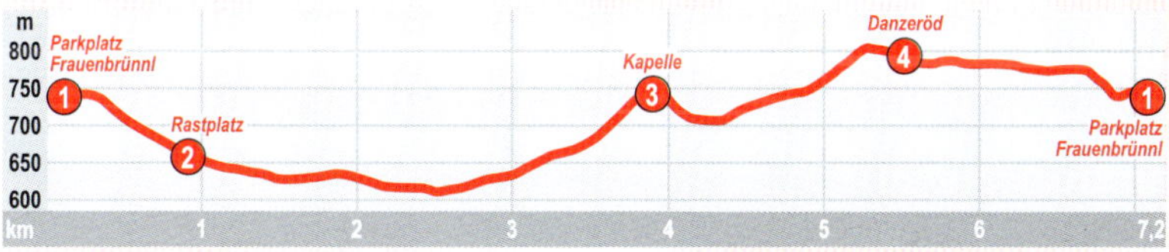

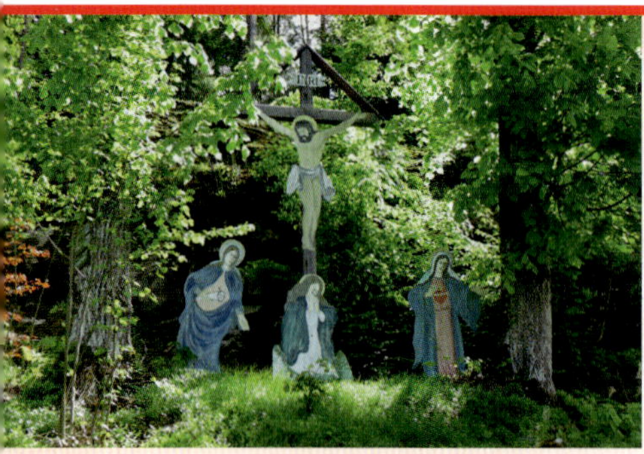

Bei der Wallfahrtskirche Frauenbrünnl

Wir starten an der Straße zwischen Gehmannsberg und Kohlau, am oberen Ende des Parkplatzes ❶ auf der linken Seite. Dann suchen wir uns den geteerten Zufahrtsweg in den Wald auf der rechten Seite. Er ist vor der Rechtskurve auf der rechten Seite bei dem Telefonleitungspfosten Nr. 18. Wir biegen auf den anfangs asphaltierten, ansteigenden Waldweg ab, der kurz danach nur mehr befestigt ist und ein wenig später fast eben wird.

Bei einer Schutzhütte tauchen viele Wandermarkierungen auf. Wir wandern geradeaus weiter, folgen dem „Gunthersteig" und der roten 2. Durch beschaulichen Mischwald geht es neben ansehnlichen Felsen zur Wallfahrtskirche Frauenbrünnl. Die 2 und der Gunthersteig lenken geradeaus Richtung Gehmannsberg. Neben der Kirche geht es auf einen schönen Waldweg und dann auf einen Pfad zum Waldrand mit Blick auf Gehmannsberg. Nach dem Rastplatz ❷ am Waldrand gabelt sich der Weg. Wir nehmen links den zweispurig betonierten Feldweg. An der T-Kreuzung lenkt die 4 links, verlässt damit den Gunthersteig. Nach der Senke beim Riedsteinbach geht es entlang von Pferdekoppeln und Schatten spendenden Feldgehölzen gemütlich nach Ried. Unmittelbar vor

Blick auf Gehmannsberg

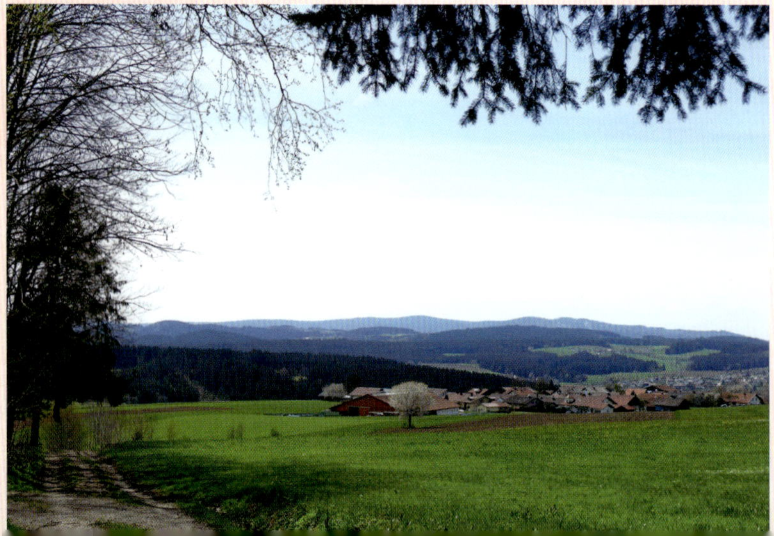

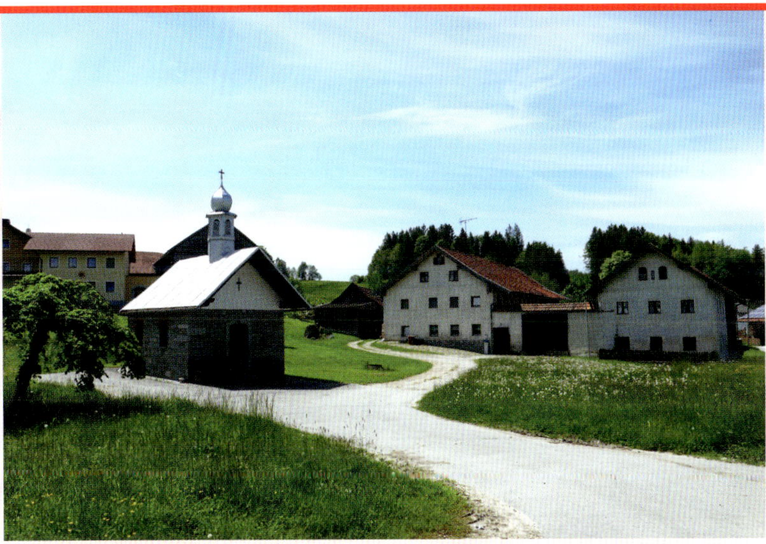

Dorfanger von Ried

dem ersten Wohnhaus biegt die 4 links ab, lotst leicht abfallend zum charmanten Dorfanger mit Kapelle. Vor dieser wenden wir uns auf der Straße mit der 4 (auch Radweg) links. Kurz danach zweigt die 4 an der ersten Straße links ab. Die Markierung ist etwas versteckt! Sie führt noch kurz durch das kleine Dorf und mündet in einen angenehmen Wiesenweg, der leicht bergauf zu Häusern am Waldrand leitet.

Auf deren Zufahrtsstraße halten wir uns links und genießen den herrlichen Ausblick bis

Wiesenweg hinter Ried

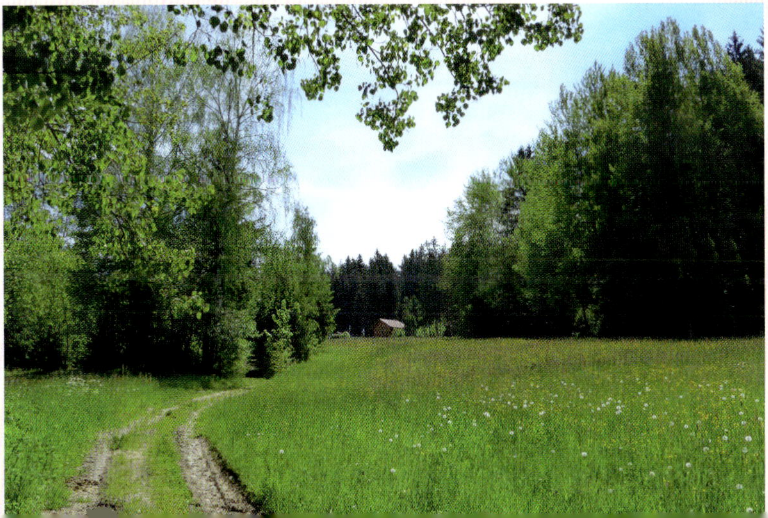

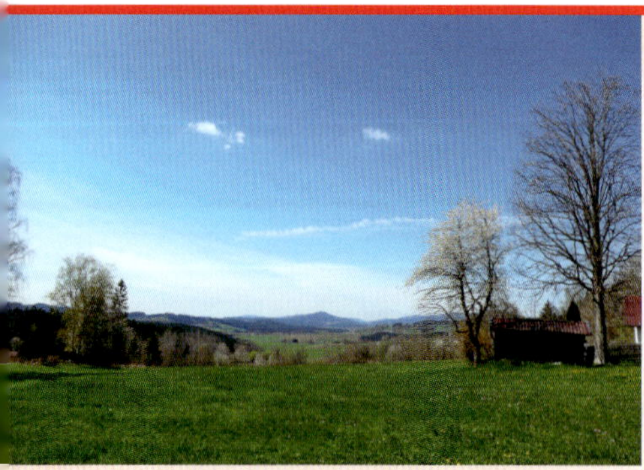

Blick vom Fuß des Riedsteins

zum Arber. Wir verlassen den Radweg, gehen geradeaus an den Häusern vorbei. Beim letzten Haus tauchen wir in den Wald ein, zweigen kurz darauf rechts auf den ansteigenden Weg ab. Am Zaun entlang treffen wir auf eine Kreuzung. Wir nehmen den zweiten Weg rechts (nicht den eingewachsenen direkt neben dem Zaun). Der rechts ansteigende und vergraste kleine Waldweg schwenkt später links weg und steigt noch einmal in älterem Wald kräftig bergauf. Dort, wo das Gelände flach wird, steht seitlich links die Riedsteinkapelle ❸ mit fast orientalischem Turm und Rastplatz. Nach dem Abstecher gehen wir wieder ein paar Schritte zurück und folgen der 4 geradeaus. Wenig später schwenkt sie linkshaltend auf einen romantischen Waldpfad, der sich zwischen Heidelbeersträuchern den Berg hinunterschlängelt. Auf der Ebene halten wir uns zuerst links, dann auf einer Forststraße rechts. Wenige Meter weiter an der nächsten Forststraße wieder rechts und dann gleich wieder links auf einen weiteren Forstweg abbiegen. An der nächsten Weggabel mit Holzlagerplatz gibt es drei Wege. Den mittleren nehmen, der geradeaus (halblinks versetzt) führt. Auf vergrastem Waldweg steigen wir

Kapelle auf dem Riedstein

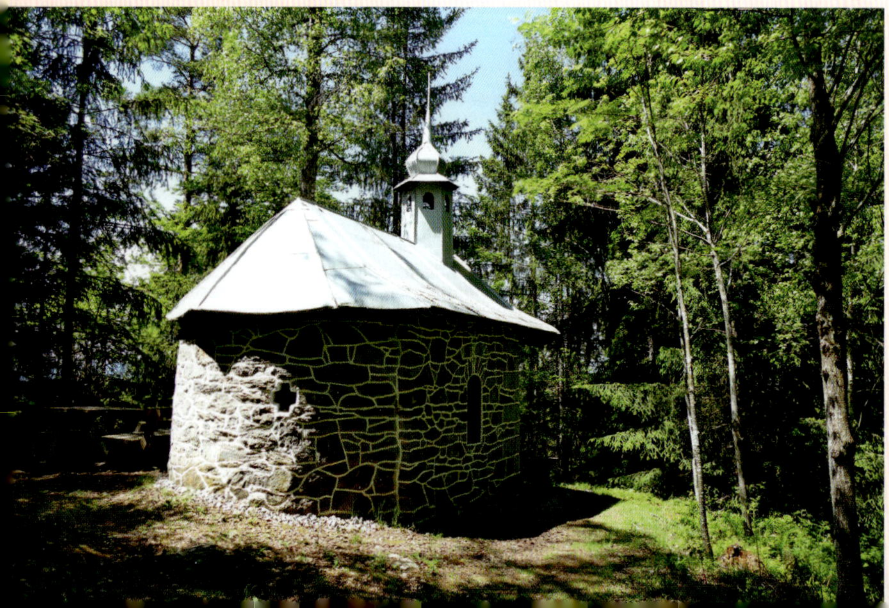

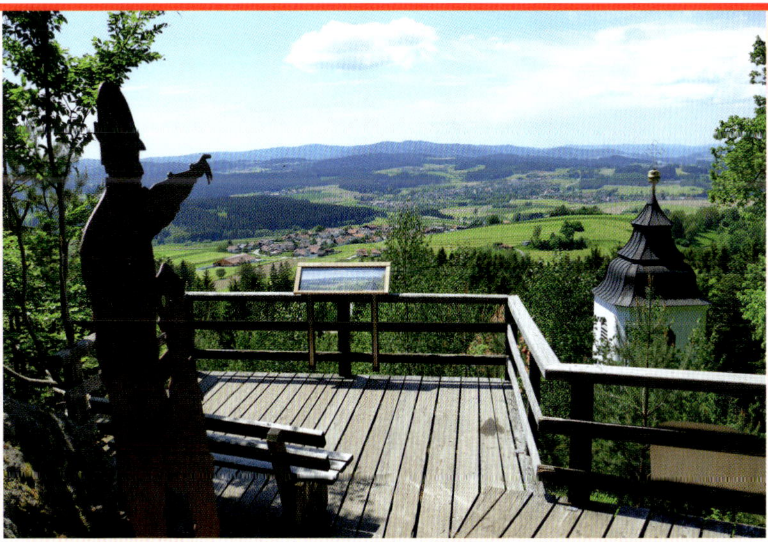

Aussichtsplattform

mäßig an und stoßen auf eine unscheinbare Wegkreuzung. An diesem Platz wurden viele Bäume gefällt. Die Markierung leitet geradeaus über eine Fläche mit Binsen, Brombeerranken und Gräsern zu einer Forststraße, wo wir links abbiegen. In einer scharfen Rechtskurve zweigen die blaue 9, „Wilhelmweg", und rote 4 Richtung Frauenbrünnl links ab. Der Weg windet sich nach oben, wird kurz danach links haltend zum malerischen Pfad, der nach Danzeröd 4 lotst, einer Einöde auf einer Lichtung. Wir überqueren die Lichtung geradeaus direkt oberhalb des Hauses und folgen der nicht asphaltierten Zufahrtsstraße rechts bis zu einer größeren Forststraßenkreuzung. Hier links Richtung Frauenbrünnl abbiegen. Ein Waldwirtschaftsweg lenkt bequem durch grünen Fichtenwald. Dann schwenkt die blaue 9 nach links (die 4 fehlt). Nach dem Unterstand mit den Totenbrettern zweigt der Wanderweg unerwartet links ab. Später geht es zwischen Kiefern, Buchen, Fichten und Tannen an großen Felsen vorbei hinab zur tollen Aussichtsplattform oberhalb der Kirche Frauenbrünnl. Danach steigen wir neben beeindruckenden Felsen den steilen Pfad zur Kirche hinab. An dieser folgen wir dem Gunthersteigzeichen und der roten 2 rechts Richtung Zimmerau. Jetzt befinden wir uns wieder auf dem bekannten Weg vom Anfang, auf dem wir nach der Schutzhütte ohne Markierung geradeaus zum Sträßlein mit dem Parkplatz zurückgehen.

Essen/Einkehren:

Keine Einkehr möglich. Die nächsten Optionen sind in Rinchnach und Zimmerau.

Leicht

6,7 km

↓↑ 99 m

2 Std.

Frauenau – Althütte – Zell – Flanitz – Frauenau

Das ruhige Wanderparadies glänzt mit herrlichen Ausblicken, idyllischen Rastplätzen und schönen Landschaften.

Zusatz-Info:
Nach der Wanderung lohnt sich der Besuch der Gläsernen Gärten und des Glasmuseums mit Dauer- und Wechselausstellungen.

Parken:
Frauenau, Parkplatz hinter dem Glasmuseum (Navi: Am Museumspark, 94258 Frauenau)

Tourist-Information:
Am Museumspark 1
94258 Frauenau
Tel. 09926 941011

Rastplatz- und Panorama-Runde um Frauenau

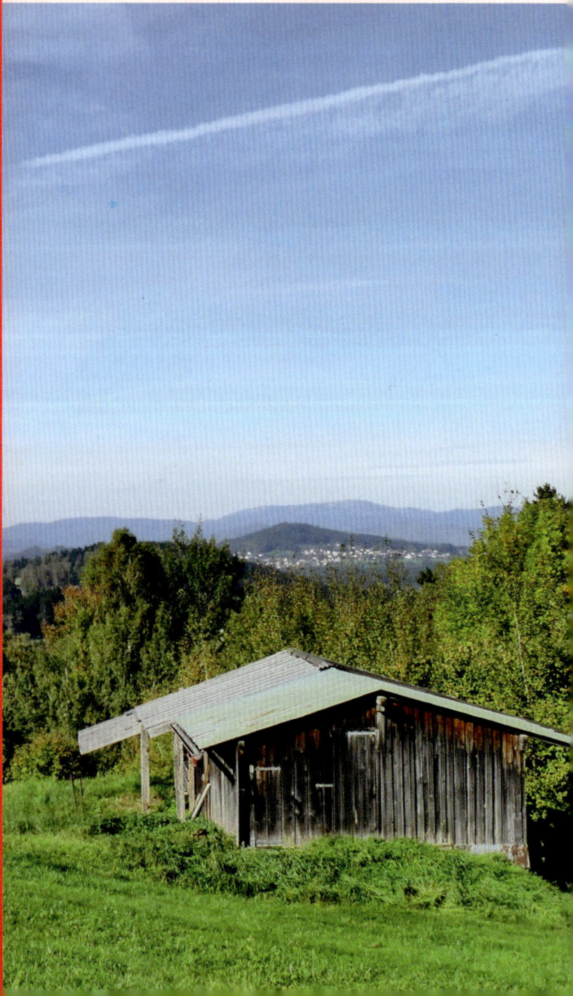

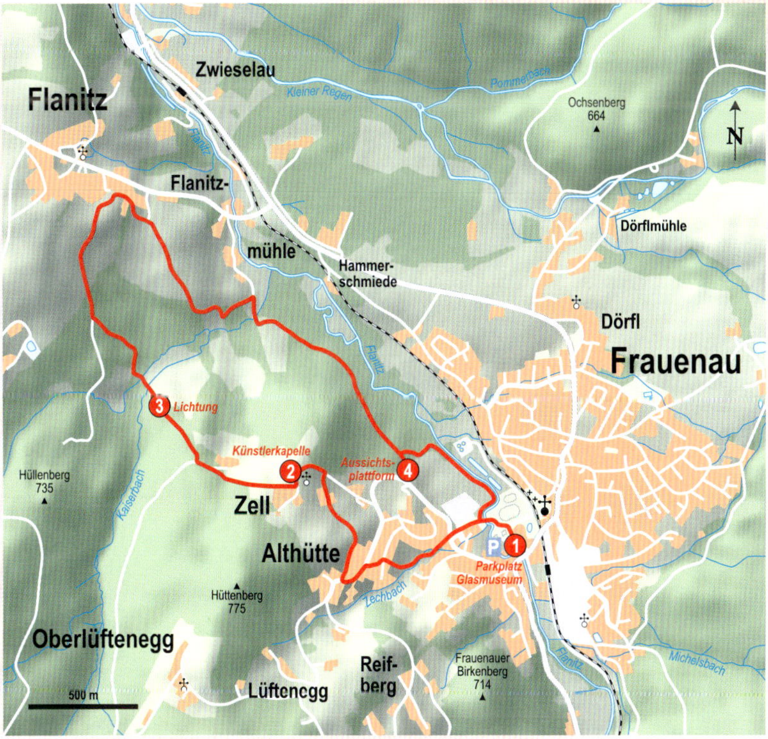

1 Start Frauenau / Parkplatz Glasmuseum

2 Künstlerkapelle

3 Romantische Lichtung

4 Aussichtsplattform „Falkenblick“

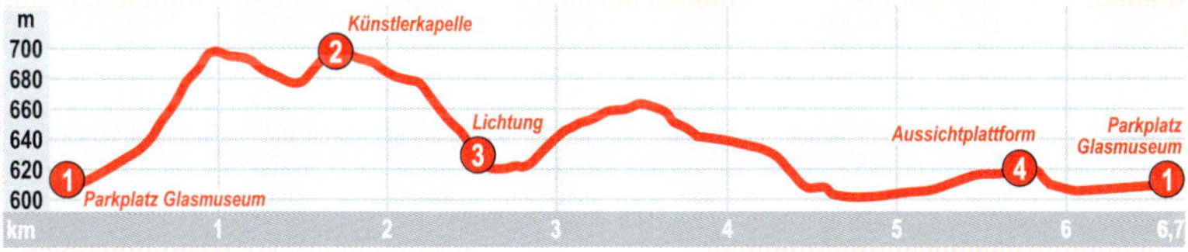

Vom Parkplatz hinter dem Glasmuseum ❶ in Frauenau wenden wir uns links auf dem Breitwiesenweg dem „Eisch-Garten“ zu. Die rote 4 Richtung „Flanitz über Flanitzalm“ und die rote 3 leiten links durch die Parkanlage. Dort überqueren wir die munter sprudelnde Flanitz, gehen zwischen Kunstwerken aus Glas und Granit geradeaus leicht bergauf. Oben stoßen wir auf die Althüttenstraße. Diese geradeaus überqueren und mit der 3 und 4 rechts vom Hotel-Parkplatz einem Wiesenweg folgen. Entlang eines kleinen Bachs führt ein Pfad durch eine anheimelnde, teilweise sumpfige Landschaft – und das mitten im Ort! Nun geht es kräftig bergauf. Dreht man sich um, hat man immer wieder eine tolle Aussicht.

Die Markierung lotst weiter bergauf, bis nach einer Rechtskurve (kleine Straße) das grüne Ortsschild „Althütte“ auftaucht. Vor diesem biegen wir rechts auf einen ebenen,

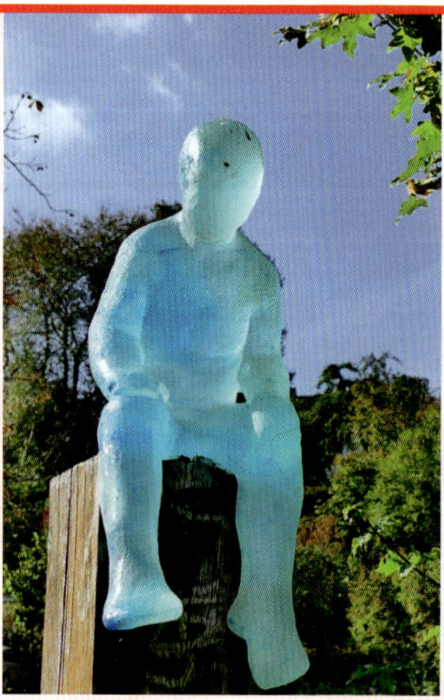

Glasskulptur

Im Gläsernen Garten

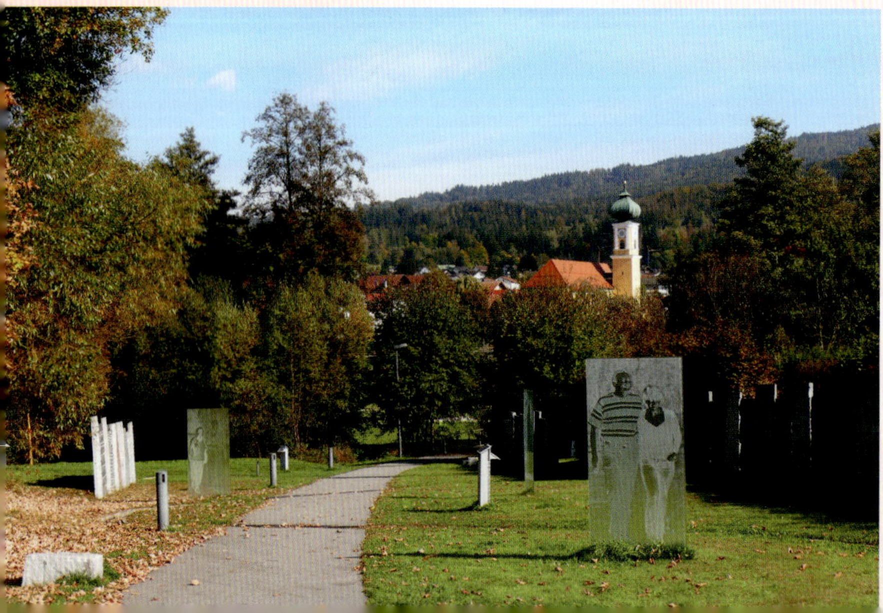

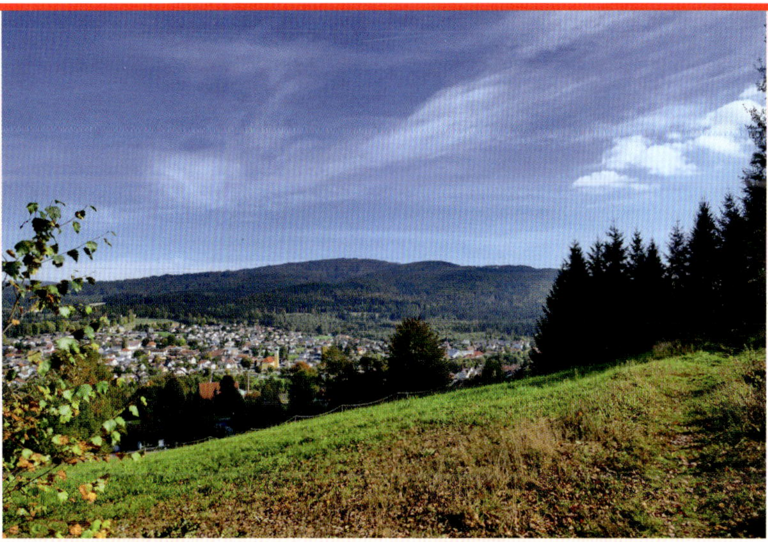

Blick auf Frauenau

vergrasten Weg zwischen Bäumen ab. Er leitet zu Totenbrettern, Rastplätzen und einem fabelhaften Panoramablick auf Frauenau mit umgebenden Bergen. Geradeaus gelangen wir auf dem angenehmen Wiesenpfad zwischen zwei Häusern auf eine Straße. Diese bringt uns links in 150 m hinauf zur ausgesprochen interessanten Kapelle 2 des Frauenauer Künstlers Erwin Eisch. Die organische Kapelle besticht vor allem durch ihr ungewöhnliches Grundgerüst. Ein paar Schritte weiter zweigt die 4 rechts ab. Ein bequemer Wirtschaftsweg führt am Waldrand bergab. Dabei überrascht ein wunderbarer Weitblick auf Wiesen, Hügel und Berge. Links sieht man den Arber, mittig rechts den prominenten Bergrücken des Falkensteins. Nach verstreut liegenden Häusern leitet die 4 rechts auf einen kleinen Waldweg. Durch schönen Fichtenwald mit vielen Heidelbeer-

Künstler-Kapelle

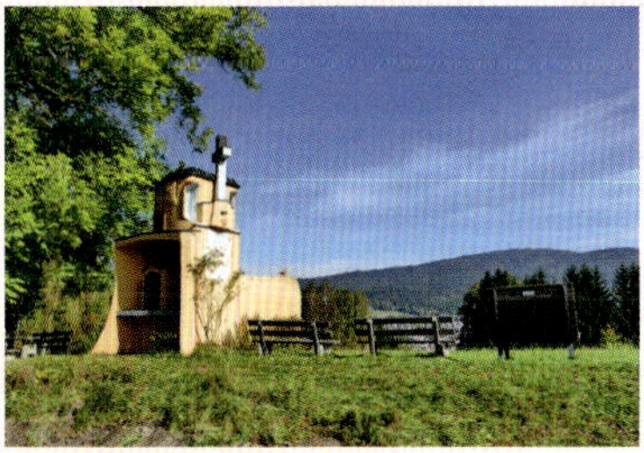

Arberblick bei Zell

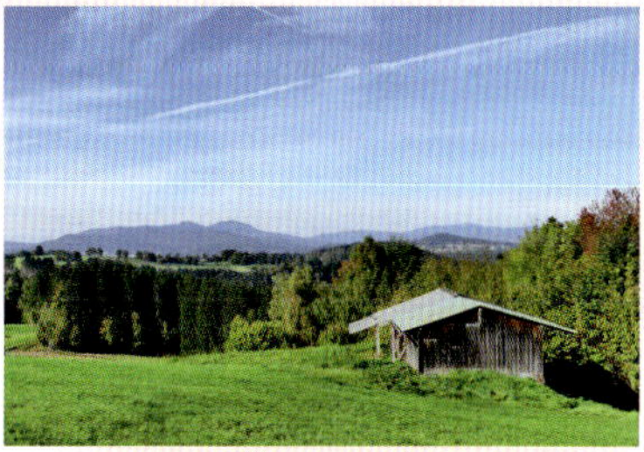

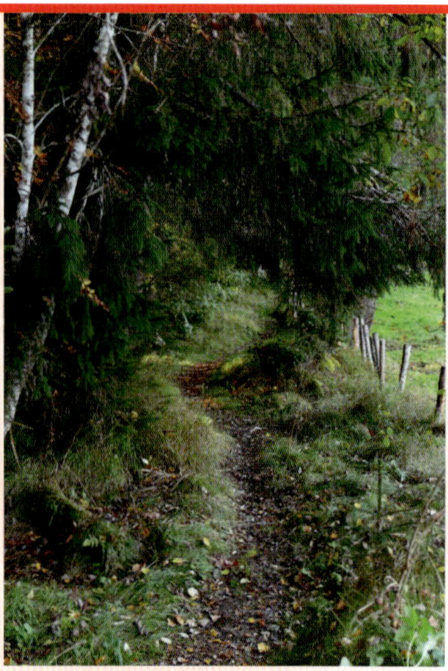

Almpfad

sträuchern und weichen Moosen lenkt er hinab zu einer romantischen Lichtung 3 mit Weidebetrieb.

Über die Wiese hinweg sieht man den Falkenstein. Links vom Weidezaun geht es auf dem malerischen Pfad in die Senke, über zwei kleine Bäche und auf einem kurvigen Waldweg bergauf zu einer Forststraße an einer T-Kreuzung. Hier verlassen wir die 4 vo-

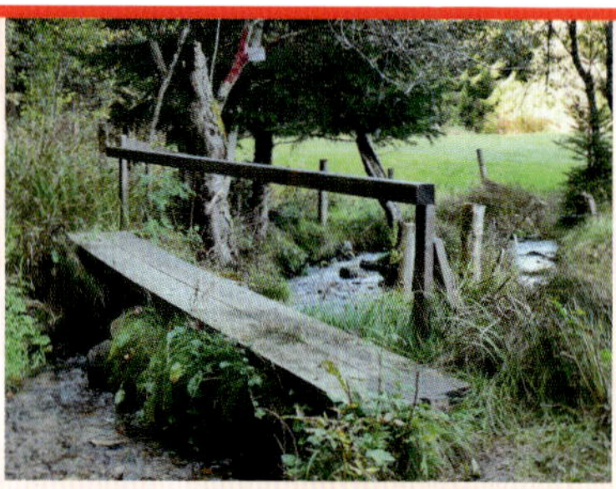

Brücke bei der Weide

rübergehend, folgen rechts dem Hinweis „Flanitz in 10 Minuten“. Der bequeme Weg führt eben aus dem Wald, lenkt an Wiesen entlang zu einer ruhig gelegenen Rastbank mit Aussicht. An der Weggabel vor den Häusern von Flanitz zweigen wir mit der roten 4 zum „Glasmuseum“ sowie dem blauen Goldsteig rechts ab. Neben einer Scheune geht es bergab und über aussichtsreiche Wiesen auf den Waldrand zu. An diesem streifen wir den Rastplatz „Sonnenplatz“. Die 4 und der Goldsteig leiten zuverlässig in ein breites Tal mit Bach. Nach diesem zweigen sie links ab. Eine Weile geht es im Talboden durch Fichtenwald mit einer dichten Krautschicht und leise plätschernden Rinnsalen.

Kurz vor Flanitz

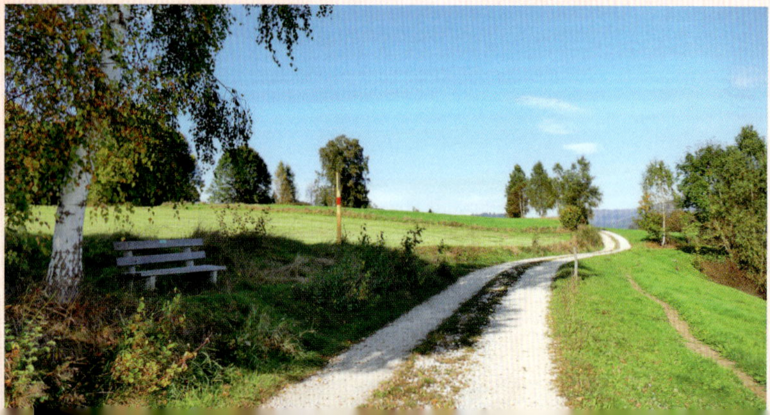

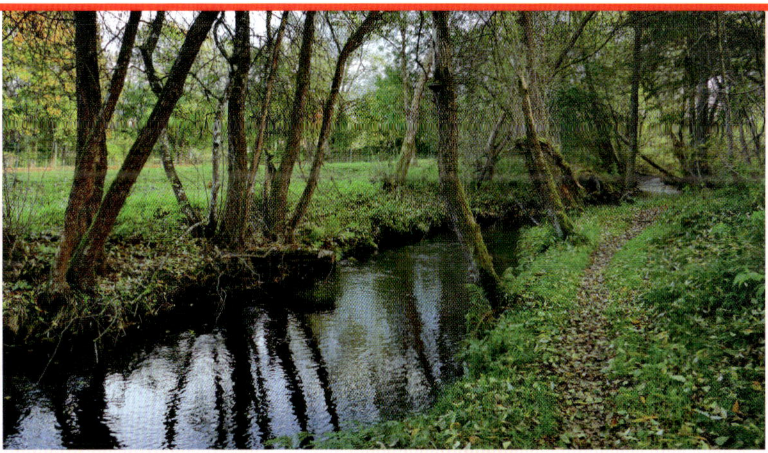

Die Flanitz in Frauenau

Später verlocken Aussichtsplattform ❹, Falkenblick und Liegehalle zu einem kurzen Abstecher geradeaus. Wir gehen die paar Meter zurück und biegen rechts ab. Nach einem sumpfigen Gebiet treffen wir auf eine Holzbrücke. Wir bleiben auf dieser Seite, gehen mit dem blauen Goldsteig geradeaus. Der Pfad rechts vom rauschenden Bach lenkt durch das reizende Biotop. In den Gläsernen Gärten überqueren wir die bekannte Brücke links. Vielleicht ist noch Zeit für die gläserne Kunst? In einem Objekt, das aus mehreren Spiegeln besteht, sieht man sich trotzdem nicht! Überraschend! Geradeaus und dann rechts erreichen wir wieder den Ausgangspunkt.

Essen/Einkehren:

Hotel-Restaurant St. Florian
Althüttenstraße 22
94258 Frauenau
Tel. 09926 9520
Öffnungszeiten: täglich
12 – 13.45 Uhr und 18 – 20.30 Uhr

Cafeteria im Glasmuseum
Am Museumspark 1
94258 Frauenau
Öffnungszeiten:
Informieren Sie sich bitte vor Ort.

Italienisches Restaurant Dolomiti
Hauptstraße 21
94258 Frauenau
Tel. 09926 331320
Öffnungszeiten:
Dienstag, Donnerstag bis Sonntag
11.30 – 14 Uhr
Dienstag bis Sonntag 17 – 21 Uhr

Weitere Gasthäuser in Frauenau.

Leicht

6,6 km

↓↑ 139 m

2 Std.

Trinkwasser-talsperre Frauenau

Dörflmühle – Am Kleinen Regen – Trinkwassertalsperre – Dörflmühle

Etwas Wasserromantik am Kleinen Regen, eine Prise „Kanada" am Trinkwasserspeicher und Wege durch stille Wälder prägen die beschauliche Runde.

Zusatz-Info:
Zwei längere asphaltierte Abschnitte, sonst kleine Wege und Pfade. Man kann die Tour um 5 km verlängern: Den Wasserspeicher mit der roten 5 umrunden (halb Asphalt, halb Pfad). An Sonn- und Feiertagen ist am Speichersee viel los.

Parken:
An der Straße von Frauenau zur Trinkwassertalsperre bei Dörflmühle. Hier überquert man den Kleinen Regen und fährt in den Wald. Kurz darauf ist auf der rechten Seite ein Parkplatz. (Navi: Wasserhäuslweg, 94258 Frauenau)

Tourist-Information:
Am Museumspark 1
94258 Frauenau
Tel. 09926 79790-01

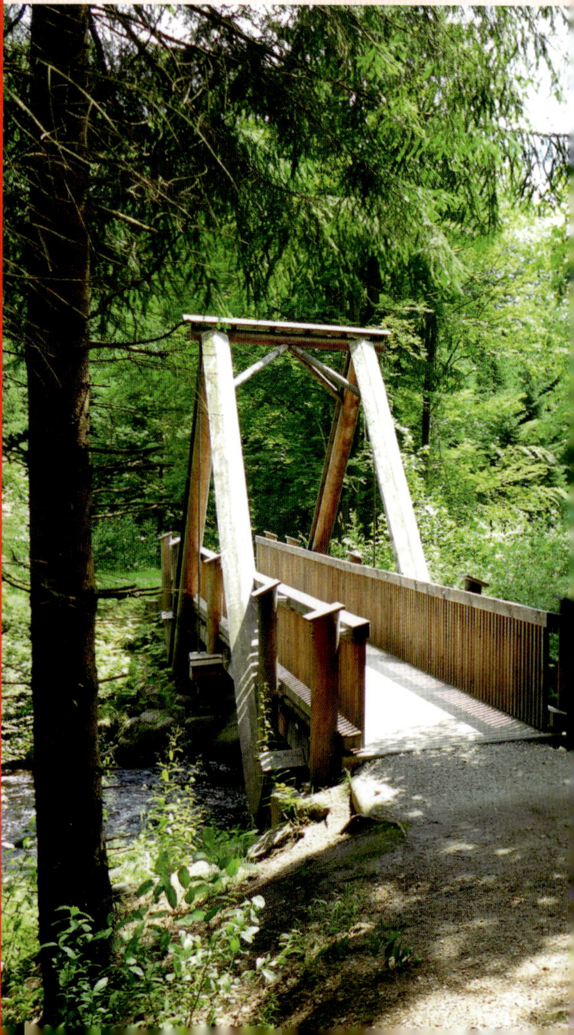

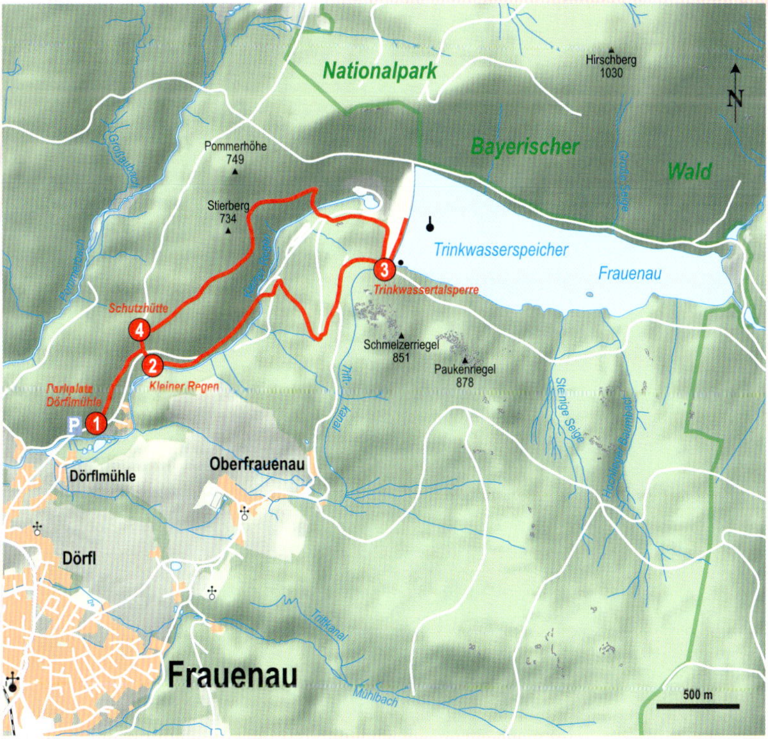

1 Start Frauenau / Parkplatz am Wasserhäuslweg

2 Kleiner Regen

3 Trinkwassertalsperre

4 Schutzhütte

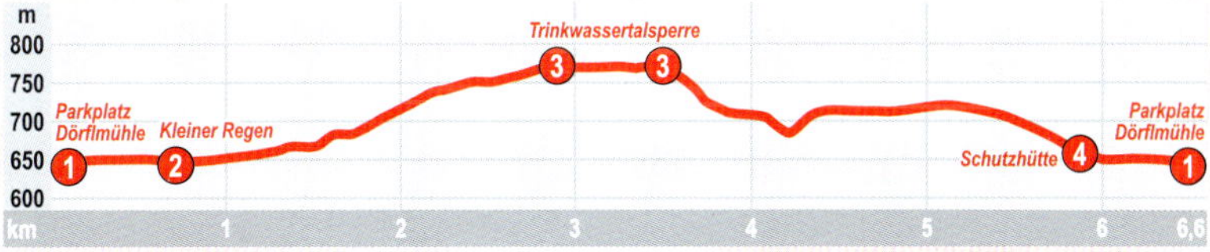

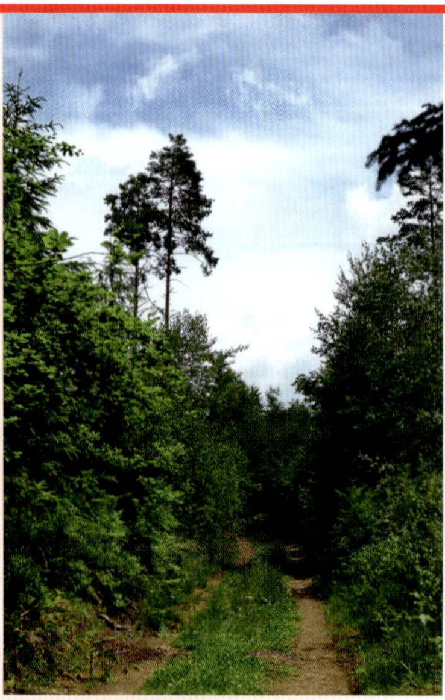

Weg im Tal

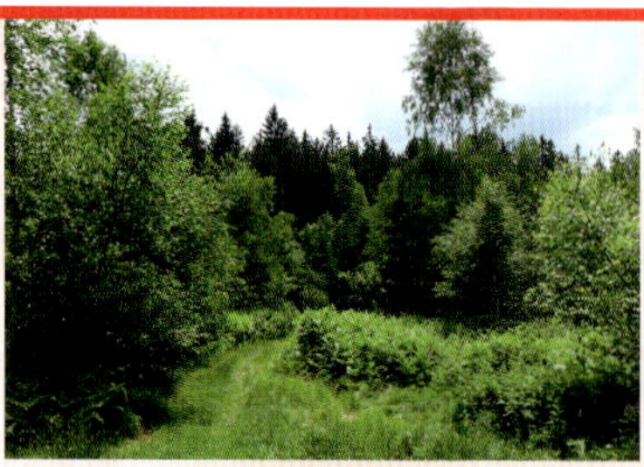

Weg zum Kleinen Regen

Vom Parkplatz ❶ an der Wasserhäuslstraße in Frauenau wechseln wir am unteren Ende die Straßenseite und folgen der roten 6 und dem grünen Dreieck Richtung Trinkwassertalsperre rechts. Ein vergraster Weg lenkt gemütlich durch Mischwald und an einer Weggabel geht es auf dem rechten Weg weiter. Bei der T-Kreuzung mit Rastplatz leitet die rote 5 Richtung „Trinkwasserspeicher Dammkrone Süd" nach rechts (die 6 taucht später wieder auf) und überquert die Straße. Geradeaus gelangen wir auf einem Trampelpfad zu einer idyllisch gelegenen Rastbank am leise plätschernden Kleinen Regen ❷, an dem wir ein Stück entlangwandern.

Dann lotst die Markierung auf die Zufahrtsstraße zur Trinkwassertalsperre, folgt dieser etwa 500 m nach rechts und biegt nach einer Brücke rechts auf einen ansteigenden

Rastplatz am Kleinen Regen

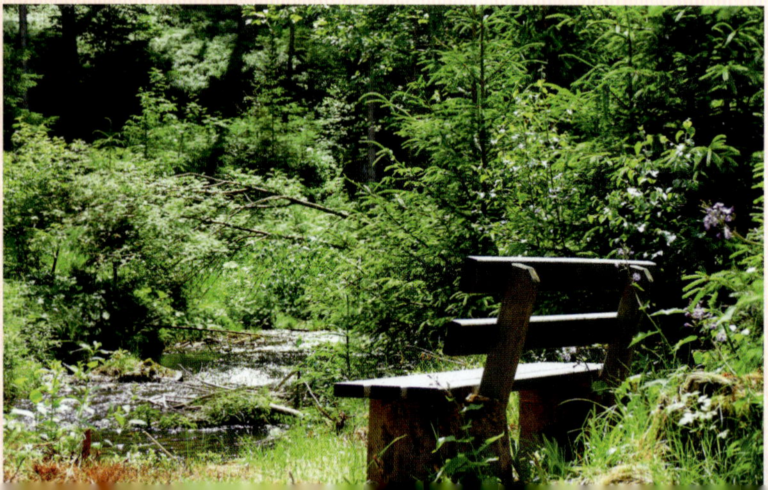

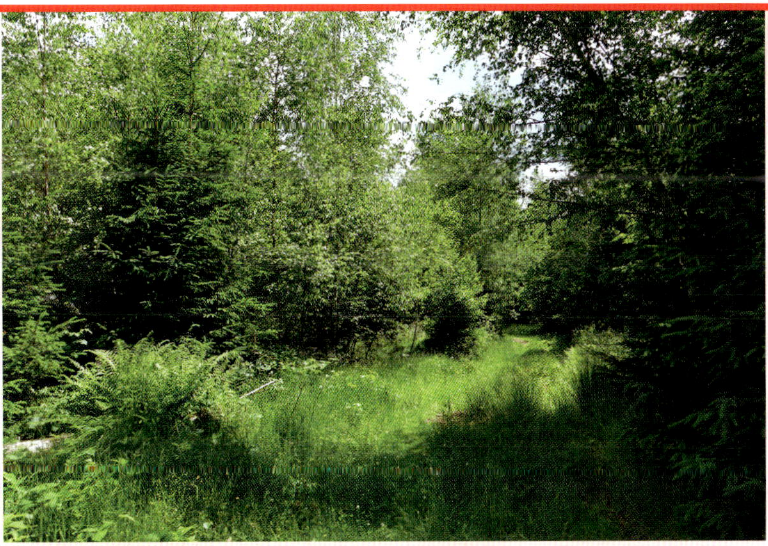

Bergauf zur Trinkwassertalsperre

Pfad ab. Später schwenken wir auf einen vergrasten Weg ein. Auf dem geht es durch dichten Jungwald kräftig bergauf zur Zufahrtsstraße des Wasserspeichers. Sie bringt uns geradeaus bis zur Trinkwassertalsperre 3 mit Rastplatz und Infotafeln, die über die Entstehung des beeindruckenden Bauwerks informieren. Es lohnt sich auf alle Fälle, mit dem Gläsernen Steig ein Stück auf der Dammkrone entlangzulaufen.

Dammkrone

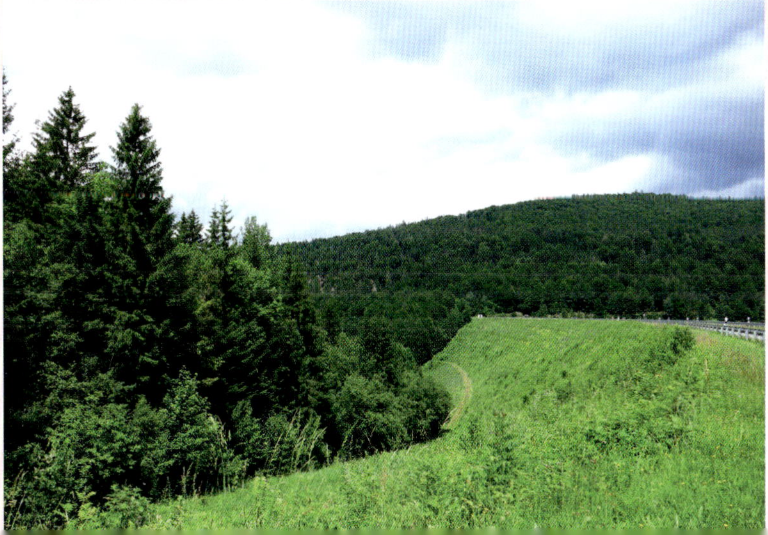

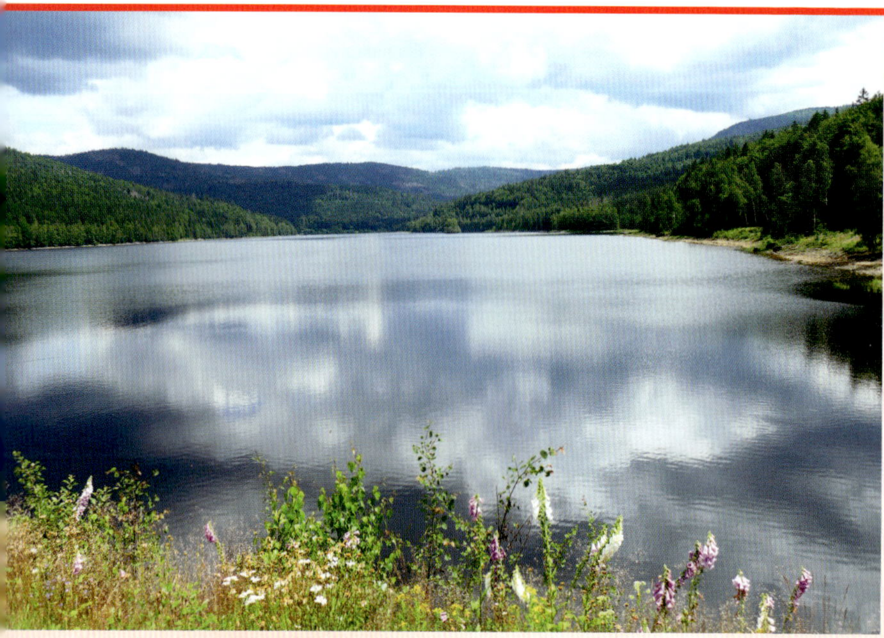

Trinkwasserspeicher

Auf der großen Wasserfläche spiegeln sich der Himmel und die Wälder. Ungefähr in der Mitte der Dammkrone sieht man über den Speichersee rechts hinten den Rachel. Dreht man sich um, sieht man in der Ferne den Arbergipfel. Wir gehen zur Straße vor den Infotafeln zurück. Am Ende der Leitplanke biegen wir rechts mit der roten 5 „Talsperre

Brücke über den Kleinen Regen

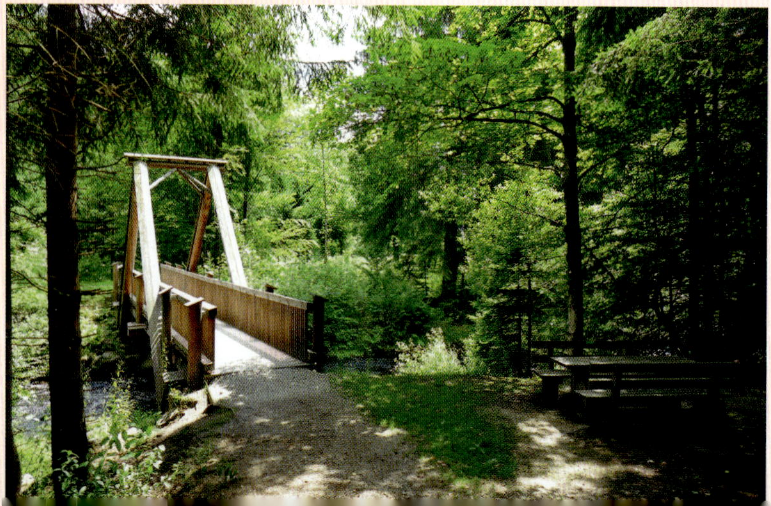

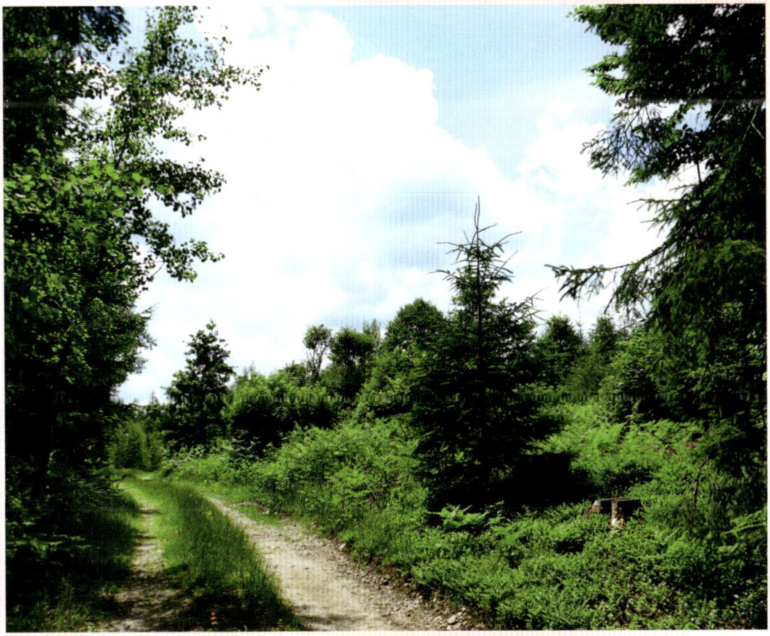

Rückweg

Frauenau", dem „Borstgras" und dem Hinweis „Parkplatz" ab. Ein steiler Wurzel- und Steinepfad führt in ein Tal hinab, wo wir rechts mit der roten 6 Richtung „Dammkrone Nord" den wild rauschenden Kleinen Regen überqueren. Danach lenkt ein lauschiger Pfad bergauf und zweigt an einer kleinen Kreuzung links auf einen ebenen, vergrasten Weg ab. Im folgenden Fichtenwald befinden sich Spechtlöcher, die der Schwarzspecht auf der Suche nach Futter gemeißelt hat. Sein Gelege frisst Unmengen von Insekten, Larven und Käfern.

Nun lotst die Markierung durch schönen Mischwald und stößt schließlich auf eine große Kreuzung mit Schutzhütte ❹. Hier geht es links mit der roten 6 Richtung Glasmuseum bergab. Kurze Zeit später biegen wir rechts auf den vom Herweg bekannten Weg ab und gehen zum Parkplatz zurück.

Essen/Einkehren:

Keine Einkehr möglich. Die nächsten Optionen sind in Frauenau und Oberfrauenau.

Mittel

15,9 km

↓↑ 356 m

3½ Std.

Wasserwege: Großer Regen und Schachtenbach

Rabenstein – Großer Regen – Regenhütte – Schachtenbach – Rabenstein

Ein verträumtes Feuchtbiotop, ein ursprüngliches Flusstal sowie ein wild rauschender Bergbach garantieren entspanntes Wanderglück.

Zusatz-Info:
Eigentlich leichte Tour, überwiegend bergab und eben. Nur ab Regenhütte knapp 3 km Anstieg am Stück mit einem Höhenunterschied von rund 300 m.

Parken:
Rabenstein (Ortsteil von Zwiesel), Parkplatz Kaisersteig am Ende von Rabenstein. Zufahrt über Zwiesel nach Rabenstein, dann über Regenhütterstraße (Navi: Regenhütterstr., 94227 Zwiesel-Rabenstein)

Tourist-Information:
Stadtplatz 27
94227 Zwiesel
Tel. 09922 7099011

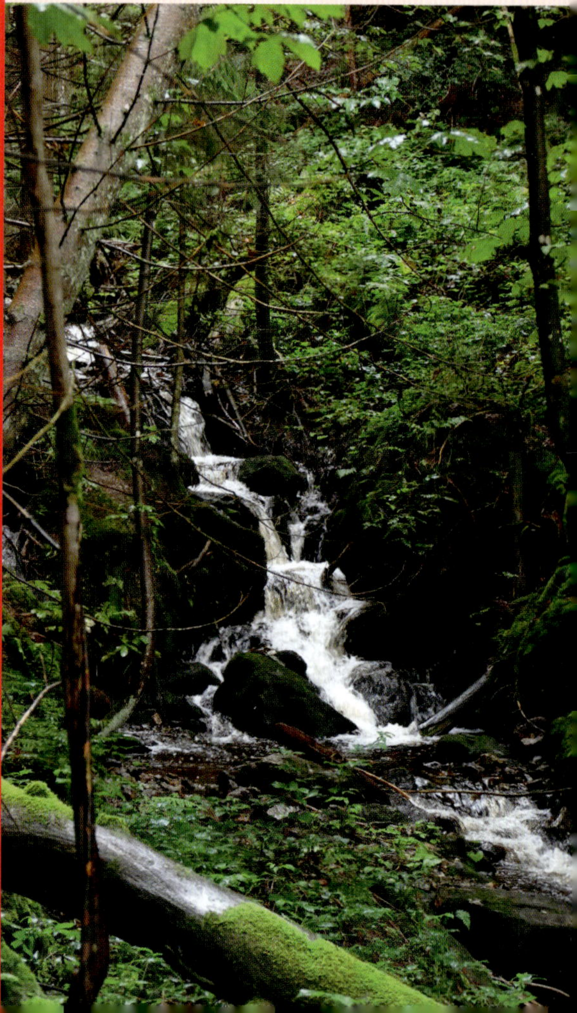

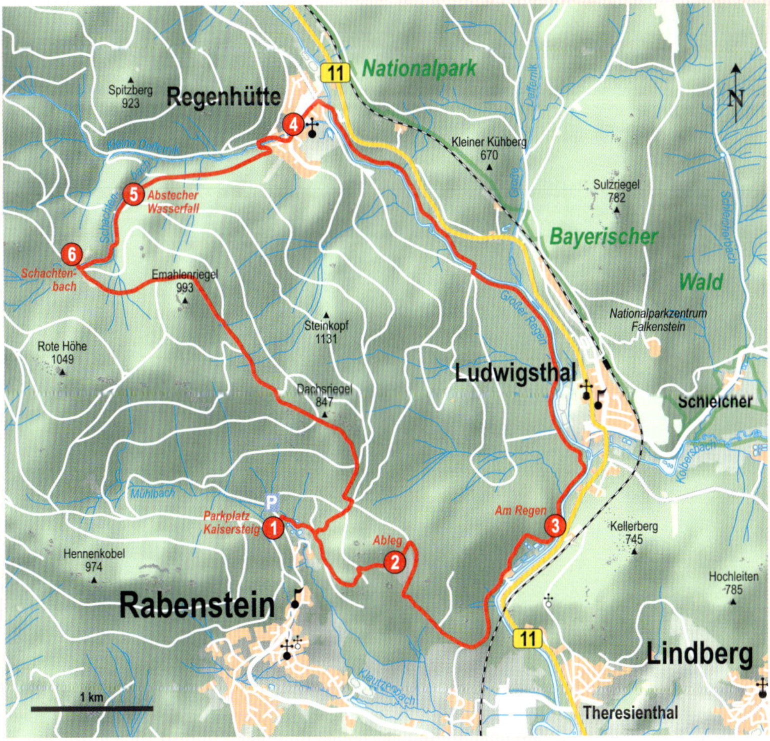

1. Start Rabenstein / Parkplatz Kaisersteig
2. Einöde Ableg
3. Großer Regen
4. Rastplatz in Regenhütte
5. Abstecher Wasserfall
6. Schachtenbach

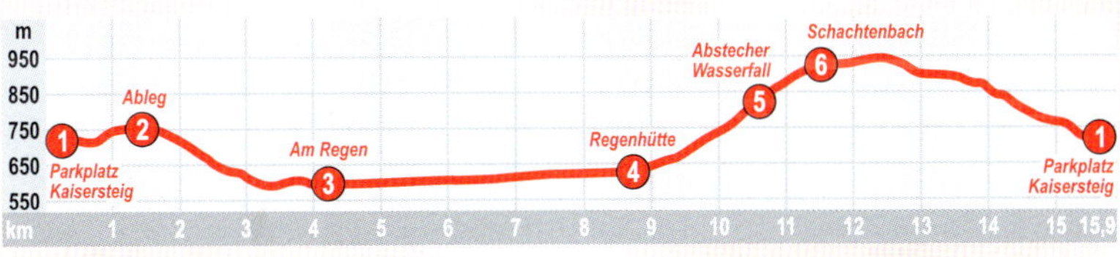

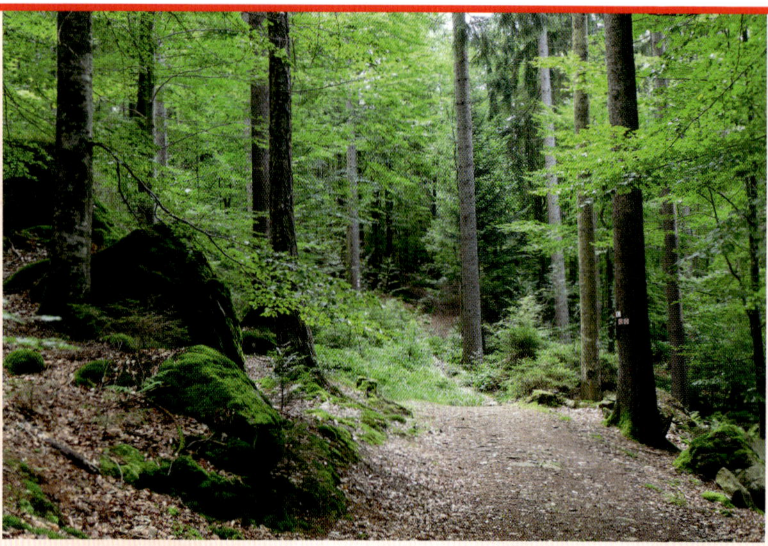

Weg zum Aussichtspunkt bei Rabenstein

Vom Parkplatz Kaisersteig ❶ in Rabenstein folgen wir rechts von den Wandertafeln der roten 14, roten 28 und dem Rabensteig links hinunter zum Bach. Ein Pfad führt durch das wildromantische Feuchtgebiet mit gurgelndem Bergbach, Biberspuren, mehreren Weihern und sattgrüner Vegetation. Nach der herrlichen Landschaft biegen wir rechts auf einen Wirtschaftsweg ab, 200 m danach links. Das kann man übersehen. Ein gemütlicher Weg, der sich zum Wurzel- und Steinepfad verjüngt, lotst hinauf zum attraktiven Aussichtspunkt mit Blick auf Rabenstein. Kurze Zeit später überqueren wir links versetzt eine Forststraße, kommen an der ehemaligen Einöde „Ableg“ ❷ an. Im Frühling ziehen blühende Sträucher und bunte Wiesenblumen ein Heer von summenden Insekten an.

Wieder im Wald geht es mit den Markierungen nach rechts. Leicht bergab treffen wir bei der blauen Tafel „Wasserschutzgebiet“ auf eine Weggabel. Hier den rechten Weg nehmen. Die rote 28 ist an einem Baum weiter vorne befestigt. Dann mit verschiedenen Markierungen (5, 14, andere Nummern fehlen) auf den steilen, abfallenden Weg links abbiegen. Auf der Forststraße geradeaus bergab bis zu einer scharfen Rechtskurve gehen. Dieser folgen wir nicht, sondern gehen ohne Markierung geradeaus auf dem leicht abwärts führenden Weg weiter. Später stoßen von rechts der blaue Goldsteig und die Welle des Flusswanderweges dazu. Wir bleiben auf dem Weg geradeaus, orientieren uns die nächsten Wanderkilometer an der Welle. Mit den Geräuschen des laut rauschenden Flusses und der viel befahrenen

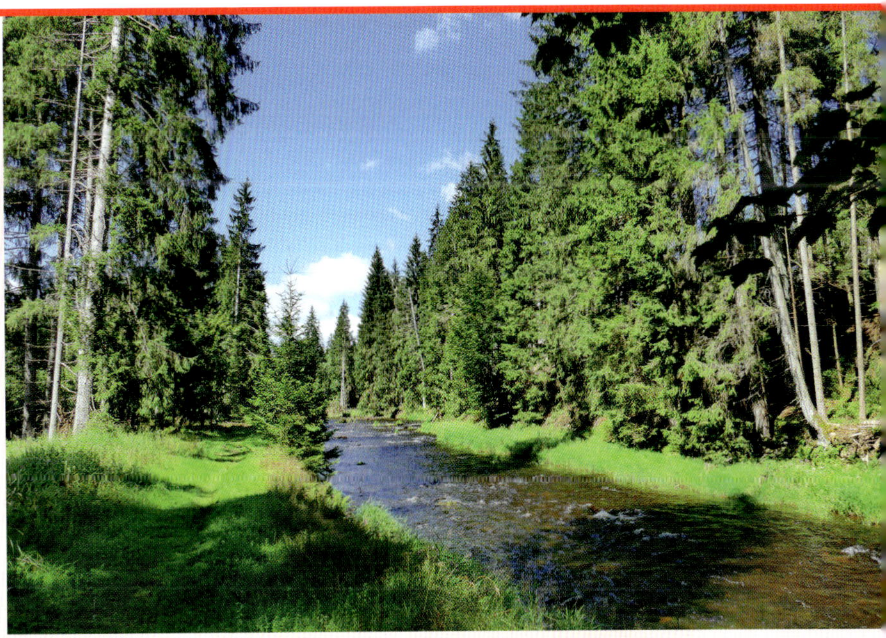

Am Großen Regen ↑

↓ Weg am Fluss

nahen Bundesstraße im Ohr geht es nach dem zweiten Haus rechts hinab in das bewaldete Tal des Großen Regen ❸. Teilweise ist der Verkehr der Bundesstraße auf der anderen Flussseite zu hören, die mal näher und mal weiter entfernt vom Fluss verläuft. Nun haben wir fast immer Blickkontakt zum Wasser. Gelegentlich lotst der Pfad durch dichte Heidelbeersträucher, flattern Libellen durch die Luft. Er streift das Naturschutzge-

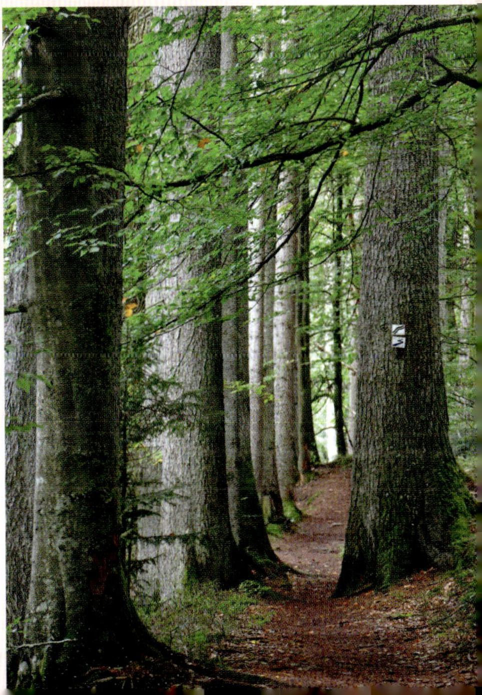

Brücke über den Großen Regen

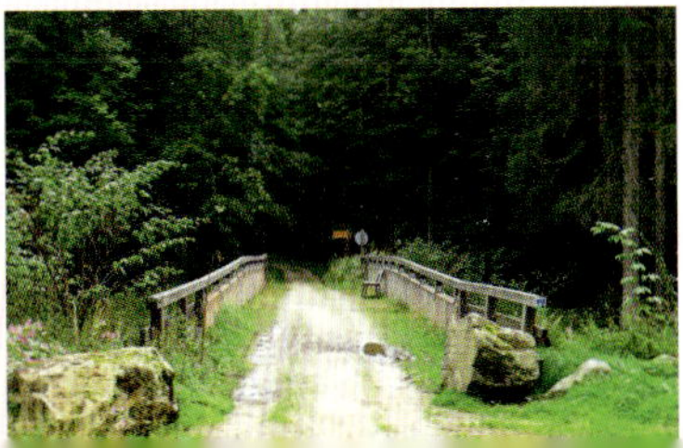

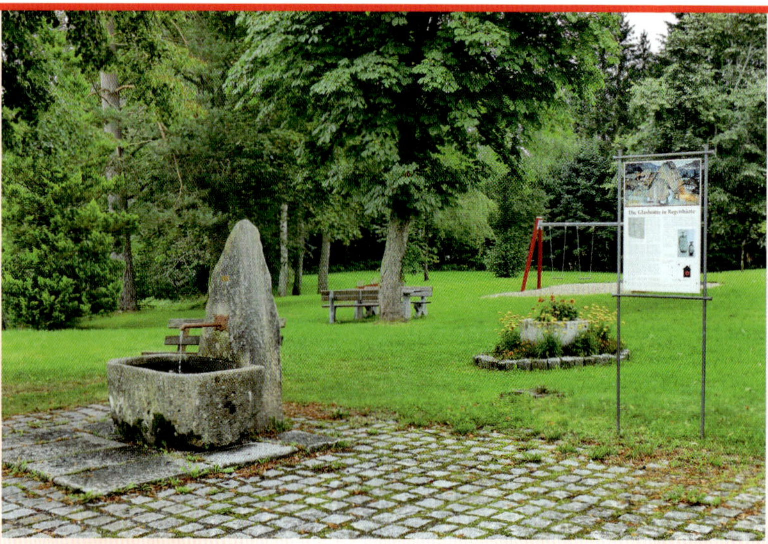

In Regenhütte

biet „Rotfilz“. Schließlich geht es rechts über eine kleine Brücke und gleich danach links Richtung Bayerisch Eisenstein und Regenhütte. Auf weichem Untergrund schlängelt sich der angenehme Waldpfad am Flussufer entlang. Über eine Treppe geht es hinauf zu einer Brücke, über die wir links den Flusswanderweg verlassen und auf Regenhütte stoßen. Nach der Bushaltestelle zweigen wir links mit der roten 3 und dem „Gläsernen Steig“ Richtung Großer Arber in die Dorfstraße ab. Es geht hinauf zu einem Rastplatz 4 bei einer Kirche mit Infotafel über die frühere Glashütte. In Regenhütte wurde bis in die 90er Jahre des letzten Jahrhunderts Glas produziert. Übrigens deutet in dieser Gegend die Endung -hütte im Ortsnamen auf einen (ehemaligen) Glashüttenstandort hin.

Kurz danach biegen wir rechts auf den Deffernikweg ab, kreuzen einen Bach und nehmen am Waldrand den vergrasten Naturweg links in den Wald. Nach der Brücke links halten. Oberhalb von Regenhütte gehen wir mit einem schönen Ausblick kurz am Waldrand entlang. Bald biegen wir rechts in den Wald ab und wandern stetig bergauf. Auf einsamen Wegen und Pfaden gehen wir durch Mischwald mit Moosen und Farnen und kreuzen eine Forststraße. 350 m nach dieser taucht eine kleine Wanderwegkreuzung auf. Hier lohnt sich ein kurzer Abstecher 5 zu einem wildromantischen Wasserfall. Dafür rechts mit der roten 5 auf dem schmalen

Blick über Regenhütte

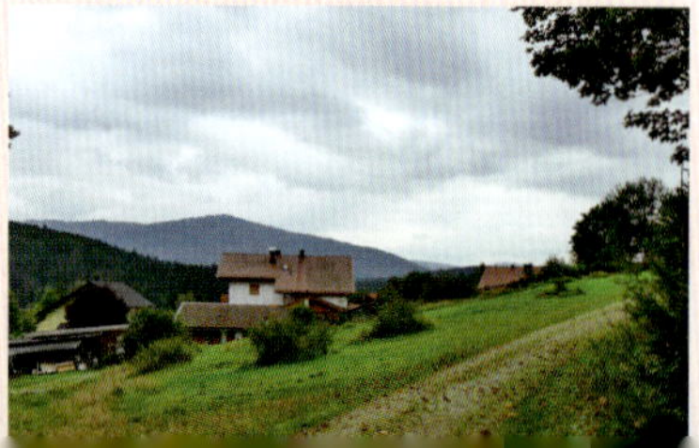

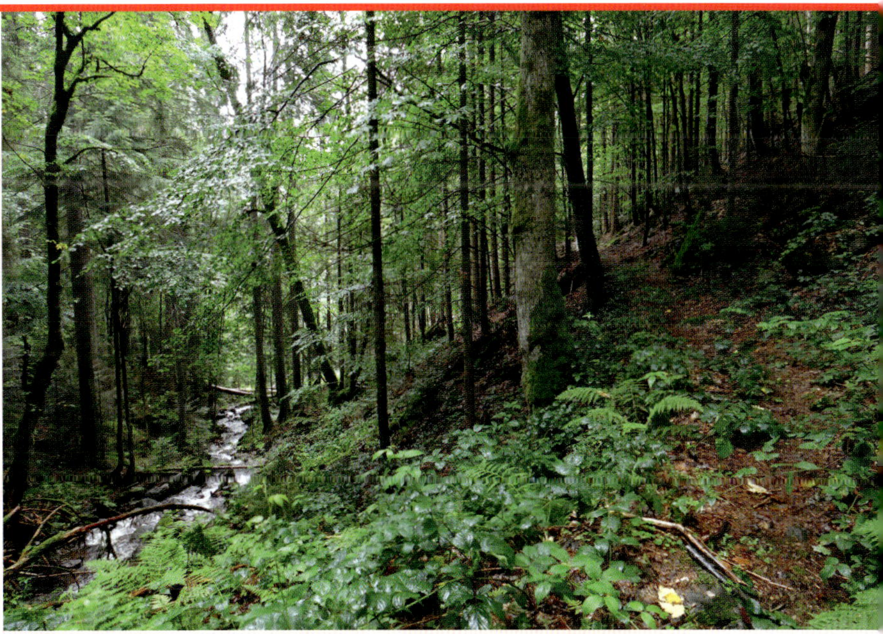

Steig beim Abstecher

Steig am Steilhang bis zum kleinen Steg (ohne Geländer, bei Nässe rutschig!) gehen. Das tosende Wasser bahnt sich unermüdlich seinen Weg über Stock und Stein hinab. Wir kehren zur Abzweigung zurück und setzen die Wanderung nach Schachtenbach seitlich vom wilden Bergbach fort.

Wir überqueren noch eine Forststraße, laufen jetzt direkt neben dem Schachtenbach, wechseln dann die Uferseite und gelangen durch ein Feuchtgebiet nach Schachtenbach 6, einem idyllisch auf einer Lichtung gelegenen, ehemals berühmten Glashüttenstandort. Rechts über die Brücke gelangen

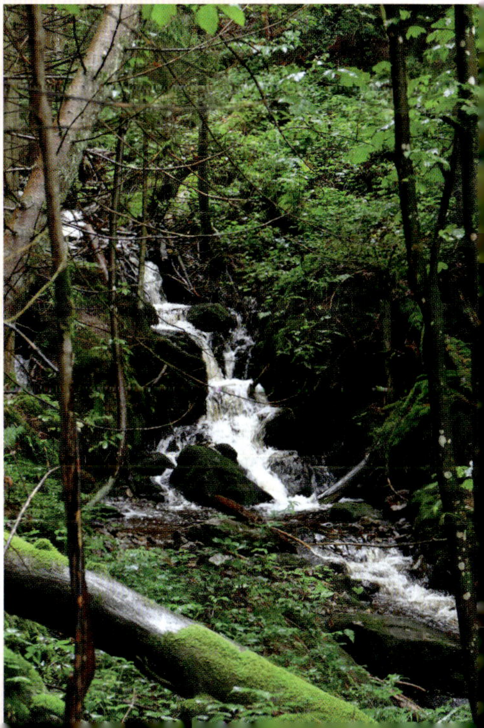

Am Schachtenbach

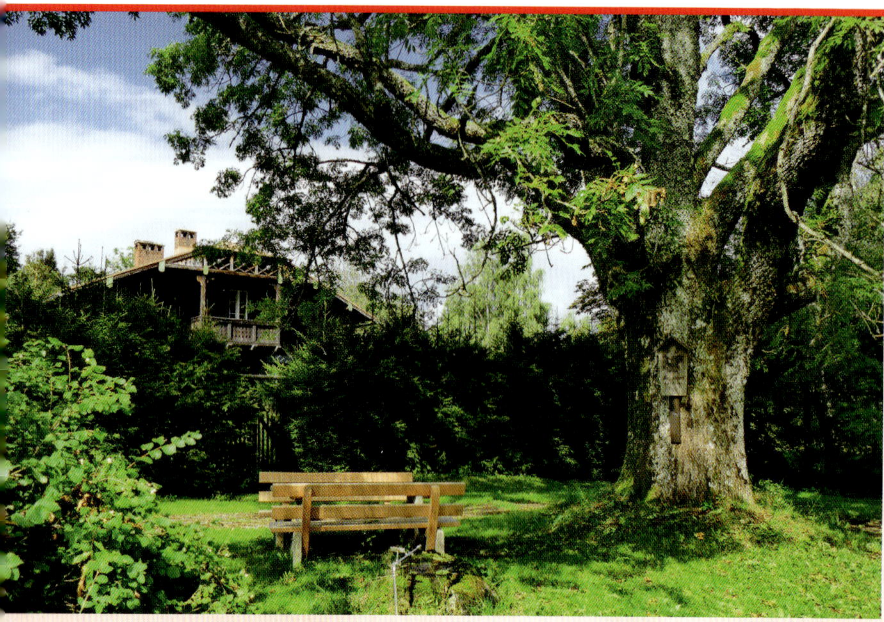

Rastplatz in Schachtenbach

wir zu einem Rastplatz unter einem mächtigen Baum vor dem denkmalgeschützten Haus. Wir gehen über die Brücke zurück und folgen der roten 29 auf der asphaltierten Waldstraße geradeaus. Nach 700 m biegt in einer scharfen Rechtskurve die 29 links auf einen ebenen, gemütlichen Waldweg ab. Später geht es auf diesem bergab zu einer geschwungenen Forststraße. Auf dieser rechts durch schönen Wald, nach etwa 300

Vermooster Wald

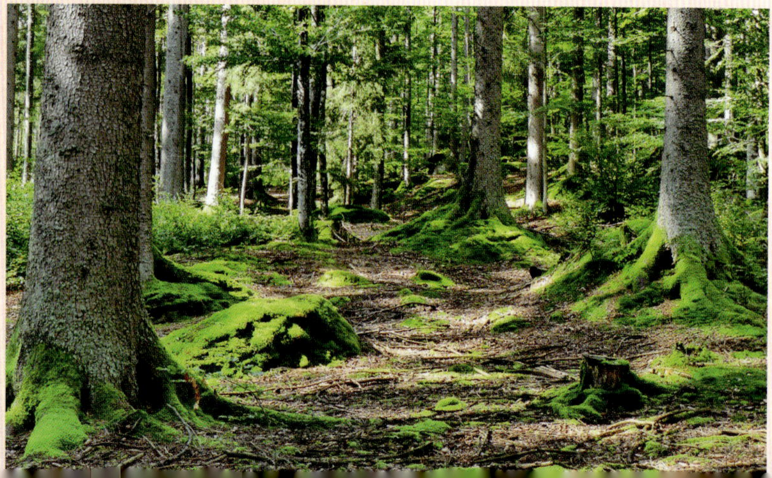

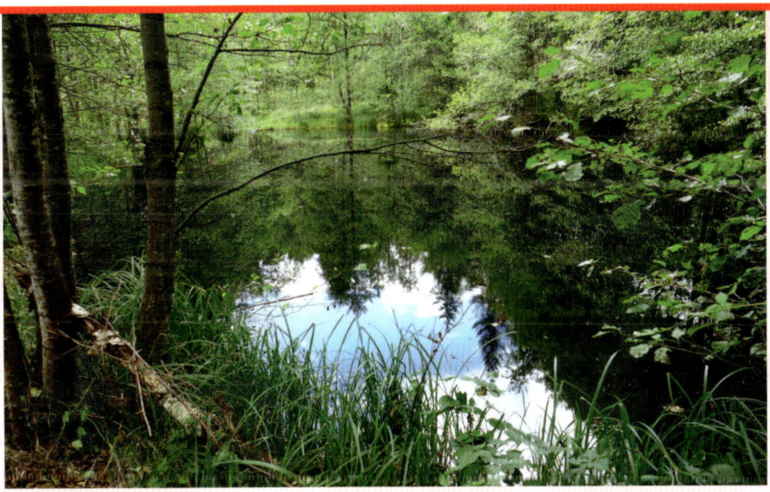

Weiher im Feuchtgebiet

m an der Forststraßengabelung links (auch Radweg) leicht abwärts halten. Nach weiteren 500 m zweigt vor einer Linkskurve die 29 rechts auf einen bequemen Waldweg ab. Wir kreuzen noch zweimal eine Forststraße, wandern durch abwechslungsreichen Mischwald mit Bärlapp bergab. Auf der Ebene treffen wir schließlich auf mehrere Forststraßen mit vielen Markierungen. Die Markierung „Rabensteig", an der wir uns jetzt orientieren, taucht nicht gleich an dieser Abzweigung auf. Zunächst auf der Forststraße rechts halten. Nach ungefähr 80 m auf der leicht abfallenden Forststraße biegen wir in der scharfen Rechtskurve links ab. Nach wenigen Metern verlassen wir mit dem Rabensteig auch diese Forststraße, zweigen gegenüber von einem Unterstand rechts ab. (Der Abzweig befindet sich links von der Rodelbahn.) Ein vergraster Waldweg leitet zum Forstweg hinab, den wir vom Anfang der Wanderung kennen. Auf diesem rechts (rote 28, 14 und Gläserner Steig) und kurz danach links abzweigen. Erneut geht es durch das Feuchtbiotop zurück zum Start.

Essen/Einkehren:

Juditas Café-Restaurant
Arberseestr. 3
Ortsteil Regenhütte
94252 Bayerisch Eisenstein
Tel. 0176 70821744
Öffnungszeiten: durchgehend

49 gradnord
Dorfstr. 1
Ortsteil Regenhütte
94252 Bayerisch Eisenstein
Tel. 09925 9037890
Eröffnung voraussichtlich Herbst 2021
Öffnungszeiten standen zu Redaktionsschluss noch nicht fest.

Mittel

9,2 km

↓↑ 264 m

3 Std.

Hennenkobel und Ablegbachl

Rabenstein – Rabensteiner Althütte – Hennenkobel – Bachlandschaft – Rabenstein

Ein herrlicher Gipfelblick, mächtige Felsen und ein ausgesprochen malerisches Feuchtgebiet mit wildromantischem Bach sind der Stoff für wunderbare Wanderträume.

Zusatz-Info:
Der Aufstieg auf das Gipfelplateau führt über Metallstufen mit Geländer.

Parken:
Rabenstein (Ortsteil von Zwiesel), Parkplatz Kaisersteig am Ende von Rabenstein. Zufahrt über Zwiesel nach Rabenstein – Regenhütter Str.
(Navi: Regenhütter Str., 94227 Zwiesel, OT Rabenstein)

Tourist-Information:
Stadtplatz 27
94227 Zwiesel
Tel. 09922 7099011

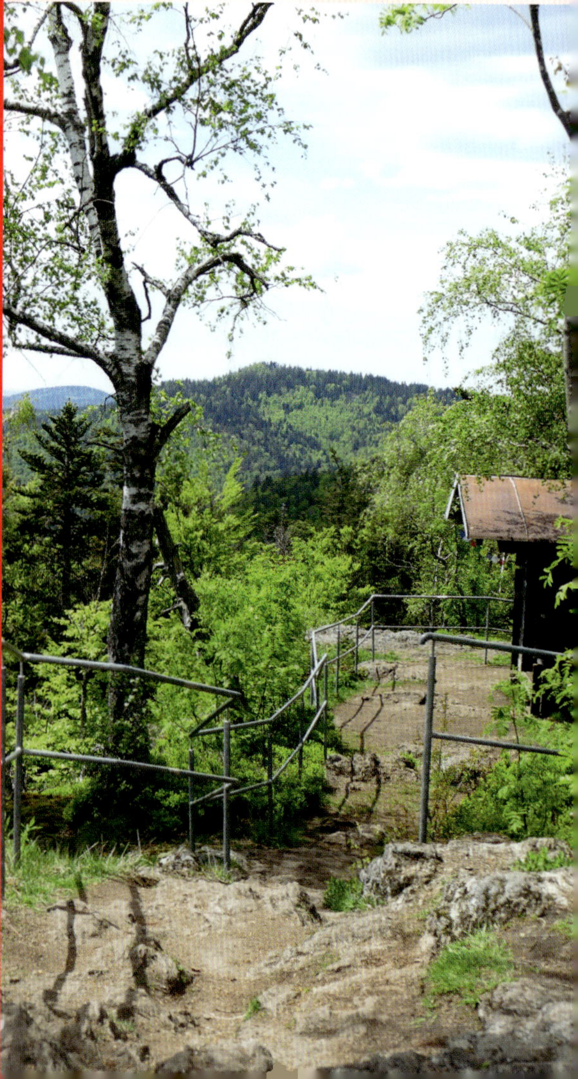

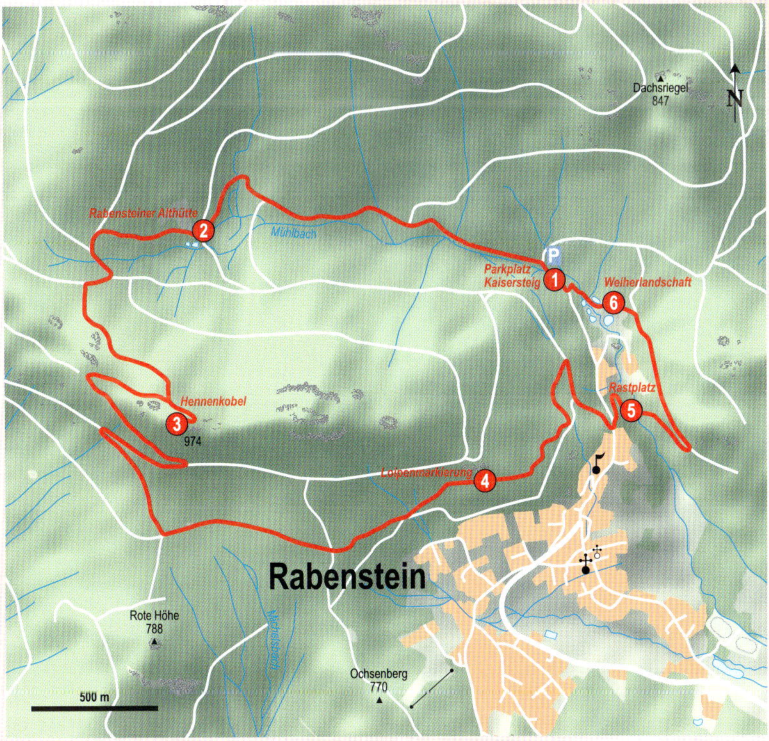

1. Start Rabenstein / Parkplatz Kaisersteig
2. Rabensteiner Althütte
3. Hennenkobel Gipfel
4. Loipenmarkierung
5. Malerischer Rastplatz
6. Weiherlandschaft

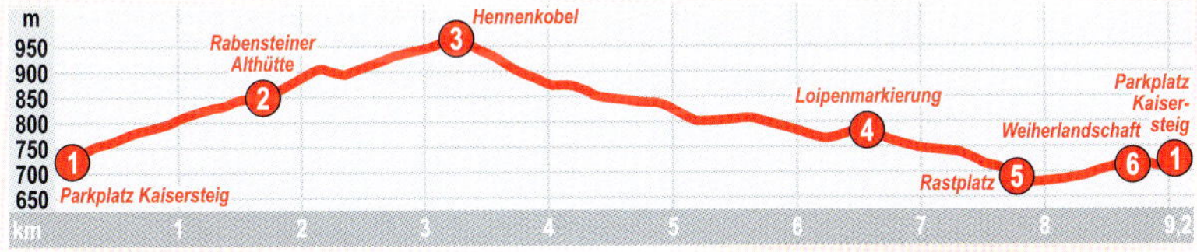

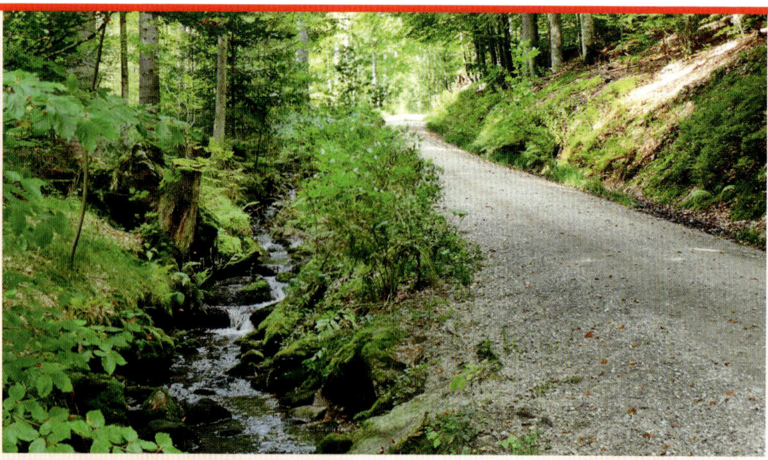

Weg neben dem Mühlbach

Wir wandern vom idyllisch gelegenen Parkplatz Kaisersteig ❶ in Rabenstein los, wenden uns dem hinteren Ende des Parkplatzes zu. Dort folgen wir der Markierung „Gläserner Steig“ links. Die von Farnen, Pestwurz, Vergissmeinnicht und anderen Pflanzen gesäumte Forststraße führt neben dem malerischen Mühlbach leicht bergauf und streift den Kneippweg. Ein Schild klärt über die Künstlerin der Glashütte „Theresienthal“ auf.

Wir bleiben auf dem Forstweg geradeaus. Seitlich fließen Rinnsale den Hang herunter. Am Anfang einer deutlichen Linkskurve, dort, wo der Weg eben wird, lenken der „Gläserne Steig“ und das „Schwarze Haus mit rotem Punkt“ geradeaus auf einen anfangs ebenen und vergrasten Waldweg. Dann leitet er über

Am Kneippweg

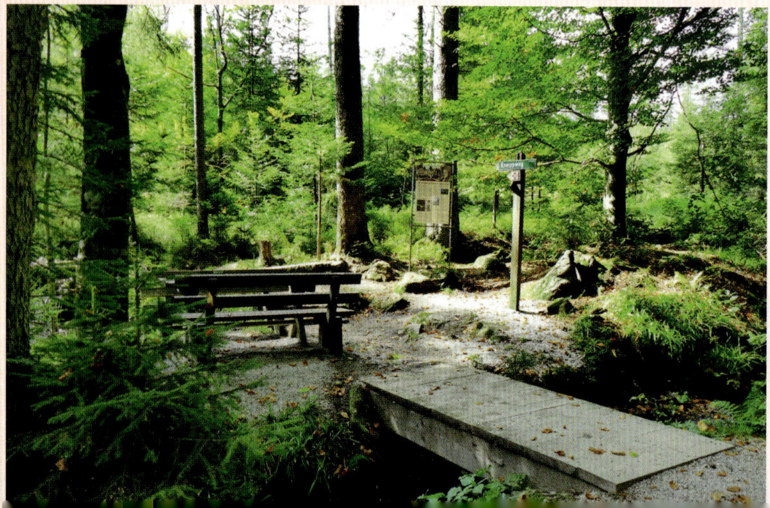

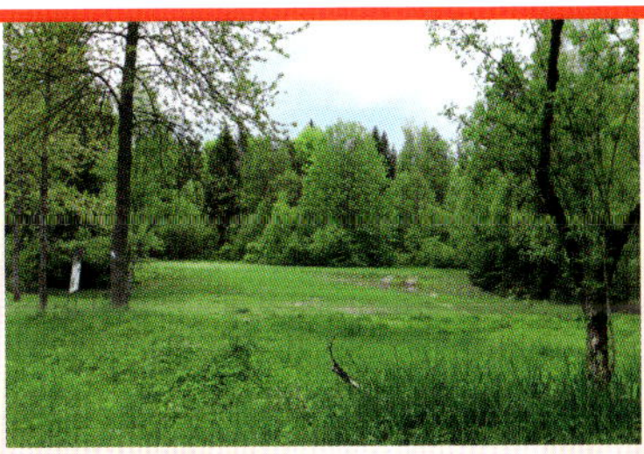

Rabensteiner Althütte

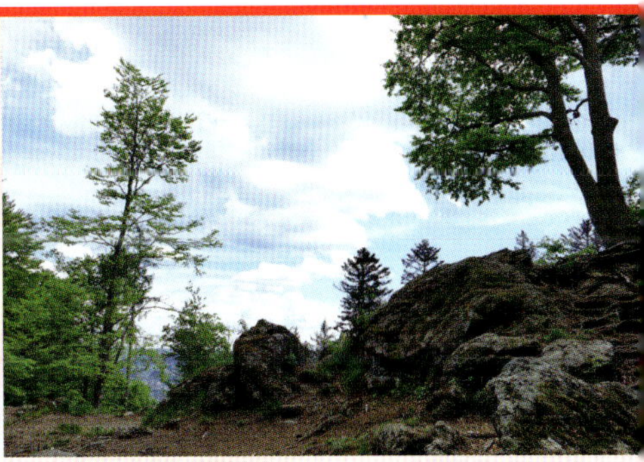

Am Hennenkobel

einen Bach, schlängelt sich durch herrlichen Mischwald und über eine Forststraße zur Lichtung des ehemaligen Glashüttenstandortes „Rabensteiner Althütte“ ❷. Eine Infotafel verrät die dazugehörige Geschichte. Ansteigend geht es weiter durch den Wald zu einer kleinen, asphaltierten Waldstraße, an der die Markierungen fehlen. Hier links abbiegen. Nach 100 m an der nächsten Gabelung mit der roten 1 erneut links Richtung Zwiesel und Rabenstein halten. Kurz danach am Straßendreieck mit Unterstand zweigt der Gläserne Steig rechts ansteigend ab (auch Richtung Hennenkobel). Bald biegt die rote, eckige 4 links Richtung „Zwiesel Bahnhof“ und „Hennenkobel“ ab. Nun führt uns ein steiniger Waldweg entlang des gläsernen Kreuzweges bergauf. Die Abzweigung mit dem Hinweis „Rabenstein um die Felsen“ merken wir uns für später. Zunächst steigen wir links auf einem steinigen Pfad und über Metallstufen zum „Hennenkobelgipfel“ ❸ hinauf. Der Blick reicht weit über die Berge des Vorderen Bayerischen Waldes. Jetzt folgen wir den Markierungen rote 29 und rote Ld 58 nach links, gehen ein Stück auf dem gleichen Weg zurück, den wir gekommen sind. An der vorhin genannten Abzweigung halten wir uns mit der roten 29 „Rabenstein um die Felsen“ und der Ld 58 Richtung Brandten und Langdorf geradeaus.

Blick vom Hennenkobel

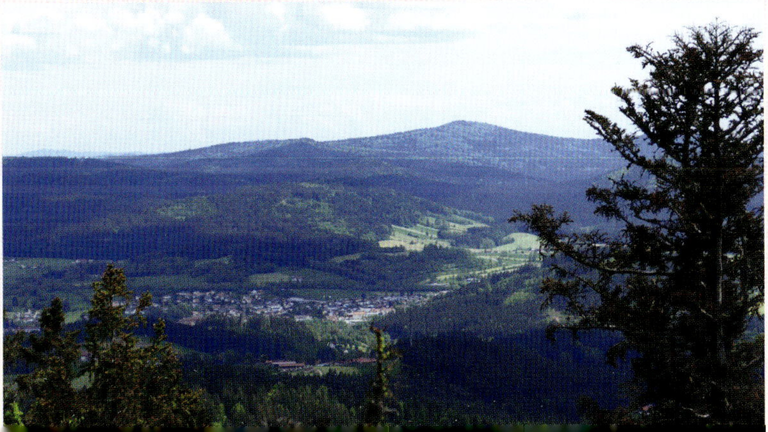

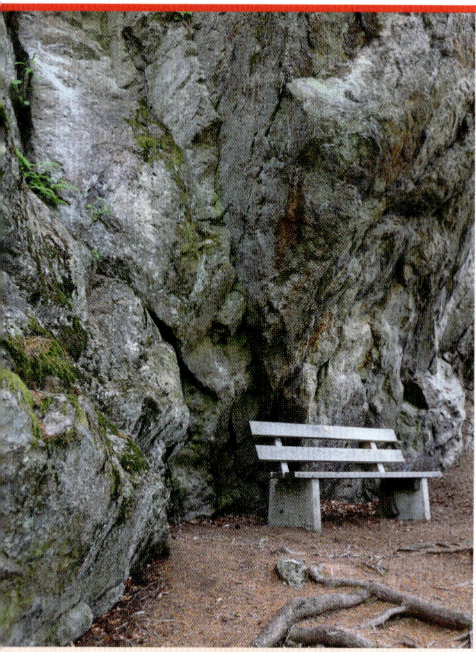

Am Weg um die Felsen

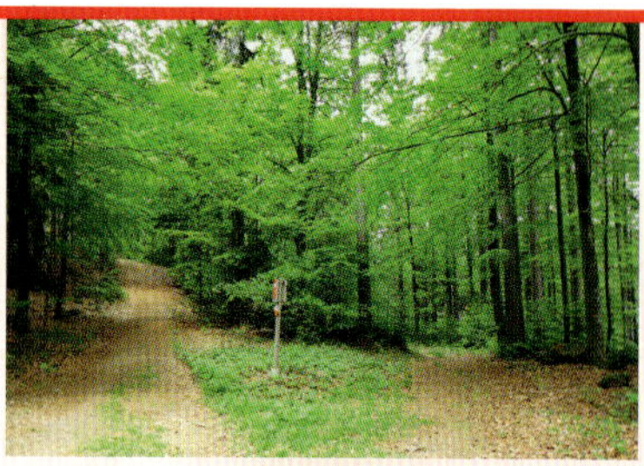

Hier geht's rechts weiter.

Es geht hinab zu einem breiten Steig am Steilhang, der zwischen Buchen an wahrhaft riesigen Felsen vorbeilenkt und auf eine Forststraße stößt. Dieser folgen wir mit der Ld 58 rechts. Nach etwa 220 m zweigen wir links im scharfen Winkel auf einen deutlich begangenen Weg ab, der hier von unserer Seite aus nicht markiert ist. (Zur Orientierung: Hier steht ein Pfosten mit den Markierungen der LD 58). Im weiteren, abwärts führenden Wegverlauf taucht das „grüne Viereck hochkant" auf. An der nächsten Forststraße biegen wir ohne Markierung links ab. Eben und gemütlich mäandert die Forststraße durch dichten Mischwald und kreuzt später den Wanderweg „rote 29". Wir gehen geradeaus Richtung Rabenstein weiter, bis von rechts ein Weg mit der roten 28 auf die Forststraße stößt. Links stehen ein Wanderschild „Hennenkobel" und ein Schild des Nordic-Walking-Parcours mit Tipps zu Diagonalsprüngen. Hier zweigen wir links auf den unmarkierten, ansteigenden Weg ab, der gleich danach eine Quellfassung streift. Später kreuzt ein Trampelpfad den Weg. Wir halten uns weiter geradeaus bergauf. Schließlich wird der Weg mit einer Rechtskurve flacher, dann eben, und an einer Weggabel stoßen wir auf Markierungen der Langlaufloipen **4**. Wir nehmen den rechten, abfallenden Weg, der mit „Zwieseler Loipe 12 km, noch 4,4 km" beschrieben ist (der linke Loipenweg steigt an). Nach etwas mehr als 300 m tauchen an einer ebenen, vergrasten Stelle am Hang weitere Loipenzeichen auf. Wir biegen mit der Bayerwald-Loipe Richtung

Am Ablegbachl

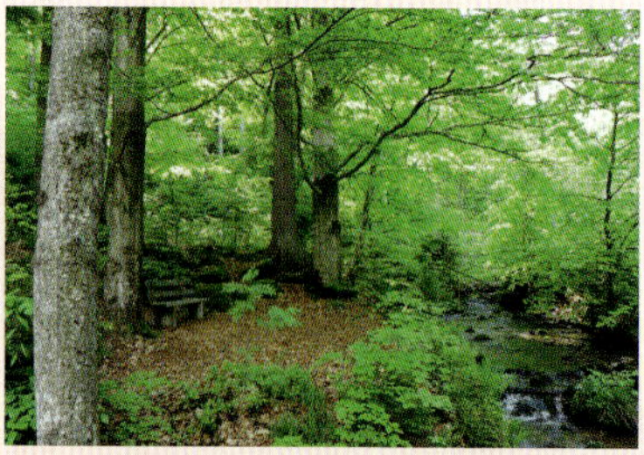

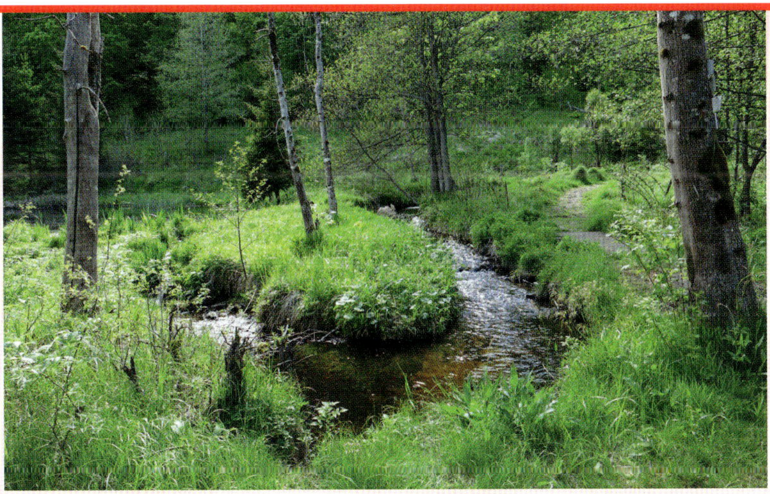

Im Feuchtbiotop

Bayerisch Eisenstein (ist nur von der Gegenseite zu lesen) rechts ab. Abwärts gehen wir geradeaus an dem leuchtend roten „Gegenverkehr"-Schild vorbei. Kurz danach stoßen wir bei einer Straße auf die rote 28. Sie lenkt auf den zunächst ansteigenden Waldweg links und auf vergrastem Weg durch Mischwald auf eine Waldstraße. Dieser folgen wir mit der eckigen, roten 1 rechts hinab zum Waldrand. Vor dem Schlosshotel wechseln wir links auf die Regenhütter Straße, zweigen wenige Meter weiter mit dem „Gläsernen Steig" rechts auf einen schmalen, abfallenden Waldpfad ab. Mit Blick auf einige Weiher tauchen wir ein in das wildromantische Tal mit üppigem Dickicht und Rastbank 5 am rauschenden Ablegbachl.

Nach dem Ablegbachl

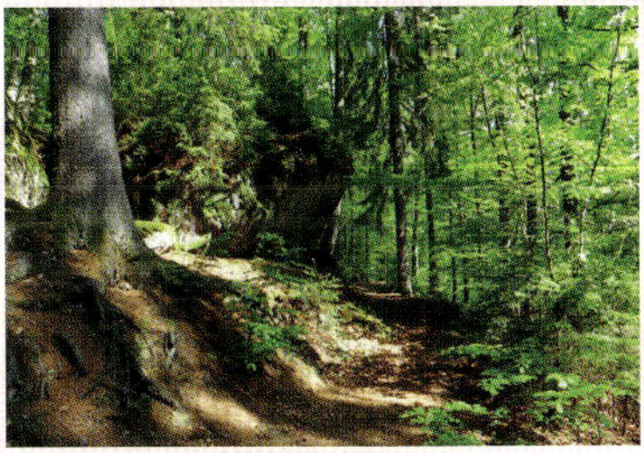

Nach der Brücke führt der Gläserne Steig ansteigend zu einem Waldwirtschaftsweg, auf dem es links weitergeht. Später biegen wir links mit vielen Markierungen (z. B. Rabensteig) auf einen verwunschenen Pfad ab. Er schlängelt sich durch eine wunderschöne Weiherlandschaft 6 mit Biberspuren an munter sprudelnden Bächen. Über eine Brücke verlassen wir die ausgesprochen malerische Landschaft und gelangen wieder zum Ausgangspunkt.

Essen/Einkehren:

Keine Einkehr möglich.
Die nächsten Optionen sind in Zwiesel.

Aussichtsturm am Oberberg und schönes Eck

Leicht

3,2 km

↓↑ 114 m

1 Std.

Schöneck – Oberberg – Schöneck

Traumhaft schöne Panoramablicke rund um Schöneck und ein Aussichtsturm zeichnen diese kurzweilige Runde aus.

Zusatz-Info:
Bequeme Feld-, Wald- und Wiesenwege. Nach dem Aussichtsturm führt ein steiler Pfad den Berg hinab.

Parken:
In Schöneck ist bei der Kapelle mit Spielplatz ein Parkplatz.
(Navi: Schöneck, 94264 Langdorf)

Tourist-Information:
Hauptstr. 8
94264 Langdorf
Tel. 09921 9411-13

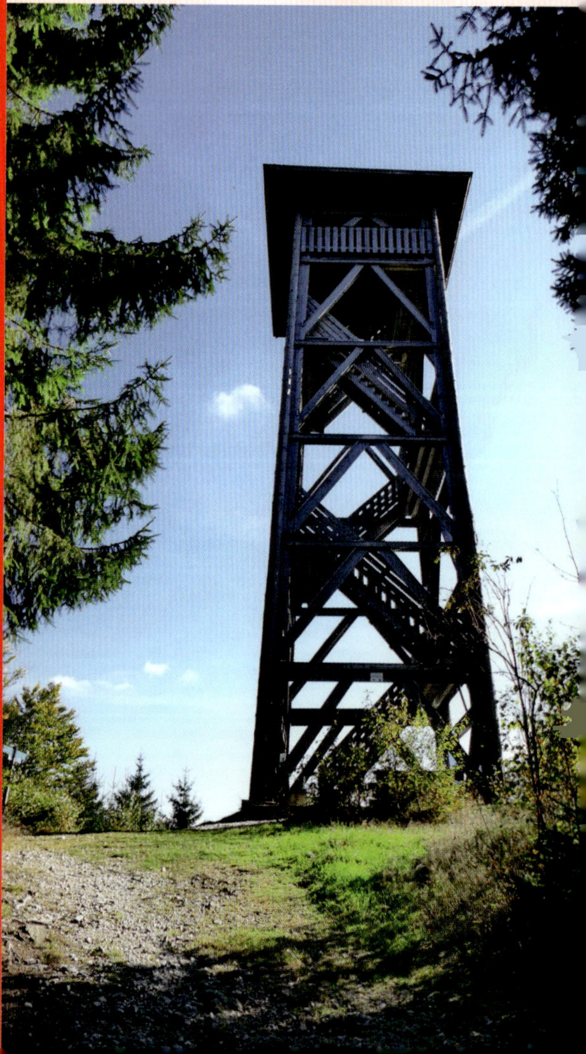

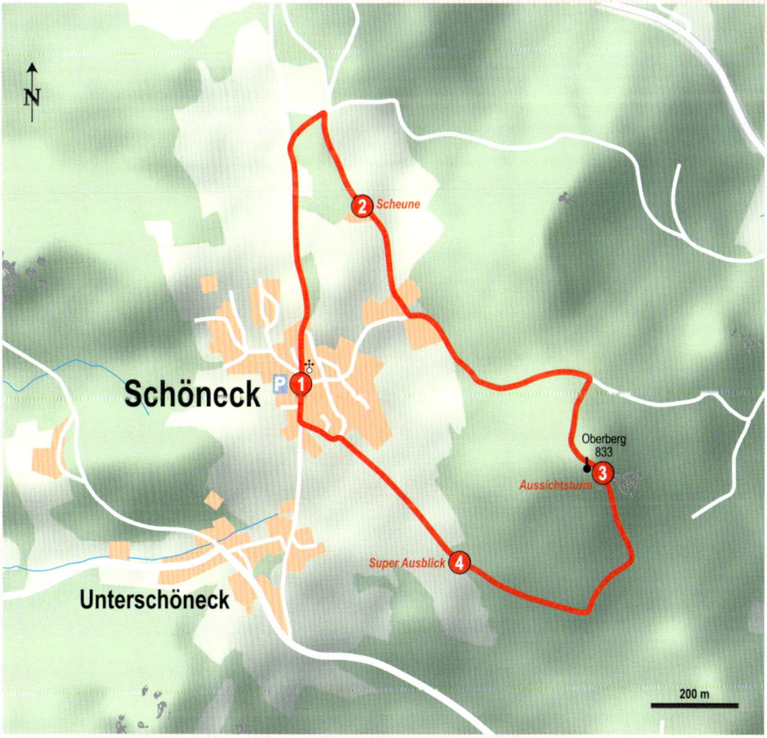

❶ Start Schöneck / Parkplatz

❷ Scheune

❸ Aussichtsturm

❹ Toller Ausblick

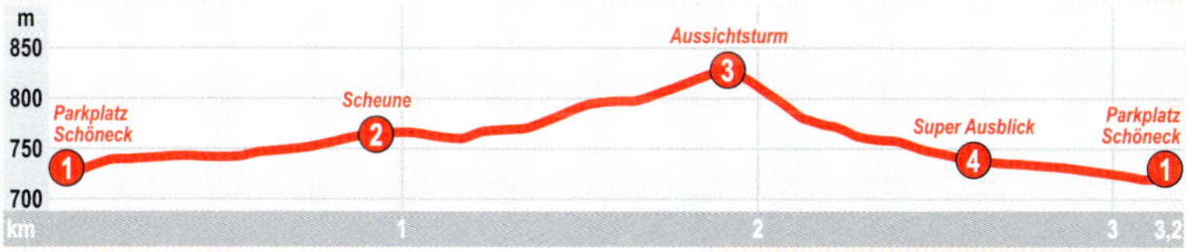

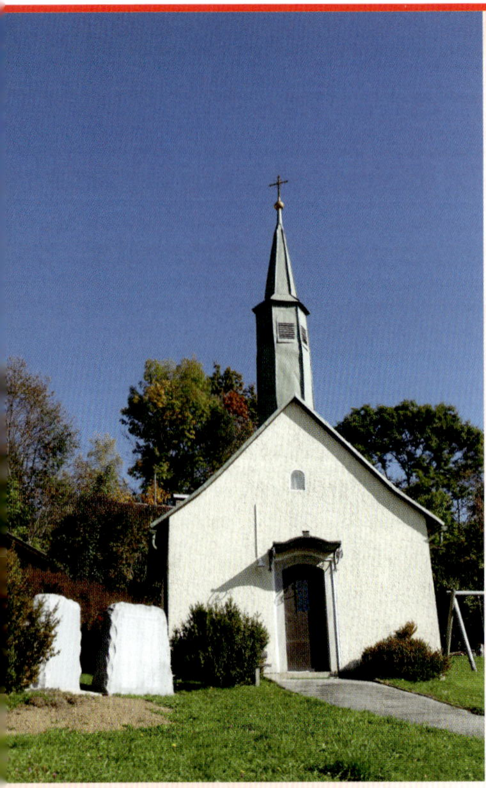

Kapelle in Schöneck

Beim Parkplatz in Schöneck ❶ orientieren wir uns an der Markierung Kirchen- und Kapellenweg Richtung Waldmann / Kronberg. Es geht unterhalb der Kapelle an der Bushaltestelle entlang zu einer ansteigenden Straße, die in einen ebenen Weg in einem kleinen Wäldchen mündet. Später zweigt die Zwischenmarkierung (grünes Viereck hochkant) rechts ab und führt an den Waldrand. Mit dem Sitzweilweg Richtung Aussichtsturm geht es rechts weiter. Nach einer Scheune ❷ auf der Hochebene haben wir eine tolle Aussicht über Wiesen und Felder auf einige Bergketten des Vorderen Bayerischen Waldes. In der Ferne fällt der Blick auf den Geißkopf mit seinen Skipisten und davor auf den niedrigeren, langgestreckten Bergrücken des Teufelstisches. Zwischen zwei Scheunen hindurch laufen wir direkt auf einen Hof zu, vor dem wir links zum Aussichtsturm abbiegen. Die Markierung führt an einem Ziegengehege vorbei wieder in den Wald und dort bergauf.

Landschaft um Schöneck

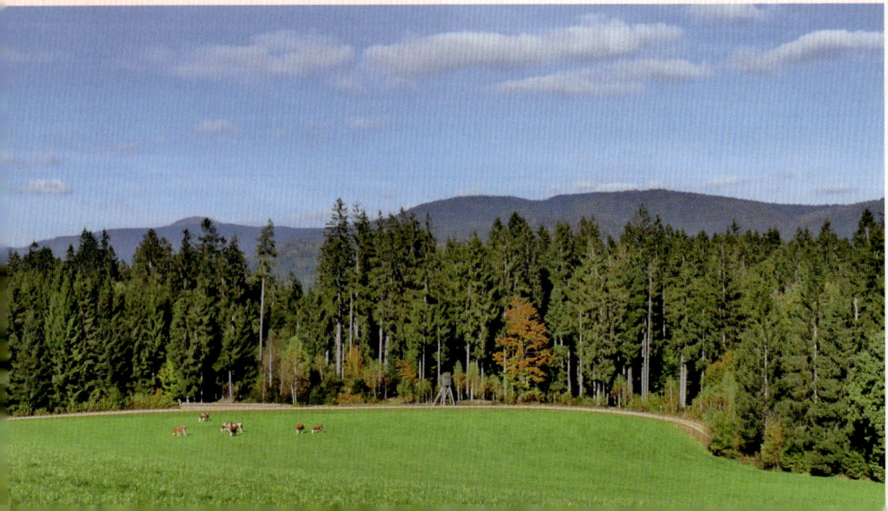

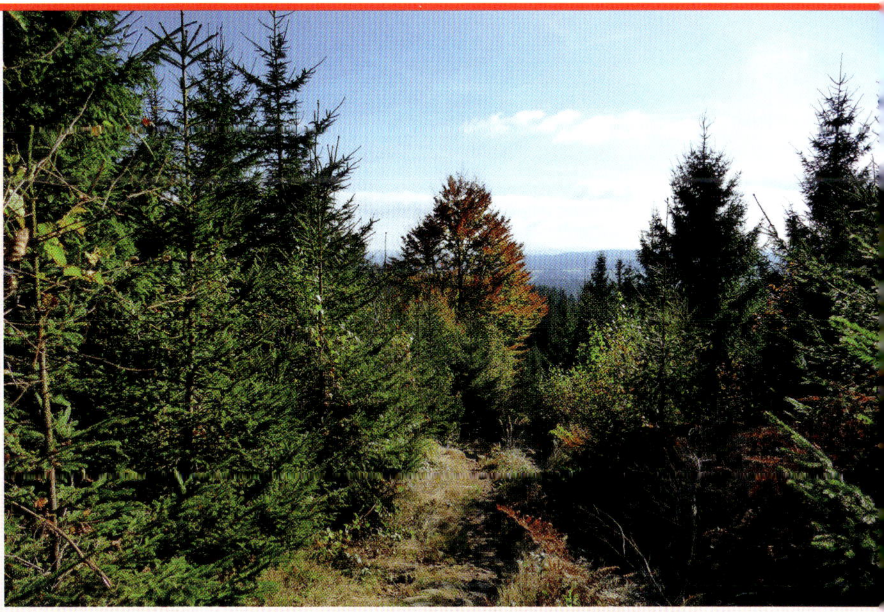

Steiler Abstieg beim Turm

Schließlich begleiten Kreuzwegstationen wie „Glücklich sein" den Weg. Oben angekommen, lohnt es sich, den Aussichtsturm 3 am Oberberg (833 m) zu besteigen. Anschließend leitet die blaue Ld2 auf einem schmalen Pfad mit schönem Blick auf den Brotjacklriegel steil bergab. Am Fuß des Berges halten wir uns rechts, folgen weiterhin der blauen Ld2 rechts Richtung Schöneck. Wir treten aus dem Wald und vor uns öffnet sich ein wunderbarer Blick 4 über Schöneck auf die dahinter ansteigenden Berg- und Hügelketten. Das ist wirklich ein schönes Eck!

Rechts hinter Schöneck ragt der Kronberg in die Höhe. Mit einem fantastischen Panoramablick gelangen wir über die Wiese zur Straße, die uns rechts in das Dorf zum Start zurückbringt.

Blick vom Waldrand

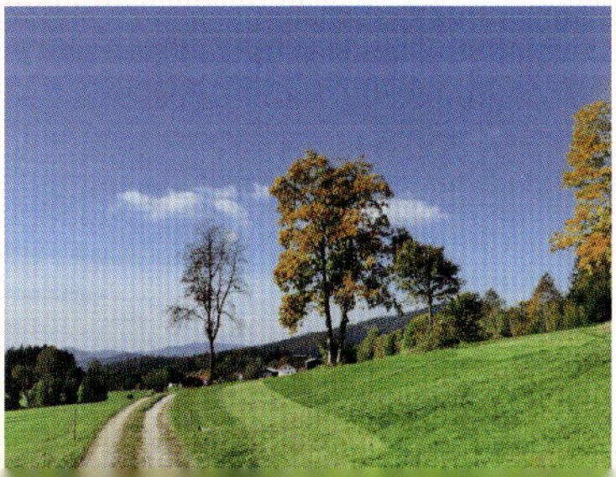

Essen/Einkehren:

Keine Einkehr möglich. Die nächsten Gasthäuser sind in Langdorf, Zwiesel und Regen.

Landschafts- und Naturgenuss um Zwiesel

Mittel

13,2 km

↓↑ 116 m

3 ¾ Std.

Bettmannsäge – Kohlnberg – Außenried – Innenried – Zwiesel – Bettmannsäge

Eine besonders malerische, aussichtsreiche Kulturlandschaft trifft auf eine wildromantische, rauschende Flusslandschaft mit Naturdenkmal.

Zusatz-Info:
Der Start ist mit dem Zug erreichbar (Waldbahn-Haltepunkt Bettmannsäge an der Bahnstrecke Plattling / Deggendorf – Bayerisch Eisenstein).

Parken:
Parkplatz in Bettmannsäge beim Waldbahnhaltepunkt neben den Glascontainern (Navi: Am Binngraben, OT Bettmannsäge, 94209 Regen)

Tourist-Information:
Stadtplatz 27
94227 Zwiesel
Tel. 09922 7099011

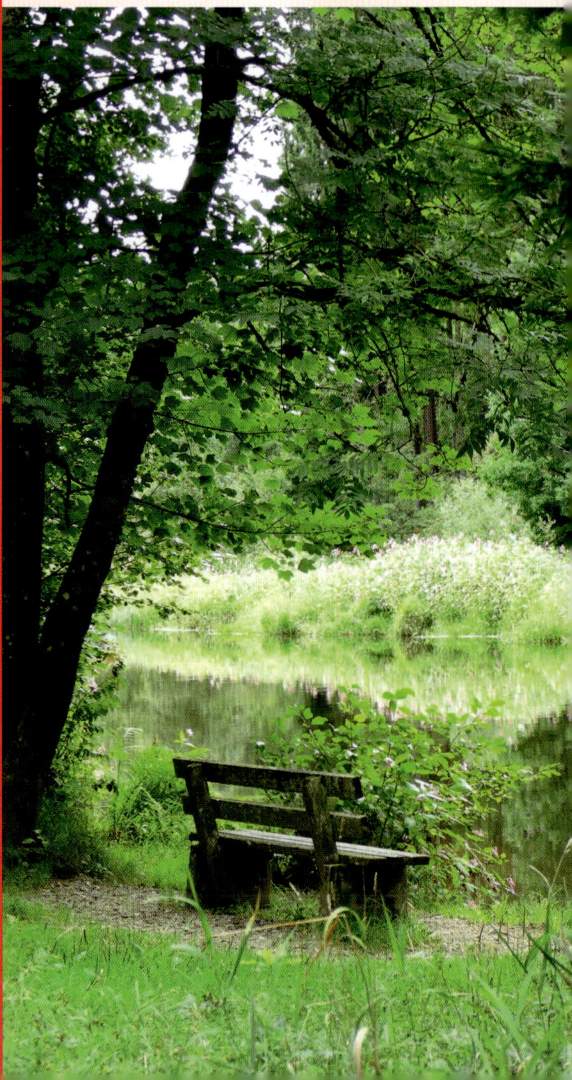

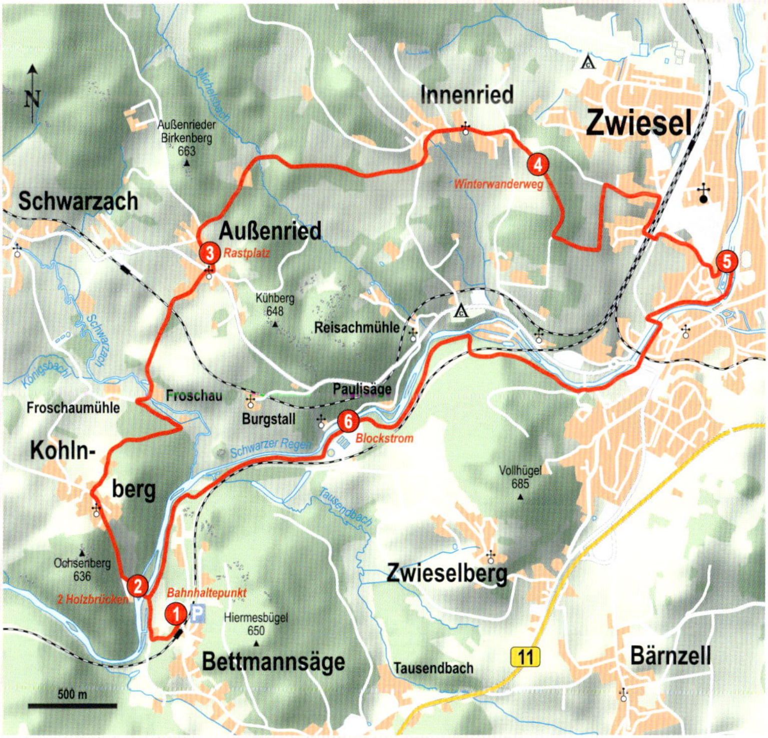

1 Start Bettmannsäge / Parkplatz Bahnhaltepunkt

2 2 Holzbrücken über den Regen

3 Rastplatz in Außenried

4 Winterwanderweg

5 Brücke / Einkehr-Abstecher zur Stadtmitte möglich

6 Naturdenkmal Blockstrom

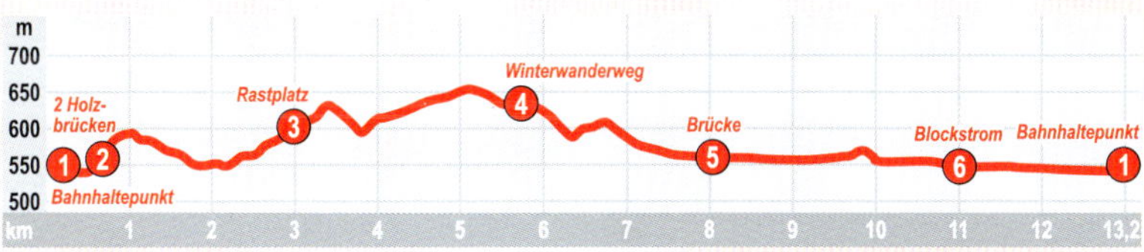

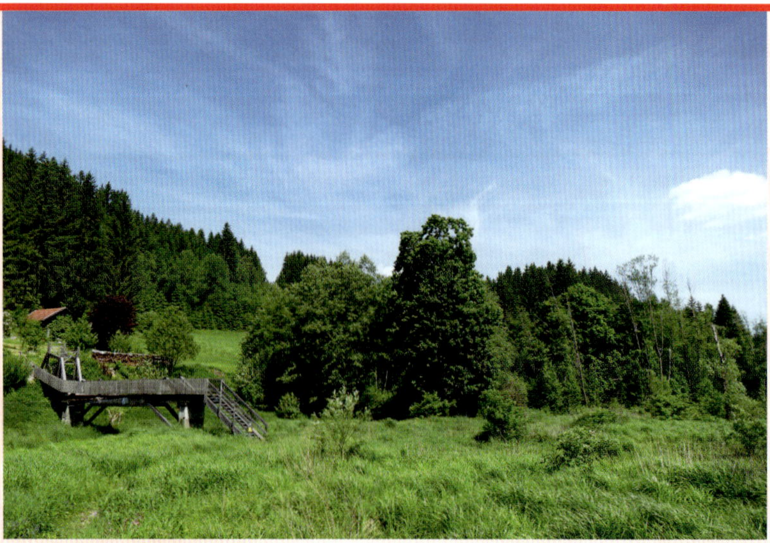

Brücke bei Bettmannsäge

Wir starten in Bettmannsäge ❶ beim Bahnhaltepunkt. Unterhalb des Bahngleises verläuft gegenüber der Haltestelle der Weg rechts vom Gleis in Richtung „Zum Flusstalwanderweg". Der Hinweis ist rechts im Gebüsch. Nach einer Linkskurve im Tal stoßen wir auf den mit einer Welle markierten Flusswanderweg. Mit ihm und der grünen 26 biegen wir rechts Richtung Zwiesel ab, gehen ein kurzes Stück am träge fließenden Fluss entlang. Über zwei Holzbrücken ❷ überqueren wir mit der grünen 26 Richtung „Langdorf über Kohlnberg" links den Regen. Am Rand eines Gartens geht es hinauf in den Wald zu einem ansteigenden Querweg, der rechts nach Kohlnberg führt. Mit herrlichem Fernblick wandern wir geradeaus an einer Kapelle und einem Rastplatz vorbei.

Kurz danach biegt der Sitzweilweg rechts Richtung Außenried ab. An der Straßengabel halten wir uns mit dem Zwischenwegweiser (grünes Viereck hochkant) links. Später taucht die grüne 26 wieder auf. Nach dem Dorf lenkt ein Feldweg zu einer Scheune am Waldrand hinab. Hier folgt der Wanderweg dem vergrasten Weg zwischen Scheune und Forstweg. Das kann man übersehen. Nun lotst die Markierung auf beschaulichen Wegen durch das stille Wald- und Bachtal und später über aussichtsreiche Wiesen hinauf

Kohlnberg

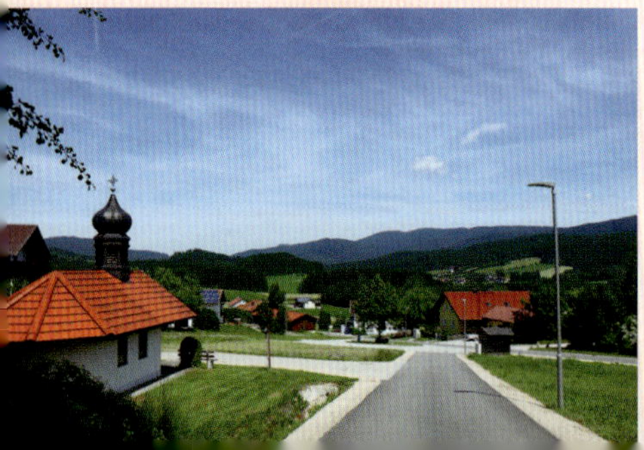

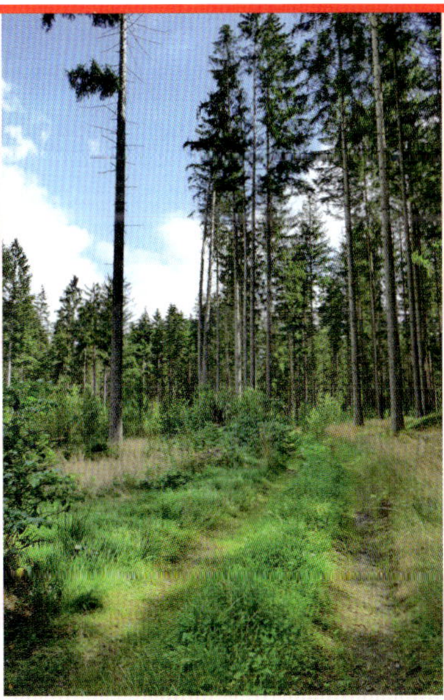

Hinter Kohlnberg

nach Außenried. Hier die Straße überqueren und beim Rastplatz 3 bergauf wandern. Kurz darauf zweigt der Sitzweilweg nach Brandten rechts ab. Wenige Meter später fängt rechts der Wald an. (Links sind noch Häuser.) Rechts ohne Markierung auf den asphaltierten, ansteigenden Weg abbiegen. Er streift graue Briefkästen und führt am Waldrand entlang. Auf der Kuppe drehen wir uns für den schönen Blick auf eine Bergkette um, wobei die Skipisten des Geißkopfs markant hervorstechen. Auf der Kuppe geradeaus dem „Fußweg nach Zwiesel“ und der blauen Ld 10 nach Innenried folgen. Sie leiten in eine Wiesensenke, durch Wälder und über Wiesen hinauf nach Innenried. Dort wenden wir uns an der Straße beim Ortsschild links auf den Tröpplkellerweg. Am Feuerwehrhaus vorbei halten wir uns an der nächsten Abzweigung mit der Ld 50 und roten 14 Richtung Zwiesel rechts. Nach der Kapelle mit Blick links auf den breiten Bergrücken des Falkensteins gehen wir noch ein Stück geradeaus weiter. Nach der Bushaltestelle fällt die Straße ab. Dort, wo links Feldgehölze bis an die Straße reichen, zweigt die 14 rechts auf einen Feldweg zwischen Häusern ab. Hier taucht im Weg auch wieder das grüne Hochkant-Viereck auf. Wenige Meter

Blick von Außenried auf den Oberberg

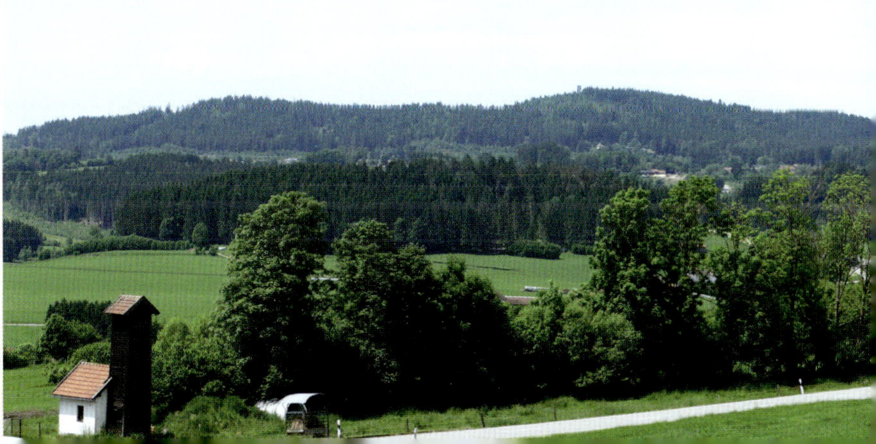

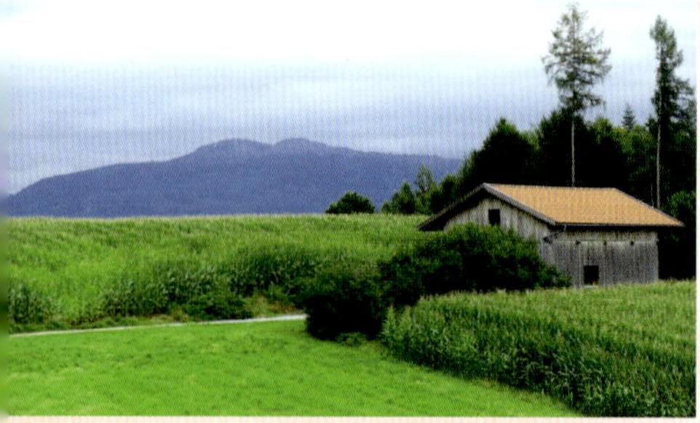

Rachelblick bei Innenried

später gabelt sich der Weg in einer Rechtskurve. Wir nehmen den linken Weg, der kurz darauf wieder auf die Straße trifft. Dieser kurz rechts folgen und in der Linkskurve mit der gelben Winterwanderwegmarkierung 4 ❹ rechts auf einen Feldweg abbiegen. An einer Scheune vorbei lenkt er in den Wald, wo wir uns an der Weggabel links halten. Der kleine Waldweg lotst bergab, bis ein Trampelpfad den Weg kreuzt. An dieser Stelle ist links ein Hinweis auf den Winterwanderweg (zur Orientierung: ein paar Meter weiter vorne macht der Weg eine Linkskurve). Bei dieser gelben Markierung zweigen wir ohne Markierung links auf den schmalen, abfallenden Trampelpfad ab. Am Waldrand haben wir einen überraschend schönen Blick über Zwiesel auf die Berge des Bayerischen Waldes. Rechts von der Rastbank folgen wir dem Trampelpfad über die Wiese hinab zu einem Feldweg und halten uns links. Er macht eine deutliche Linkskurve und schwenkt entlang von Pferdekoppeln wieder bergauf und zu einer Straße. Auf dieser gehen wir rechts abwärts, folgen später an der Straßengabel mit der Rechtskurve dem Hinweis zur Stadtmitte. Schließlich geht es links durch eine schmale Unterführung. Danach

Blick über Zwiesel auf den Rachel

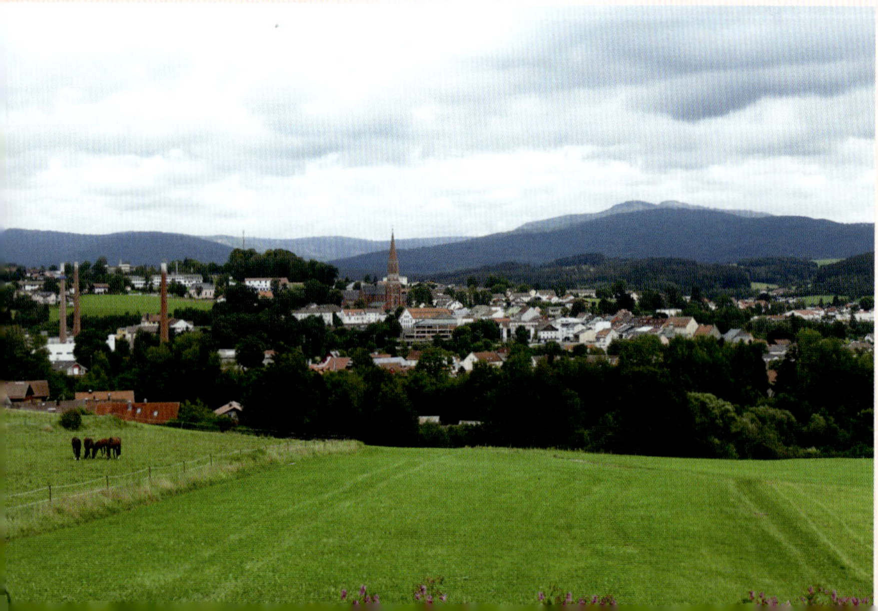

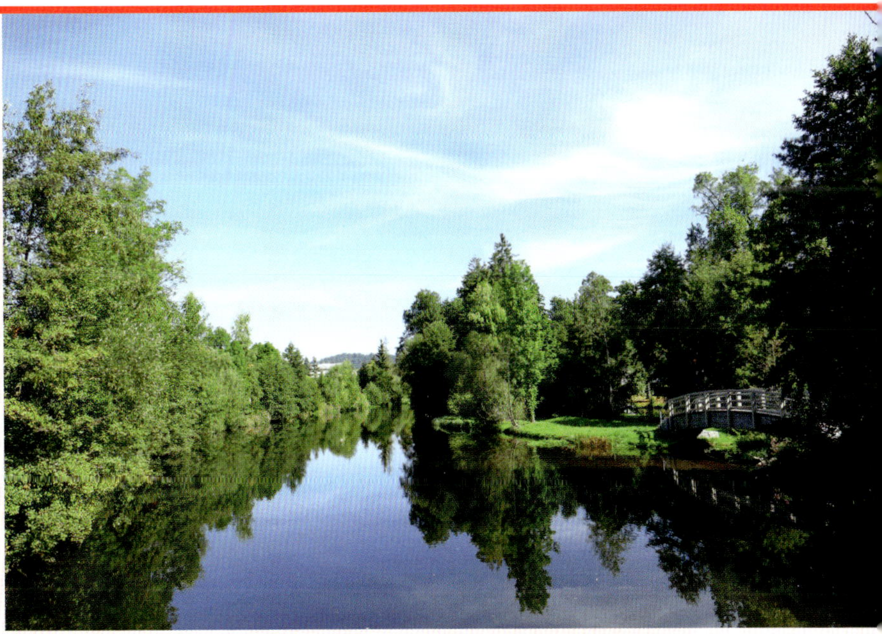

Im Stadtpark am Großen Regen

halten wir uns links, orientieren uns am Hinweis zum „Stadtpark", wechseln nach wenigen Metern mit der Überquerungshilfe die Straßenseite und setzen unseren Weg geradeaus abwärts auf dem Fußgängerweg fort. An der nächsten Abzweigung mit Blick auf die Türme der Glashütte rechts Richtung Stadtmitte abzweigen. Wir stoßen geradeaus auf eine Querstraße (Dr.-Schott-Straße) mit putziger Kapelle. Hier rechts gehen. Kurz danach beim Zebrastreifen die Straße links Richtung Stadtpark überqueren und geradeaus in die kleine Gasse gehen. Vor dem Fluss links und über die nächste Brücke rechts abbiegen. Nach dieser geradeaus halten, am Spielplatz vorbei und vor der nächsten Brücke 5 rechts durch den Stadtpark spazieren. (Wer einkehren will, folgt über diese Brücke den Schildern „Rathaus" und „Stadt mitte". Bis dorthin sind es etwa 250 m.) Am Baum hinter der Skulptur „Spielende Kinder" tauchen der blaue Goldsteig und die Welle des Flusswanderweges auf, denen wir durch den Stadtpark entlang des Großen

Am Schwarzen Regen bei Zwiesel

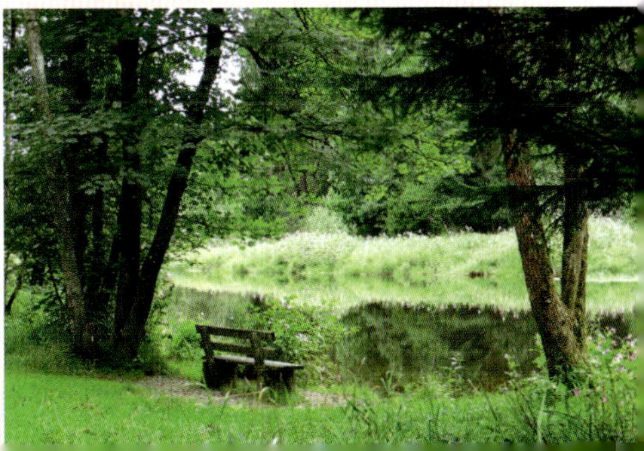

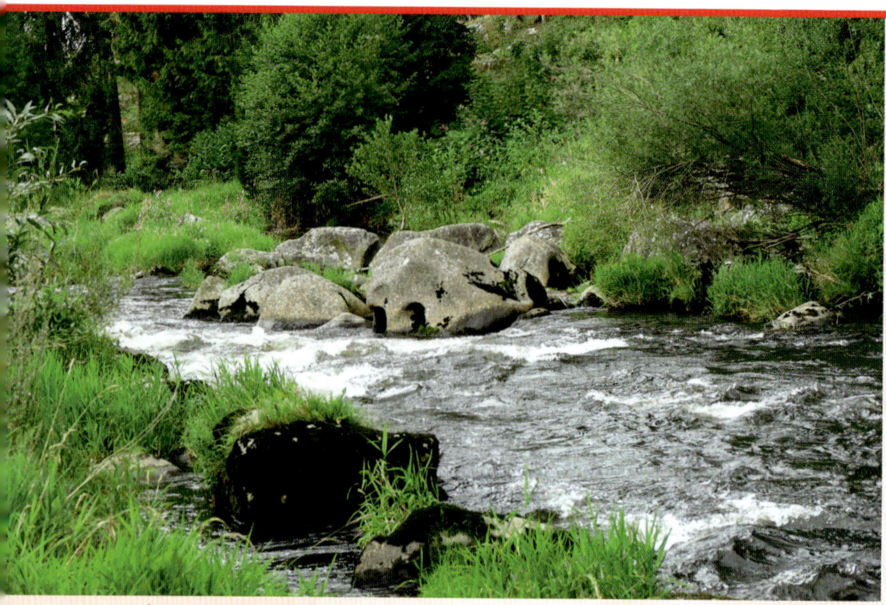

Naturdenkmal Blockstrom

Regen folgen. Wir treffen auf den „Zwiesel", den Zusammenfluss von Großem und Kleinem Regen, von dem sich der Ortsname ableitet. Auf Höhe vom Zwiesel mit dem Böhmweg (andere Zeichen fehlen) dem Pfad am Fluss folgen. Danach lenkt die Markierung auf die Straße direkt am Regen, der hier breit ist. Nach 270 m biegen wir beim großen Parkplatz links über die Fußgängerbrücke ab, halten uns nach der Brücke rechts, laufen weiterhin am Regen entlang. Schließlich zweigt nach einer Brückenunterführung die Welle nach einem kurzen, asphaltierten Anstieg rechts auf einen Wurzelpfad oberhalb des Flusses ab. Im weiteren Verlauf halten wir uns fast bis zum Schluss an die Wellenmarkierung. Manchmal biegt sie völlig unerwartet rechts ab, führt näher an den Fluss ran. An bunten Blumen und Biberspuren vorbei erreichen wir ein Naturdenkmal: den Blockstrom 6. Nach der Kläranlage zweigt die Welle rechts in ein wildromanti-

Eisenhut

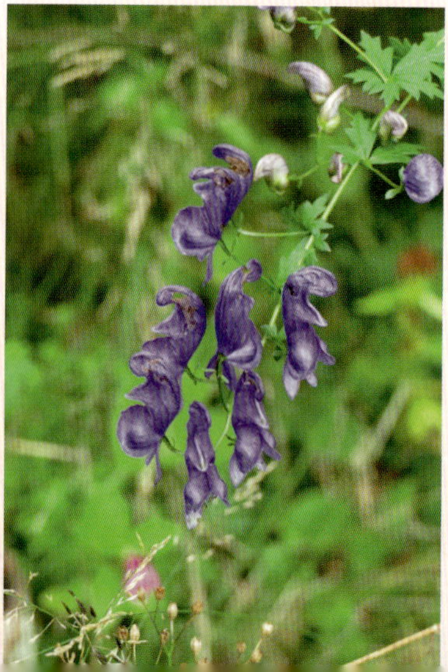

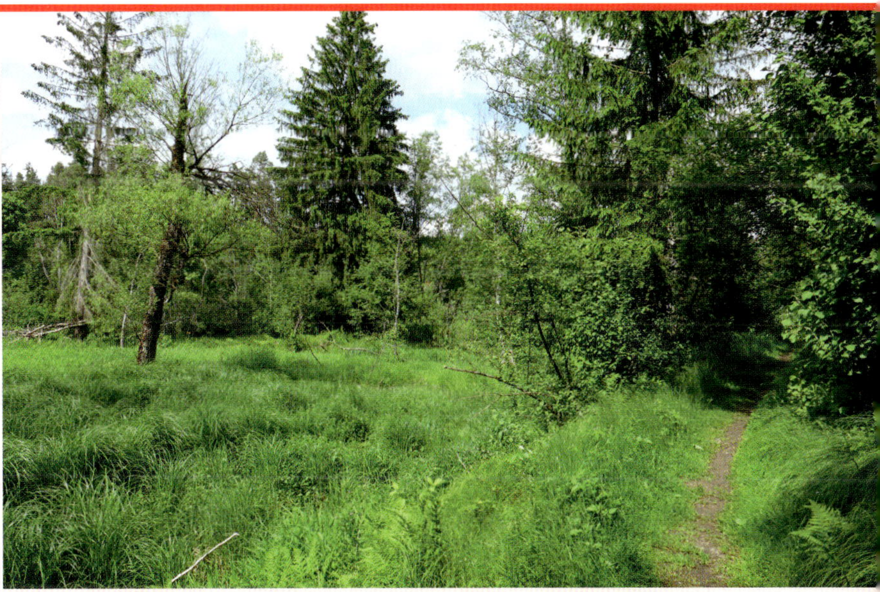

Am Schwarzen Regen

sches Tal ab. Der urige Pfad schlängelt sich durch dichte Vegetation mit Akeleiblättriger Wiesenraute, Teufelskralle, Eisenhut und Baldrian. Einmal biegt ein Wanderweg links ab. Wir bleiben geradeaus. Etwas später zweigt die Welle bei einem Fahrweg undeutlich markiert rechts zum Fluss ab. Kurz danach durchschreiten wir Privatgrund, gehen an den beiden Holzbrücken vom Anfang der Tour vorbei und gelangen an eine Weggabel. Hier gehen wir links auf bekanntem Weg nach Bettmannsäge hinauf.

Kleiner Bach beim Schwarzen Regen

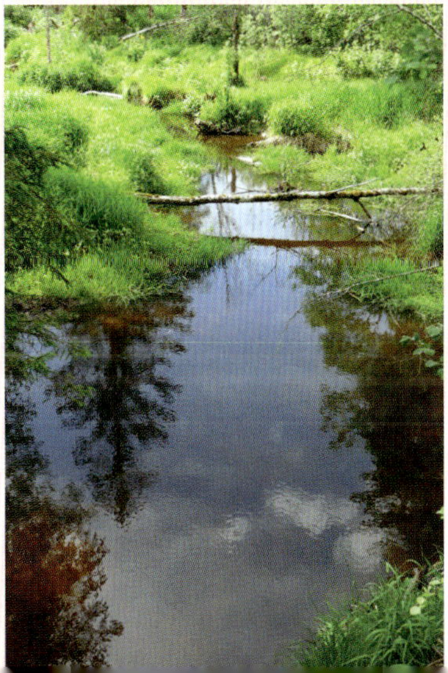

Essen/Einkehren:

Keine Einkehr direkt am Weg. Vom Stadtpark Zwiesel kann man beim Wegpunkt 5 einen kurzen Abstecher zur Stadtmitte machen. Dort sind mehrere Einkehrmöglichkeiten.

Leicht

12,5 km

↓↑ 129 m

3½ Std.

Burgruine Weißenstein und Pfahl

Weißenstein bei Regen – Obernaglbach – Gfradert – Weißenstein

Diese Tour ist eine Entdeckungsreise zu einem imposanten Geotop, einer Burgruine auf mächtigem Fels und attraktiven Aussichten über eine friedliche Landschaft.

Zusatz-Info:
Der Burgturm mit großartiger Aussicht ist begehbar.

Parken:
In Weißenstein bei Regen ist direkt neben der Burg ein großer Parkplatz.
(Navi: Weißenstein, 94209 Regen)

Tourist-Information:
Schulgasse 2
94209 Regen
Tel. 09921 604-450

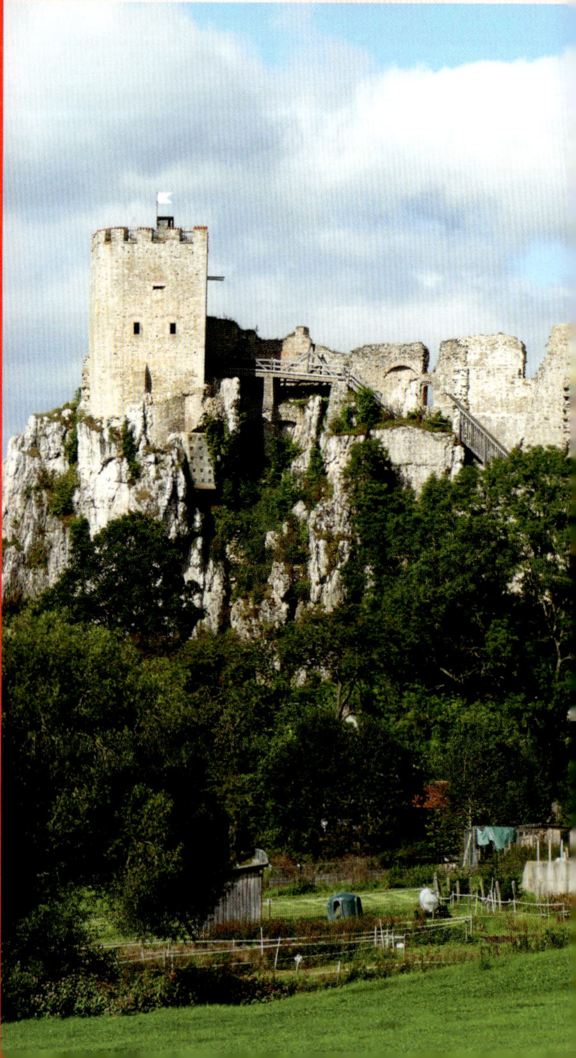

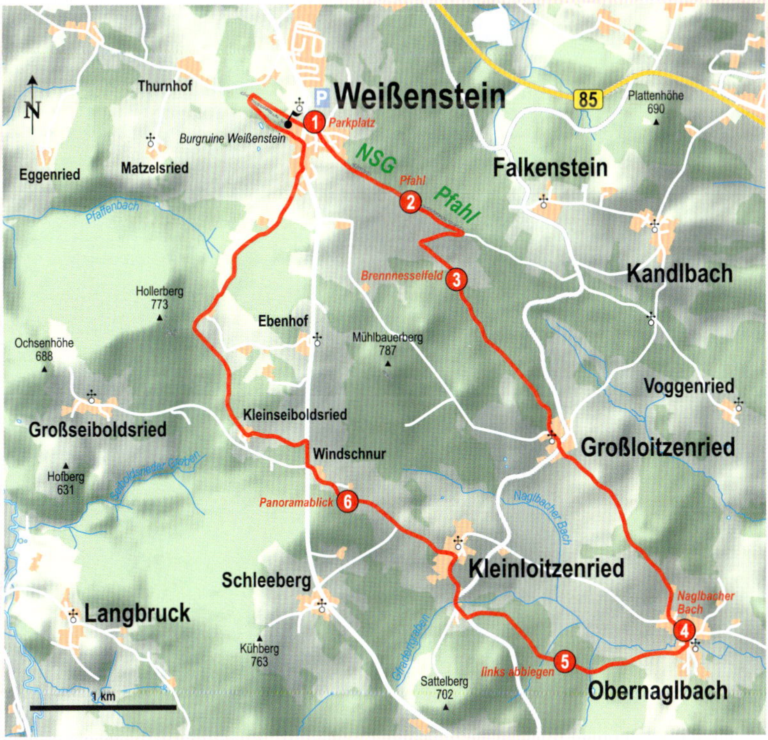

1 Start Weißenstein / Burgparkplatz

2 Pfahl

3 Brennnesselfeld

4 Naglbacher Bach

5 Links abbiegen

6 Fantastischer Panoramablick

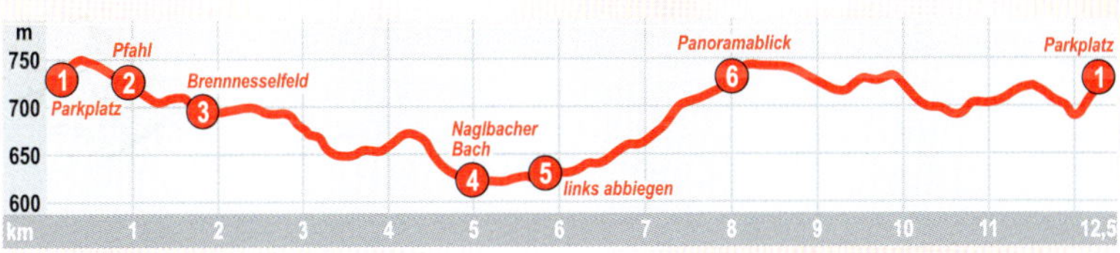

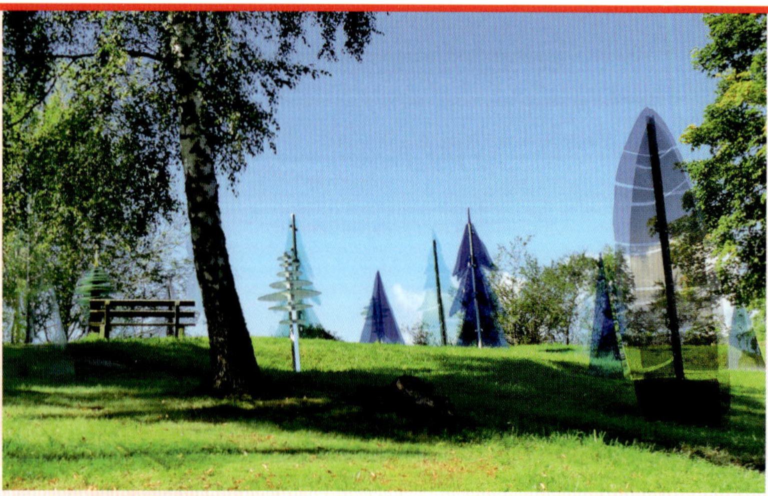

Gläserner Wald

Am Parkplatz ❶ der Burgruine Weißenstein suchen wir uns bei der Wandertafel am Fuß des Gläsernen Waldes und neben dem Kiosk die Markierungen Pandurensteig und blaue 2, gehen auf Asphalt links und überqueren die kleine Straße. Sogleich halten wir uns an der Straßengabel beim Wasserhydranten mit dem Pandurensteig, der blauen 2 und blauen 6 Richtung Kirchberg ansteigend rechts. Die Markierungen hängen am großen Baum rechts.

Am Pfahl

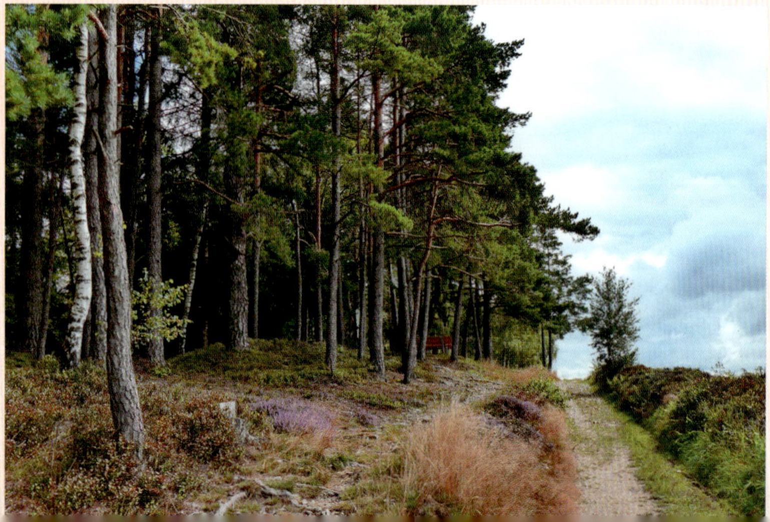

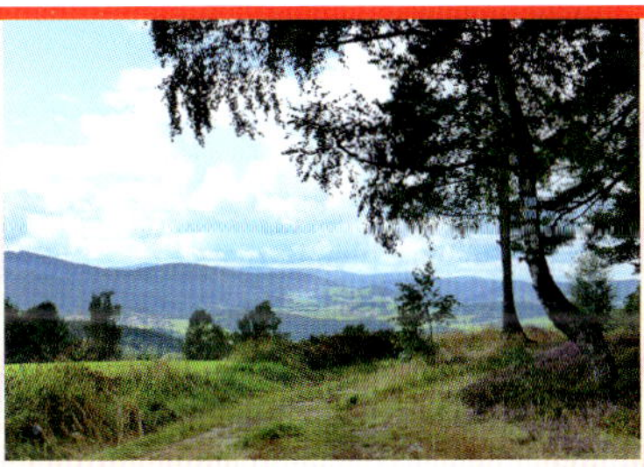

Blick beim Dichtergrab

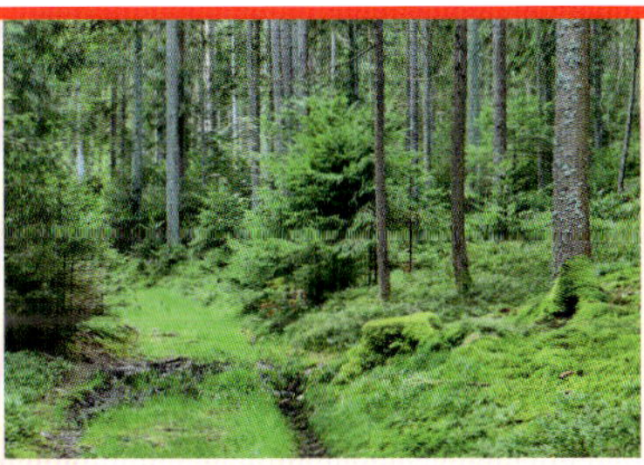

Zwischen Weißenstein und Großloitzenried

Beim alten Haus mit Schindeln mündet der Weg in einen Feldweg. Jetzt orientieren wir uns auch an der Sonne mit der Wolle. Am Wegrand strahlen Nelken mit wildem Thymian oder später im Jahr mit Heidekraut um die Wette. Rechts fällt der Blick auf die Bergkette um den Geißkopf. Nach dem Dichtergrab gabelt sich der Weg. Wir nehmen den linken Weg am Schild „Naturschutzgebiet" vorbei, der durch Wald mit Kiefern und Heidelbeersträuchern lotst. Kurze Zeit später schwenkt der Weg an den Waldrand, wo wir mit der blauen 2 und der Sonne links am Waldrand entlanggehen. Damit verlassen wir kurzzeitig die blaue 6. Nach einer Rastbank, wo einige Markierungen nach links unten abzweigen, folgen wir geradeaus der „Sonne" weiter am Waldrand entlang. Der Weg zieht nun am deutlich zu erkennenden Gestein des Pfahls ❷ entlang. Das Quarzgestein ragt auf einer Länge von 150 km immer wieder wie ein Drachenkamm aus dem Boden und war früher als „Hexenfelsen" verschrien.

An der nächsten Weggabel mit dem grünen Dreieck links in den Wald gehen. Wir sind immer noch rechts vom Pfahl. Der Weg fällt schließlich leicht ab und trifft auf einen querenden Waldwirtschaftsweg. Hier im spitzen Winkel rechts abzweigen. Leicht ansteigend kommen wir an den Waldrand und biegen kurz danach ohne Markierung links auf den Feldweg ab, der vom Wald wegführt. Er leitet zunächst entlang eines Feldgehölzes eben über Felder und Wiesen. Nach 220 m kommt eine leichte Rechtskurve mit einer Wiesenweg-Kreuzung. Hier links auf den unscheinbaren, leicht abwärts führenden Grasweg abbiegen. Unten in der Senke ist im Gebüsch ein Hinweis auf die blaue 6. Je nach Jahreszeit wachsen hier viele Brennnesseln ❸. Nach 50 m schwenkt der Weg rechts auf einen idyllischen Waldpfad ein. Die 6 befindet sich auf der Rückseite einer Birke. Es geht nahe am Waldrand entlang, bevor wir tiefer in den stimmungsvollen Wald mit Teppichen aus Moosen, Heidelbeersträuchern, Farnen und Gräsern eintauchen. Später mündet der Weg geradeaus auf einen Forstweg und führt durch dicht bemoosten Wald nach Großloitzenried. Wir gehen über den hübschen Dorfanger mit Vier-Seit-Höfen und Kapelle hinab zur Straße, überqueren diese leicht rechts versetzt und folgen der 6 aus

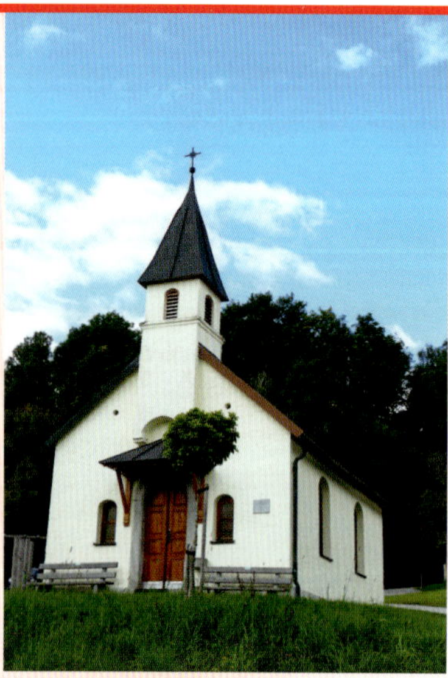

Kapelle in Großloitzenried

dem Dorf hinaus auf eine Hochebene mit weiten Wiesen.

Ein kurzes Stück geht es durch eine Allee aus Feldgehölzen. An deren Ende nehmen wir den linken, leicht ansteigenden Weg, der auf eine kleine Kuppe mit herrlichem Blick auf den Rachel führt. Wir tauchen wieder in den Wald ein. Gleich am Anfang vom Wald zeigt die Markierung zur Zeit der Recherche nach rechts in die falsche Richtung. Entgegen dieser bleiben wir auf dem Waldweg geradeaus, folgen diesem durch den Wald und dann über einen aussichtsreichen Wiesenweg hinab nach Obernaglbach. An der T-Kreuzung halten wir uns mit der blauen 6 Richtung Kirchberg links, wenig später rechts über den Naglbacher Bach ❹. Gleich danach biegen wir rechts von der Kapelle an der Wegkreuzung ohne Markierung rechts ab. Der ebene Weg führt zwischen einigen Häusern hindurch und macht nach dem letzten Haus auf der rechten Seite eine Rechtskurve. Der Feldweg im breiten Tal geht in einen Forstweg über, dem wir im Wald länger, bis 30 m vor einer scharfen Rechtskurve, folgen. Man sieht sie schon von Weitem. (Zur

Hinter Großloitzenried

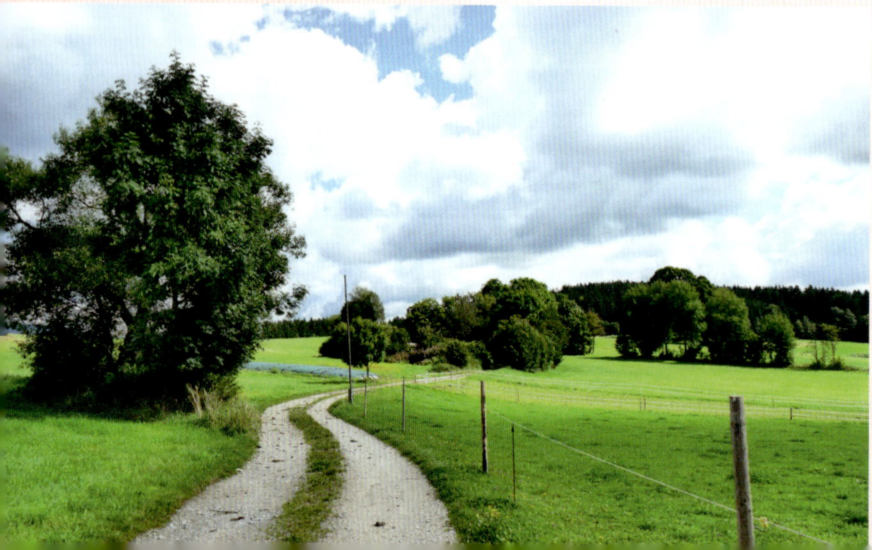

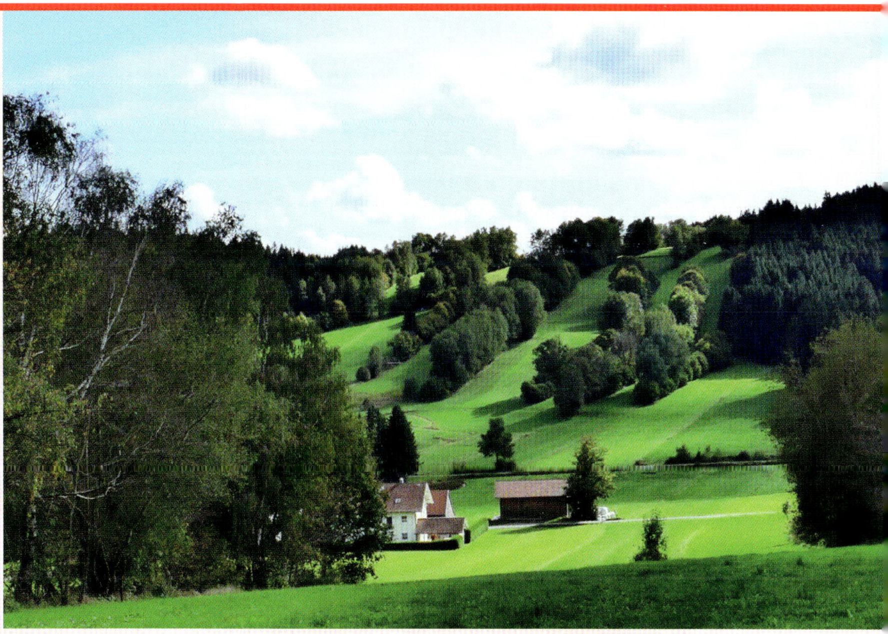

Landschaft um Obernaglbach

Orientierung: Wir sind gerade durch eine Naturverjüngungsfläche zu beiden Seiten des Weges gegangen.) Kurz nach dem Ende der Jungbäume (also 30 m vor der Rechtskurve) biegen wir auf den unmarkierten, ebenen Weg links 5 ab. Wir kreuzen einen Wassergraben und folgen dem nun wieder gut befestigten Weg geradeaus bis zur Straße bei Gfradert. Auf diese rechts abzweigen. Ein paar Meter weiter orientieren wir uns an der

Dorfanger Obernaglbach

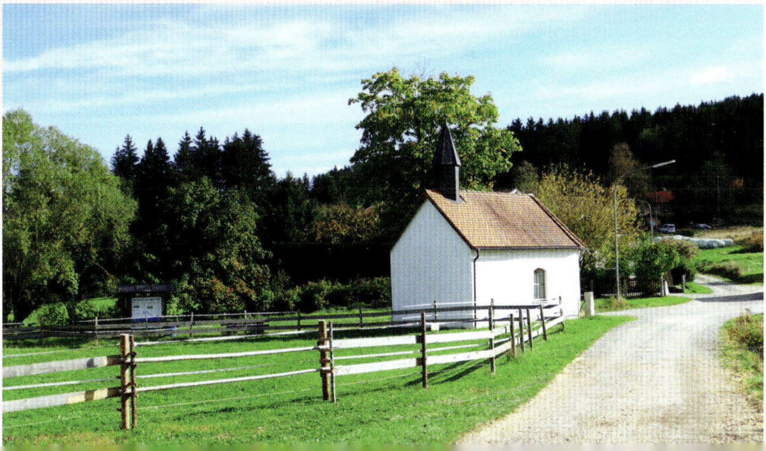

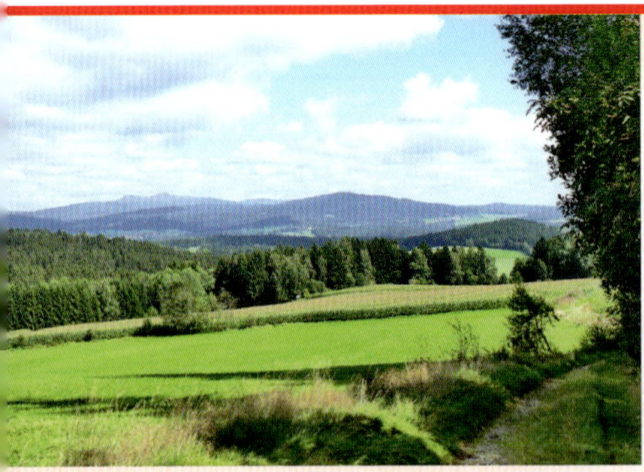

Panoramablick bei Windschnur

roten 16 nach Kleinloitzenried geradeaus, biegen nach der scharfen Rechtskurve auf den ansteigenden Feldweg links ab. Am Weidezaun entlang geht es zu einer Weggabel bei einem Stall. Hier rechts halten. Wenige Meter weiter an der Straße mit der roten 16 (Markierung ist rechts) links auf Asphalt abbiegen. Später inmitten der Felder geradeaus bergauf Richtung Kleinloitzenied halten. Oben am Waldrand unbedingt umdrehen und sich vom Panoramablick 6 überraschen lassen! Der vergraste Weg führt auf einer Ebene an dem einzelnen Gehöft von „Windschnur" vorbei. Wir wechseln auf die blaue 8 Richtung Weißenstein und laufen zur Hauptstraße vor. Auf dieser rechts und nach 150 m links auf den Feldweg abzweigen. Er führt in ein Dorf, in dem es rechts weitergeht. Ein Grasweg lotst wieder in schönen Mischwald und steigt dann rechts an. An einem Waldrand mit Blick auf den Arber und an einem einsam gelegenen Haus vorbei folgen wir weiter der 8. Später eröffnet sich eine wunderbare Aussicht auf die Burgruine Weißenstein. In Weißenstein biegen wir an der Hauptstraße (T-Kreuzung) auf diese

Burgruine Weißenstein

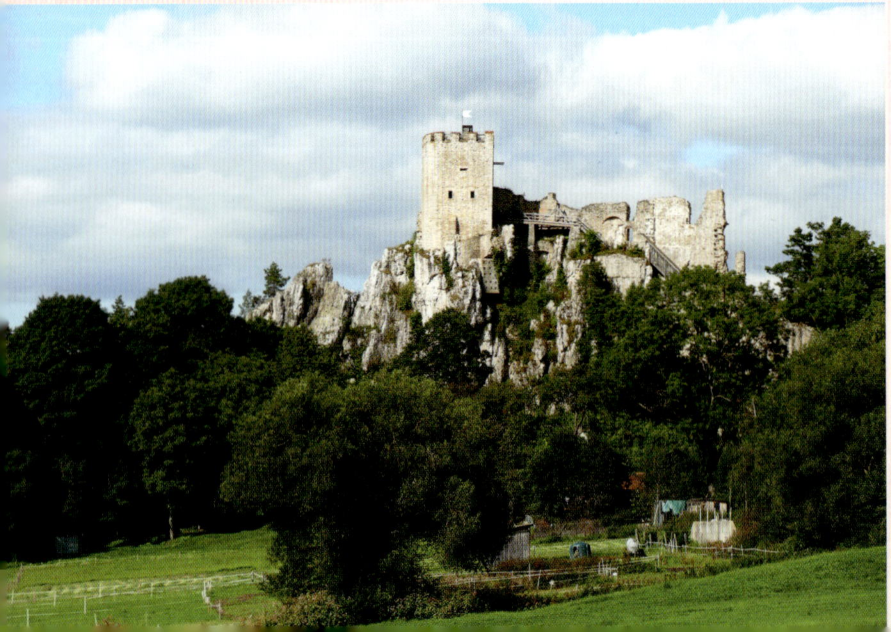

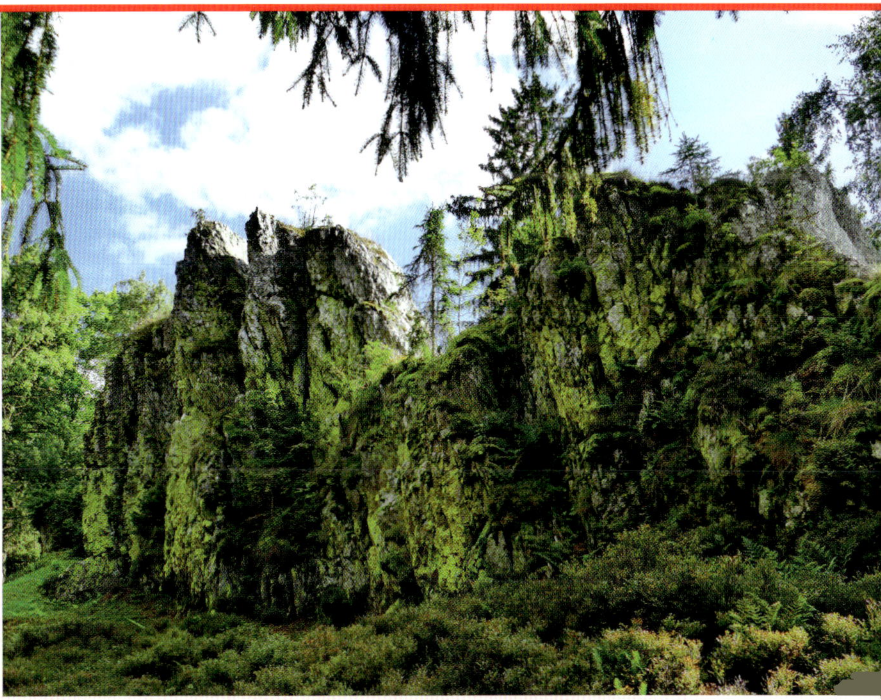

Der Pfahl bei der Burg

links ab und steuern auf die Burganlage zu. Vor der Burg zweigen wir mit der roten 3, roten 4 und der „Sonne" nach Regen links ab. Schon stehen wir vor dem hoch aufragenden Felsen mit Burgruine. Wir umrunden jetzt den mächtigen Felsrücken auf einem kleinen, parallel verlaufenden Waldweg. Trampelpfade ignorieren wir. An einer Abzweigung biegen wir mit dem „Burgenlehrpfad" rechts ab. Bei einem Schild über „Pflanzen und Tiere des Pfahls" lenkt rechts ein Pfad zwischen dichten Heidelbeersträuchern wieder bergauf. Der Blick auf den massiven Felsen und die Burg ist beeindruckend. Der Ortsname „Weißenstein" geht übrigens auf das helle Quarzgestein des Pfahls zurück. Schließlich stoßen wir wieder auf den Parkplatz.

Essen/Einkehren:

Burggasthof Weißenstein
Weißenstein 32
94209 Regen
Tel. 09921 9602805
Öffnungszeiten:
Mittwoch - Sonntag 11-23 Uhr

Kiosk
am Parkplatz

Einsame Wanderung um Zell

Leicht

8,5 km

↓↑ 141 m

2½ Std.

Zell – Ebertsried – Gfradert – Schleeberg – Zell

Eine einsame Runde mit saftig grünen Wiesen, Biberspuren am verwunschenen Hofwiesenbach, herrlichen Aussichten und lauschigen Wäldern.

Zusatz-Info:
Wanderung überwiegend auf einfachen Wald- und Wiesenwegen.

Parken:
Parkplatz in Zell am Dorfplatz bei der Kapelle und Guntherfigur (Navi: Schulweg, Zell, 94259 Kirchberg im Wald)

Tourist-Information:
Rathausplatz 1
94259 Kirchberg im Wald
Tel. 09927 940028

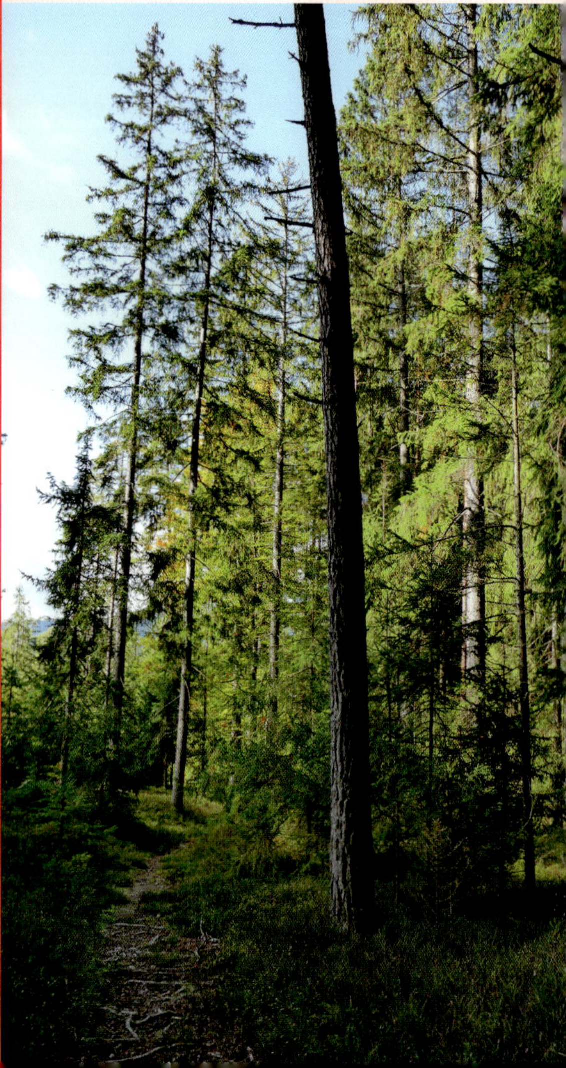

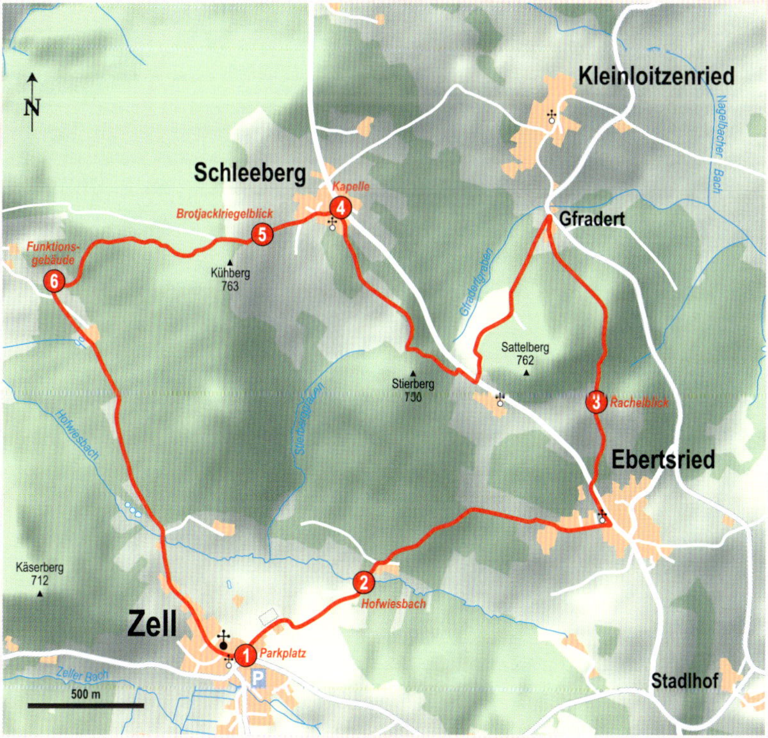

❶ Start Zell / Parkplatz bei der Kapelle

❷ Hofwiesenbach mit Biberspuren

❸ Rachelblick

❹ Kapelle in Schleeberg

❺ Blick zum Brotjacklriegel

❻ Funktionsgebäude

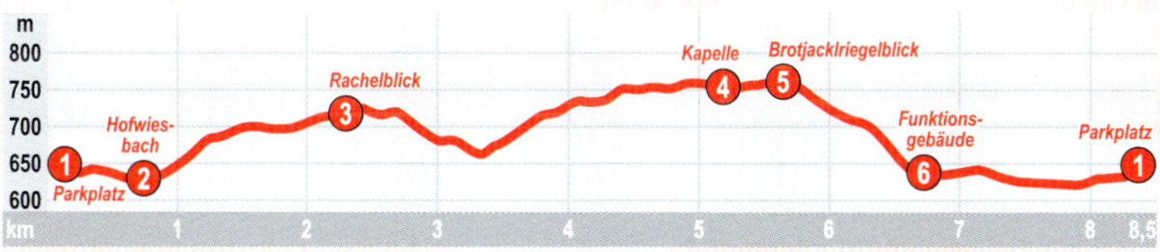

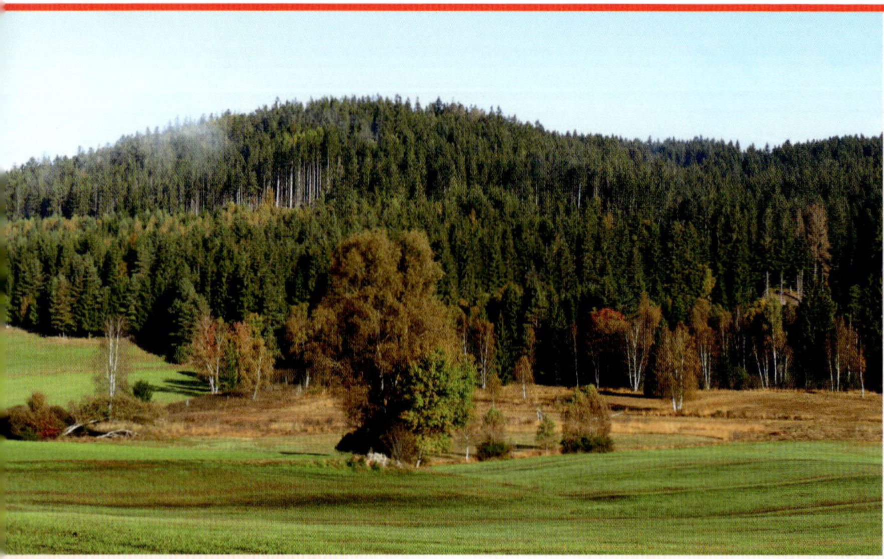

Landschaft bei Zell

Der Start zu der ruhigen Tour abseits der großen Wanderzentren befindet sich in Zell bei der Kapelle ❶. Hinter der Kapelle zweigt die rote 14 „Rundweg Zell“ rechts ab. Sie führt schnell aus dem Dorf hinaus und geht in einen Feldweg über. Das Gebiet gehört zum Fauna-Flora-Habitat-Schutzgebiet „Todtenau und Gföhretwiesen bei Zell“. In der Senke am Hofwiesenbach ❷ kommen wir an ein Biberbiotop. Der kleine, von Bibern angestaute See mit „versunkenen“ Nadelbäumen wirkt geheimnisvoll. Kurz danach steht rechts eine Scheune. Gegenüber von dieser zweigt die 14 links in den Wald ab. Dann gleich den vergrasten Weg rechts nehmen. Der malerische, teilwei-

Am Hofwiesenbach

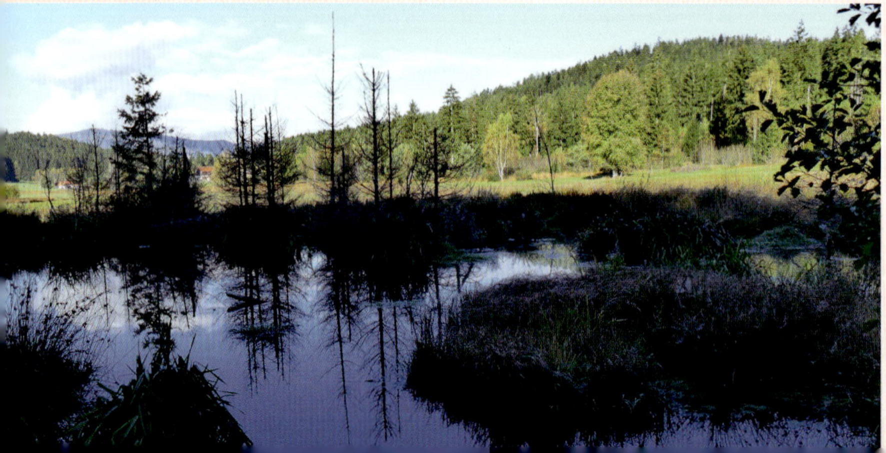

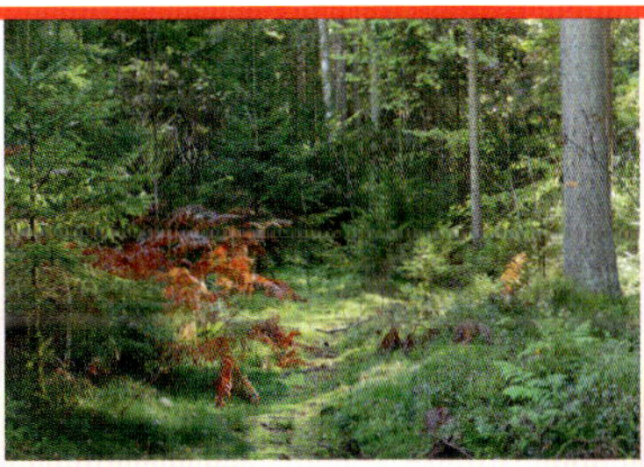

Zwischen Zell und Ebertsried

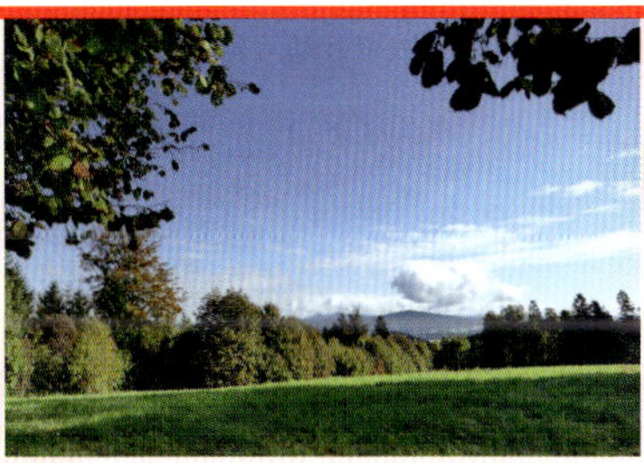

Rachelblick

se vermooste und leicht ansteigende Waldweg verjüngt sich, wird zum Pfad. Die mit Flechten und Moosen besetzten Fichten wirken mystisch. Und überall wachsen Heidelbeersträucher.

Wir wandern durch einen kleinen Hohlweg weiter bergauf, halten uns an der großen Weggabel vor einem Zaun rechts. Die Markierung „rote 15“ fehlt hier, taucht jedoch später auf. Leicht ansteigend geht es am Waldrand nach Ebertsried. Dort biegt die 15 bei der Kapelle links ab. Kurz danach zweigen wir am Waldrand rechts in den Wald nach „Gfradert“ ab. Wenig später sehen wir rechts die Kirche von Kirchberg, die auf einem Berg thront. Der Weg zieht über hügelige Wiesen mit schönen Ausblicken auf eine Kuppe, wo wir über eine schöne Bergsilhouette bis zum Rachel schauen ❸.

Der Wanderweg zieht entlang von Lesesteinen wieder in den Wald, lotst hinab nach Gfradert. Direkt vor der Straße zweigen die rote 15 und rote 16 links unter anderem nach Schleeberg ab. Nach einem Anstieg auf der Forststraße schwenken wir rechts auf einen kleinen Waldweg ein. Wieder am Waldrand ist der Wanderweg undeutlich markiert. Hier links am Waldrand entlanggehen und

Zwischen Ebertsried und Gfradert

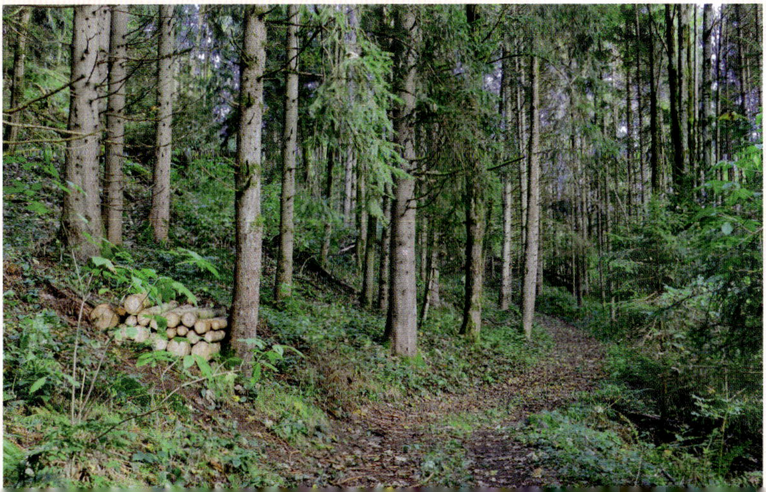

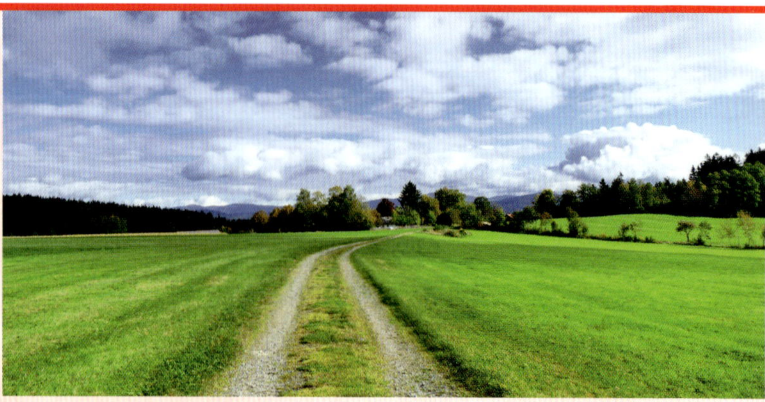

Hochebene hinter Schleeberg

dann über die Wiese auf die Straße beim Bauernhof zuhalten. Auf dieser wenden wir uns nach rechts. Nach 80 m zweigen wir am Waldrand links und gleich wieder rechts in den Wald ab. Nach einem leichten Anstieg wechseln sich Wald und Wiesen auf einer beschaulichen Hochebene ab. In Schleeberg gehen wir bei der Kapelle 4 mit der roten 14 Richtung Langbruck links bergauf. Auf der Hochebene wandern wir mit der 14 rechts über Wiesen und Felder auf einen Wald zu. Links sieht man in der Ferne den Brotjacklriegel 5. Drehen wir uns um, erhaschen wir hinter Schleeberg einen Blick auf einige Berge des Bayerischen Waldes. Beim

Beim Bauernhof

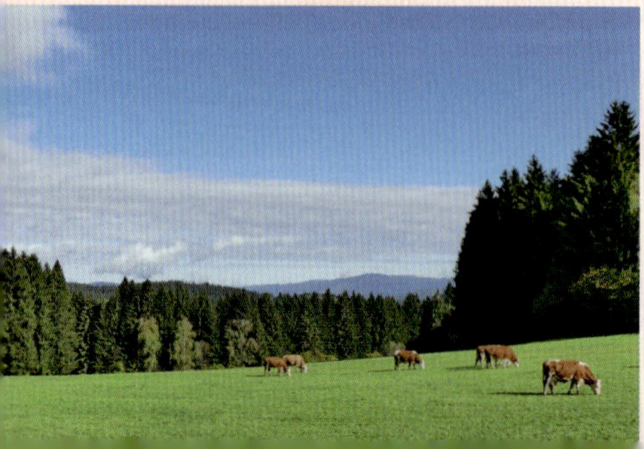

Wald lenkt die 14 rechts am Waldrand entlang. Jetzt geht es bergab, und wir müssen aufpassen, denn wir könnten zwar der 14 bis Zell folgen, verlassen sie aber vorübergehend. Links ist der Wald, rechts eine Wiese. Ein Stück weiter vorne wachsen rechts an einer Böschung Sträucher. Gegenüber ist links ein Trampelpfad, den wir nicht beachten. Von diesem Punkt aus gehen wir noch knapp 20 m auf dem markierten Weg bergab und biegen dann vor der Markierung (zur Zeit der Recherche war hier ein Markierungspfosten) links auf einen unmarkierten Trampelpfad ab. Dieser bringt uns auf weichem Waldboden zwischen Fichten und Heidelbeersträuchern bergab. Auf einer kleinen vergrasten Ebene gehen wir auf dem zugewachsenen und kaum erkennbaren Weg geradeaus weiter, folgen nicht der Rechtskurve. Kurz danach wird der Weg wieder deutlich. Wir halten uns geradeaus, gehen bergab. An den nächsten zwei zum Teil unscheinbaren Weggabeln nehmen wir jeweils den linken Weg. Die dritte Weggabel wirkt wie eine Kreuzung:

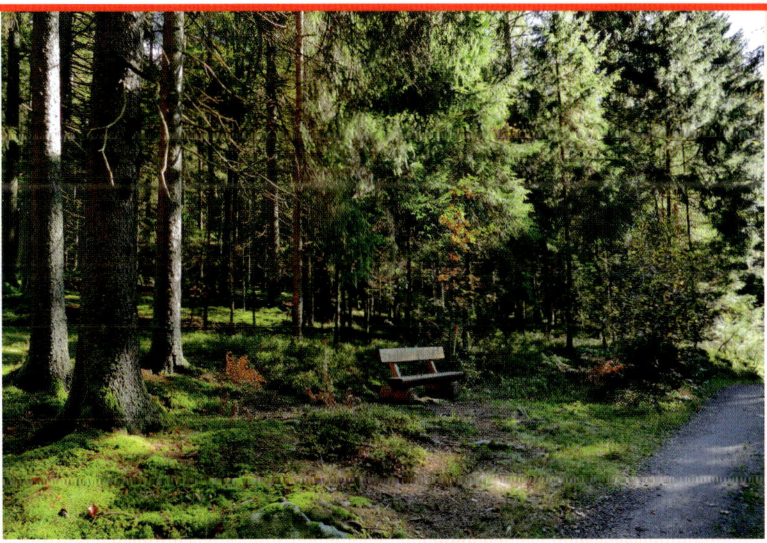

Kurz vor Zell

Von rechts kommt ein Trampelpfad, seine Verlängerung ist ein vergraster Weg links. Schräg geradeaus ist abwärts ein vergraster Weg zu erahnen. Wir folgen dem linken Weg. Der macht nach wenigen Metern eine Rechtskurve und geht in einen steileren, deutlichen und abwärts führenden Weg über. Immer auf diesem Weg nach unten bleiben. Rechts taucht eine Wiese auf. Parallel zu dieser geht es auf dem Waldweg weiter bergab. Aus dem Wald heraus führt der Weg mit einer Linkskurve um ein kleines Funktionsgebäude 6 und trifft auf einen mit der 14 markierten Querweg. Dieser lenkt links bequem durch ruhigen Wald. Aus dem Wald heraus lotsen die 14 und blaue 8 rechts über den Hofwiesenbach zurück nach Zell. An der Kirche vorbei gelangen wir zum Startpunkt.

Blick auf Zell

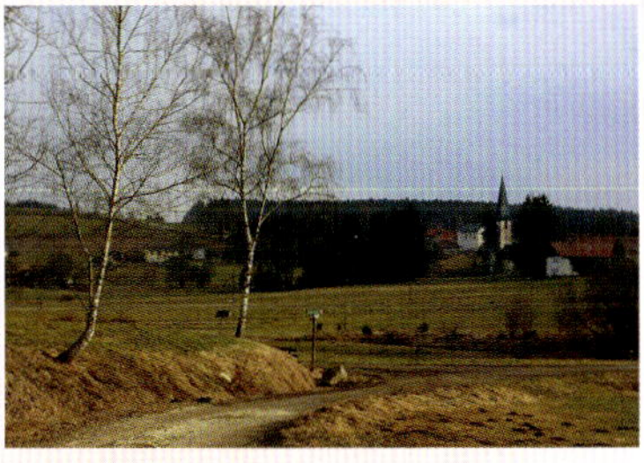

Essen/Einkehren:

Keine Einkehr möglich. Die nächsten Gasthäuser sind in Lalling und Kirchberg im Wald.

Bizarre Felsen am Teufelstisch

Mittel

7,6 km

↓↑ 296 m

2 Std.

Bischofsmais – Fahrnbacher Bach – Teufelstisch – Wastlsäge – Bischofsmais

Ein felsiger Bergkamm mit bizarren, sagenumwobenen Felsformationen, der Teufel höchstpersönlich und Wollsäcke wollen enträtselt werden.

Zusatz-Info:
Im Bereich des felsigen Bergkammes ist Trittsicherheit erforderlich.

Parken:
Großer Wanderparkplatz „Trie" in Bischofsmais. Zwischen Bischofsmais und Unterbreitenau, kurz vor Wastlsäge auf der linken Seite
(Navi: Hauptstraße, 94253 Bischofsmais)

Tourist-Information:
Hauptstraße 34
94253 Bischofsmais
Tel. 09920 9404-44

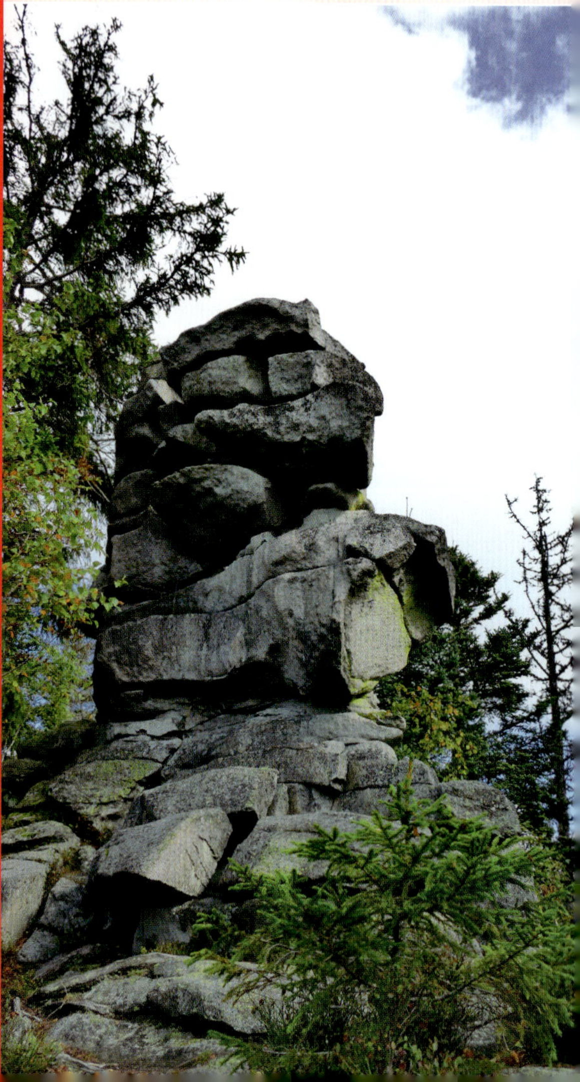

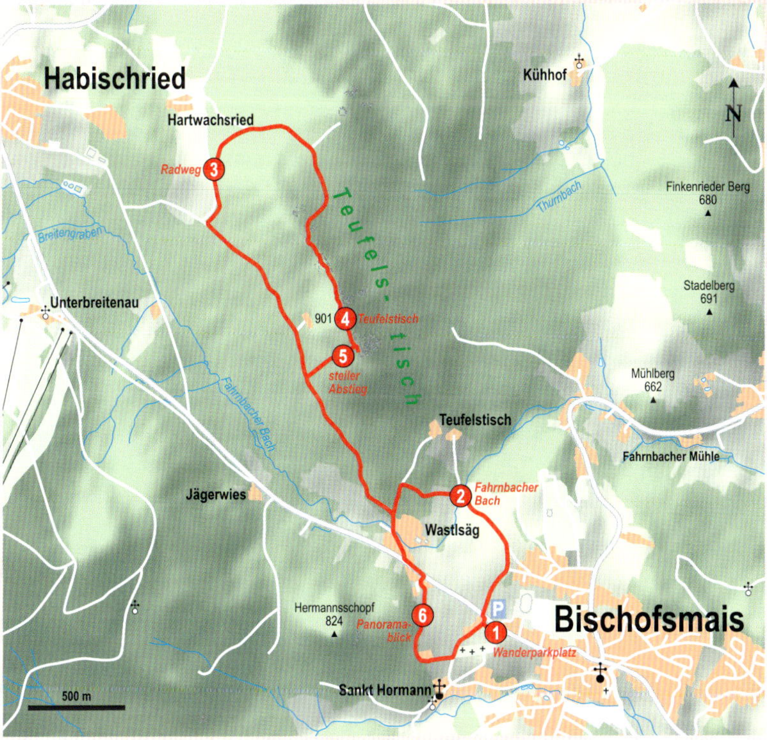

1. Start Bischofsmais / Wanderparkplatz „Trie“
2. Fahrnbacher Bach
3. Abzweigung Radweg
4. Teufelstisch
5. Steiler Abstieg
6. Panoramablick

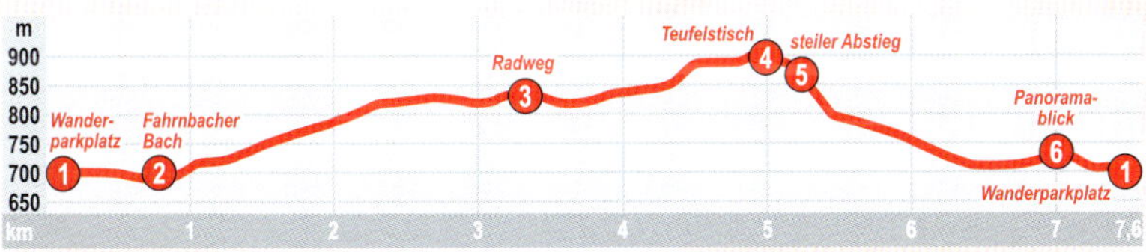

Bei den Wandertafeln am hinteren Ende des Wanderparkplatzes „Trie“ ❶ in Bischofsmais überqueren wir schräg rechts mit dem „Böhmweg“ die Straße. Dann zweigen wir sofort mit Blick auf weite Felder und Wiesen auf den breiten und ebenen Feldweg ab. Dabei orientieren wir uns vorübergehend am „Böhmweg“ und dem Hinweis zur „Burgruine Weißenstein“. Ein Stück nach der Scheune auf der linken Seite kommt eine Rechtskurve. In dieser nehmen wir den unmarkierten Weg links über die Wiesen. Kurz danach treffen wir auf einen Querweg, dem wir links folgen. Anfangs noch eben, führt er kurz danach teilweise an Feldgehölzen und bunten Blumen vorbei hinab zur Brücke über den Fahrnbacher Bach ❷. Wir folgen dem Hinweis zum „Teufelstisch“. Leicht bergauf lotst der Weg am Ende der Wiese wieder in den Wald. Dichtes Moos und Heidelbeersträucher verleihen dem Wald trotz vieler Fichten eine fast märchenhafte Stimmung. Wir steigen bergauf und halten uns an der kleinen asphaltierten Waldstraße, die von einer satt-grünen Krautschicht gesäumt ist, links. Nach 150 m biegt die 3 rechts nach Habischried ab. Der kleine Wirtschaftsweg steigt gemächlich an und wird später flach. Alle Abzweigungen zum Teufelstisch lassen wir dabei rechts liegen, folgen immer dem bequemen Hauptweg mit der 3 Richtung Habischried und Unterbreitenau. Eine Waldumbaufläche erlaubt den Blick auf den Geißkopf. Der ebene Weg gabelt sich in zwei größere, wo wir den linken, deutlicheren nehmen. Die Markierung fehlt. Weiter vorne

Am Fahrnbacher Bach

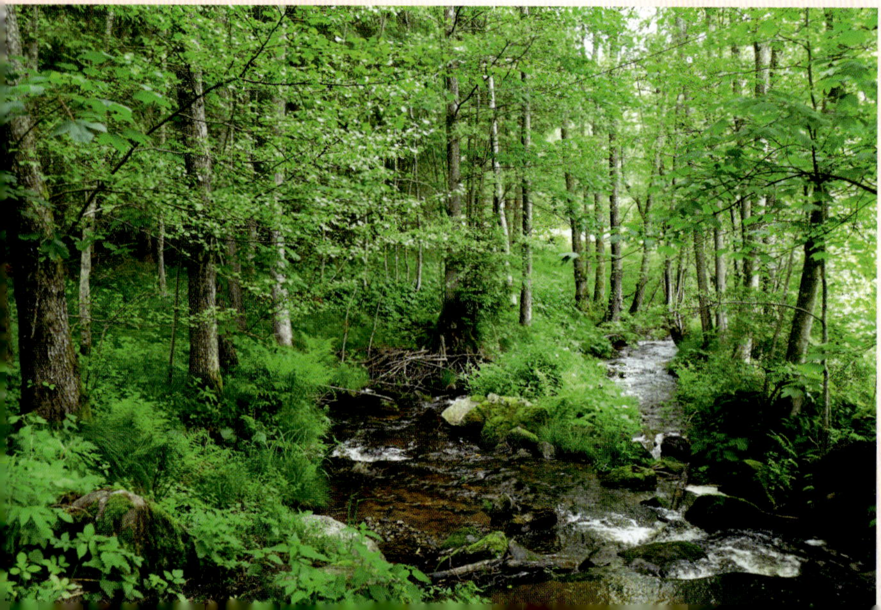

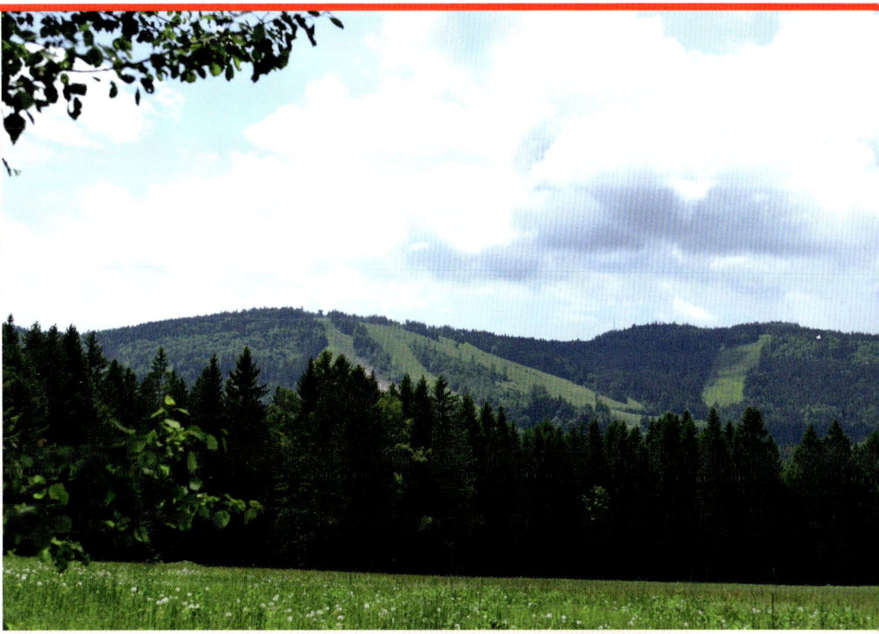

Blick auf den Geißkopf

steht rechts eine Mariensäule. Schließlich gelangen wir an den Waldrand bei einer Wiese. Kurz vorher zweigt im Wald die Markierung Richtung Hartwachsried rechts ab, der wir durch den Wald folgen. Ein paar Meter geht es parallel zur Straße und dann gabelt sich der Weg. Hier halten wir uns an den rechten, unscheinbaren und leicht ansteigenden Weg, der dann später mit einer Linkskurve auf einen Querweg trifft. Hier links gehen. Fast eben gelangen wir auf die kleine asphaltierte Straße am Waldrand mit Blick auf den Geißkopf. Wir wenden uns auf Asphalt rechts. Nach wenigen Metern, an dem Punkt, an dem das kleine Sträßlein wieder abwärts führt (links ist eine Böschung), zweigen wir rechts in den mit einem Radweg ❸ markierten Weg in den Wald hinein ab. Die Markierung ist etwas versteckt im Wald befestigt. Der Weg steigt wenige Meter leicht an und fällt dann leicht ab. An einer Weggabelung zeigt uns der Mountainbike-Trail (bunte Kettenglieder), dass es auf fast ebenem Weg rechts weitergeht. Kurz darauf biegen wir rechts auf eine Forststraße ab. Nach 300 m verlassen wir in einer scharfen Linkskurve die Forststraße, zweigen mit dem Radweg rechts und dann gleich links ab! Noch ein paar Meter weiter folgt eine weitere Weggabel. Hier nehmen wir den rechten Weg mit dem Hinweis zum „Teufelstisch“. Später gesellt sich noch die grüne 6 dazu. Der nächste Abschnitt ist mit seinem vermoosten Wald und den mit Flechten behangenen Bäumen

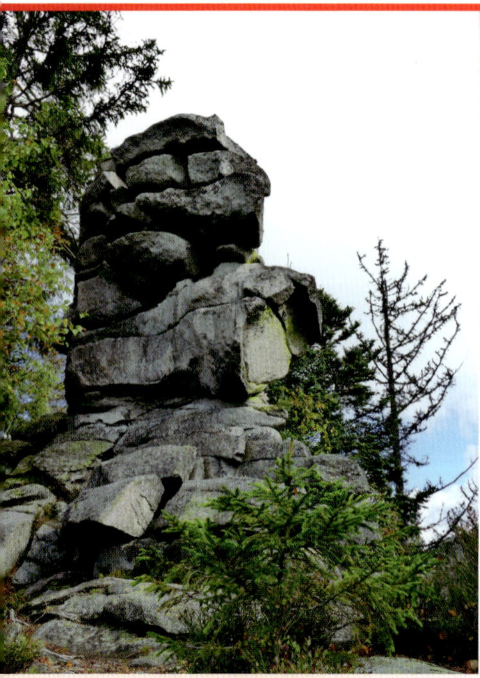

Bizarre Felsen

sehr schön. Der bequeme Weg wird steil. An einer unscheinbaren Abzweigung am Hang lotst die 6 links (die Markierung ist links hoch oben an einem Baum befestigt) auf einen steinigen Steig, der zum Kamm hinaufführt. Die grüne 6 und rote 3 leiten über die Felsen nach links. Ein märchenhafter Pfad schlängelt sich längere Zeit über große und kleine Felsblöcke, erfordert etwas Trittsicherheit. Zwischen Heidelbeersträuchern tauchen immer wieder wunderschöne Wollsackverwitterungen auf. Die Felsen heißen so, weil sie wie gestapelte Wollsäcke aussehen. Manchmal muss man sich aus den vielen Trampelpfaden den richtigen suchen. Immer weiter geht es auf dem Kamm durch das eindrucksvolle, felsige Gelände. Ein besonders imposanter „Wollsack" heißt „Teufelstisch" 4. Das dazugehörige Schild informiert über die Entstehung von Wollsäcken

Wollsäcke

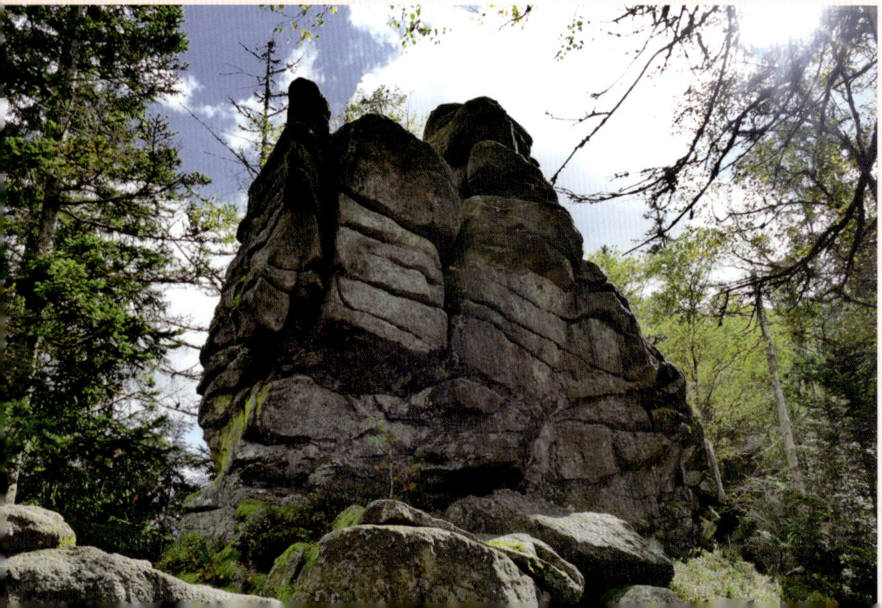

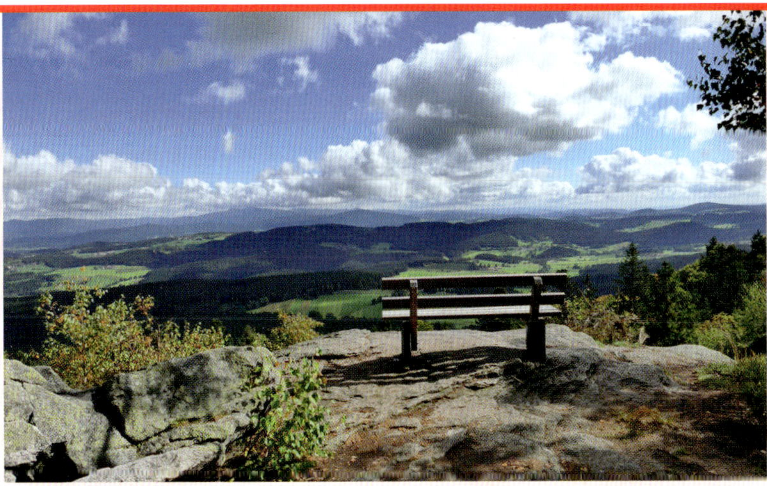

Blick vom Teufelstisch

und wie der Berg zu seinem Namen kam. Eine Sage darf natürlich auch nicht fehlen. Der Pfad führt weiter durch die grandiose Felsenlandschaft und dann geradeaus zu einem lohnenden Abstecher mit Aussichtsplattform. Auf der Felsplatte genießen wir einen weiten Blick über die Region bis zu den Bergen des Inneren Bayerischen Waldes. Links sehen wir den Arber, in der Mitte den Doppelgipfel des Rachel, davor die Burgruine Weißenstein. Wir gehen ein paar Meter zurück und folgen der 3 auf einem steilen und steinigen Pfad 5 bergab. Unten leitet die 3 links bequem auf den Weg, den wir schon vom Hinweg kennen. Später geht es rechts nach Bischofsmais-Wastlsage und am Hotel vorbei zur Hauptstraße, wo wir uns links halten. Kurz danach steht auf der rechten Straßenseite ein Mehrparteienwohnhaus. Auf Höhe von dessen hinterem Ende lotsen Wanderwegmarkierungen rechts über die Straße Richtung „Wallfahrtsstätte St. Hermann". Die Bezeichnungen sind nur von der Gegenseite zu sehen. Wir überqueren die Straße und biegen wenige Meter danach links Richtung Wallfahrtsstätte ab. Der kleine, anheimelnde Weg lenkt um ein altes Haus, schlängelt sich aussichtsreich mal am Waldrand, mal im Wald zu einem herrlichen Panoramablick 6 über Bischofsmais. Die Aussicht reicht vom Brotjacklriegel über den Rachel bis zum Falkenstein. Beim Haus am Waldrand bleiben wir auf dessen Zufahrtsstraße, gehen leicht bergab bis zur T-Kreuzung beim Friedhof und halten uns links. Durch einen Hohlweg gelangen wir wieder zum Parkplatz.

Essen/Einkehren:

Keine Einkehr möglich. Die nächsten Gasthäuser sind in Bischofsmais.

Über das Landshuter Haus zum Geißkopf

Mittel

9,9 km

↓↑ 396 m

3½ Std.

Bischofsmais – Landshuter Haus – Geißkopf – Landshuter Haus – Wastlsäge – Bischofsmais

Über mehrere reizvolle Brücken geht es zum idyllisch gelegenen Landshuter Haus. Anschließend begeistern ein „zauberhafter" Wald mit skurrilen Gestalten und ein Aussichtsturm.

Zusatz-Info:
Der Aufstieg zum Landshuter Haus ist in kurzen Abschnitten sehr steil.

Parken:
Wanderparkplatz „Trie" in Bischofsmais. Zwischen Bischofsmais und Unterbreitenau auf der linken Seite (Navi: Hauptstr., 94253 Bischofsmais)

Tourist-Information:
Hauptstraße 34
94253 Bischofsmais
Tel. 09920 9404-44

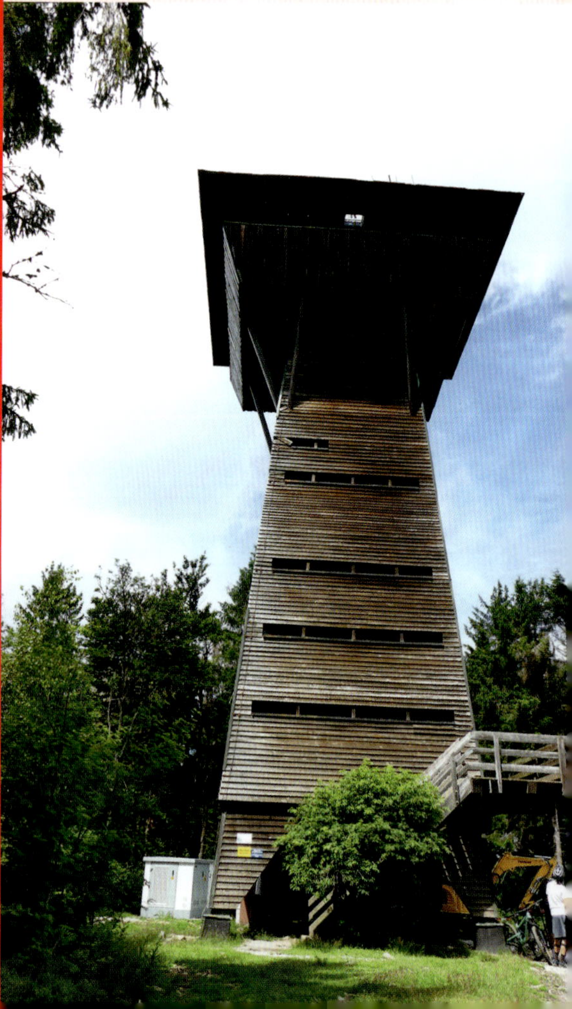

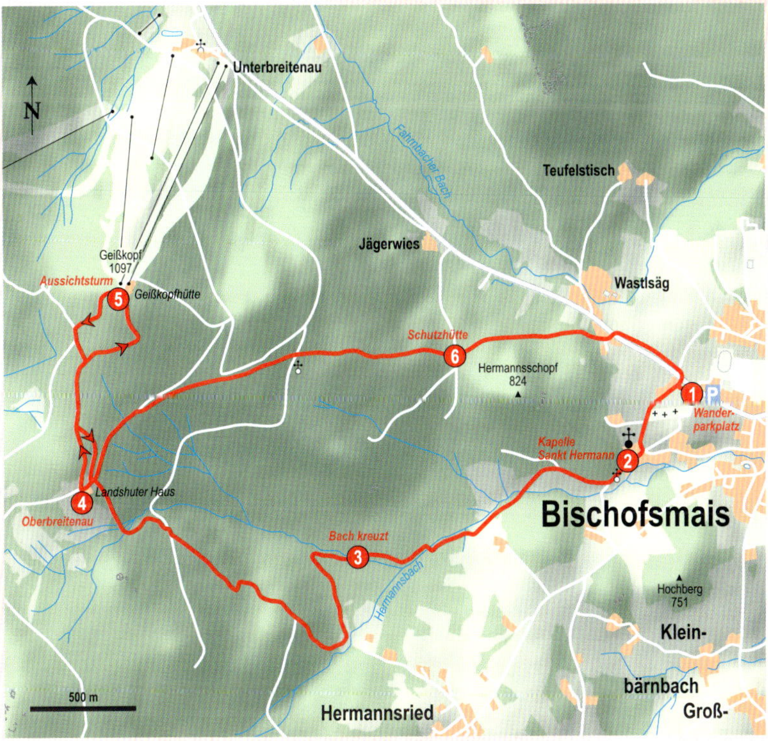

1 Start Bischofsmais / Wanderparkplatz „Trie“

2 Wallfahrtskirche St. Hermann

3 Bach überqueren

4 Oberbreitenau

5 Geißkopf / Aussichtsturm

6 Schutzhütte

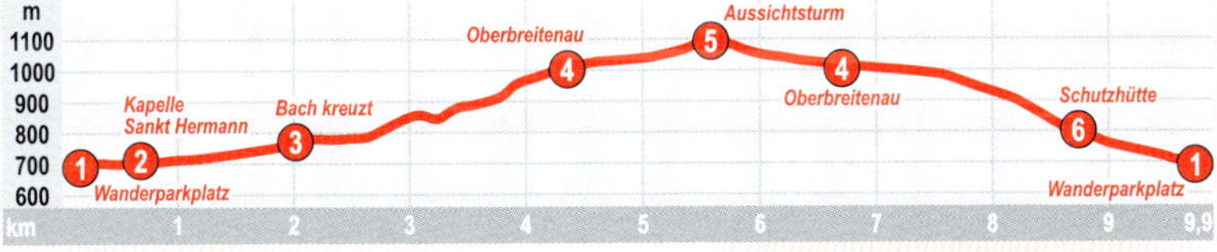

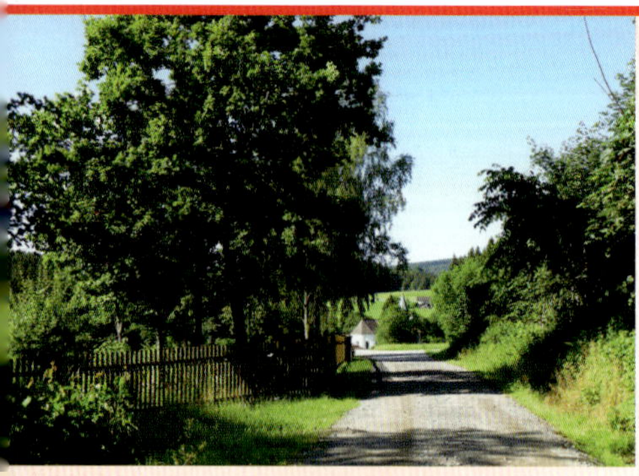

Auf dem Weg zur Kapelle St. Hermann

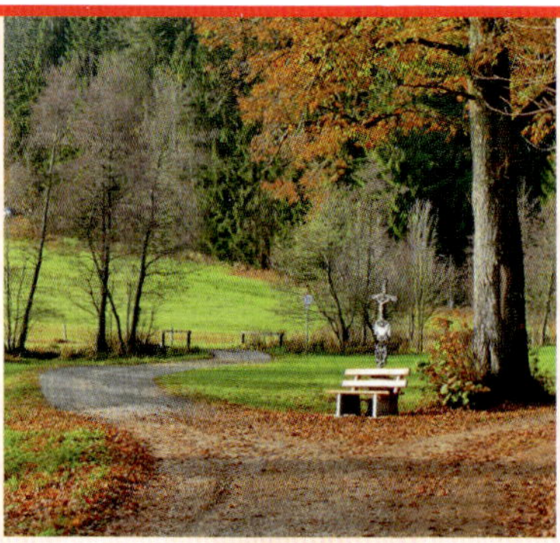

Hinter St. Hermann

Die Wanderung beginnt in Bischofsmais am Wanderparkplatz ❶ „Trie". Vor den Infotafeln folgen wir den Hinweisen „Wallfahrtsstätte St. Hermann" und Mountain-Bike-Trail (in weiteren Text mit MBT abgekürzt) links durch einen Hohlweg. Bei der Scheune biegt die grüne 13 Richtung Oberbreitenau rechts zur malerischen Kapelle St. Hermann ❷ ab. An der nächsten Weggabel mit Wegkreuz und Rastbank leiten die grüne 13 und der MTB geradeaus am Waldrand entlang. An der nächsten Y-Weggabel verlassen wir den Wanderweg zum Geißkopf, der auf eine stärker ansteigende Forststraße lotsen würde. Wir bleiben im Tal, nehmen den ebenen, linken Weg, der mit MBT beschildert

Kapelle St. Hermann

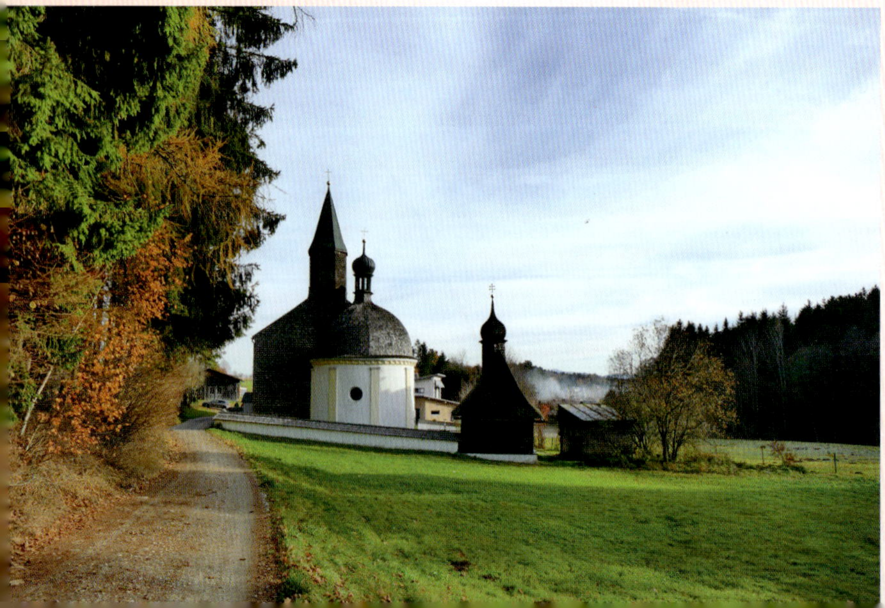

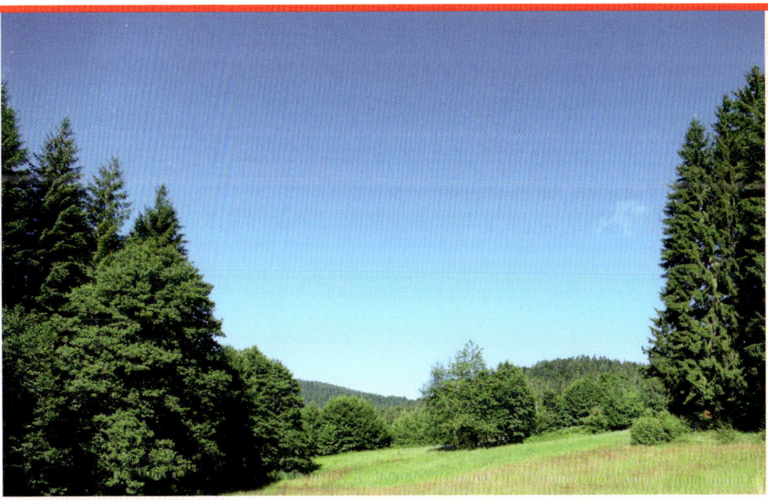

Tal beim Hermannsbach

ist. Er lenkt kurz durch Wald, wechselt dann auf einem ruhigen Wiesenweg auf die andere Talseite und quert den munter plätschernden Hermannsbach. Gleich danach steigt der Weg zunächst leicht an. Wenige Meter weiter halten wir uns rechts, folgen dem MBT geradeaus und ignorieren Abzweigungen. Über eine Wiese, von der links oben ein Hof zu sehen ist, geht es wieder in den Wald. Wir bleiben auf dem deutlich befestigten Weg und wandern gemütlich durch grünen, mit Moos bedeckten Fichtenwald. Die links abzweigenden Wege ignorieren wir. Der MBT schwenkt rechts über einen Bach und zweigt unmittelbar danach links ab. Leicht ansteigend mündet er in einen kleinen Hohlweg.

Hermannsbach

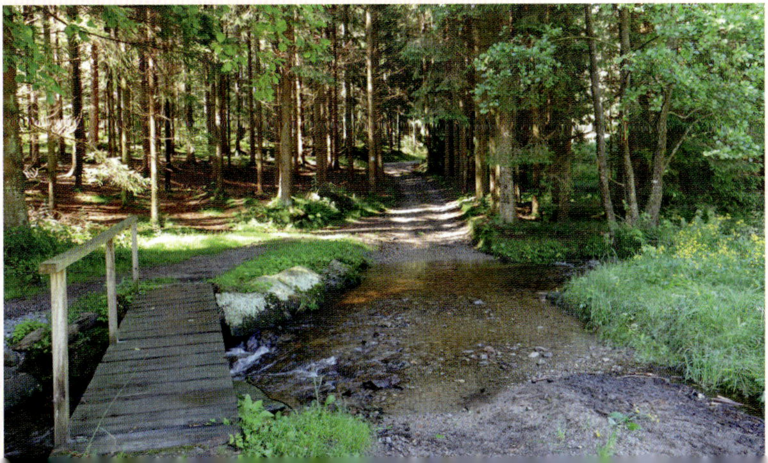

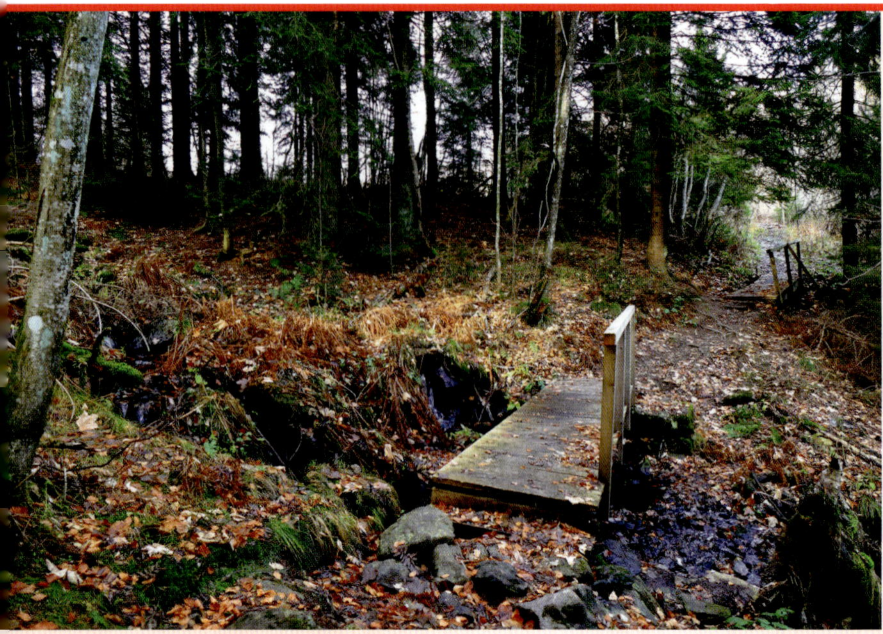

Brücken beim Hangmoor

Der Bach fließt nun links von uns. Immer auf dem Weg in der Nähe des gurgelnden Baches bleiben. Das heißt, an Weggabeln den linken Weg nehmen. Dann müssen wir über den Bach ❸. Das kann bei Nässe etwas kniffelig sein. Entweder wir nehmen den schmalen Steg (bei Nässe rutschig!) oder gehen direkt durch das Wasser. Nach dem Hohlweg halten wir uns weiter ansteigend an den MBT. Er stößt an eine T-Kreuzung, wo er links auf den ebenen Weg abzweigt und durch Mischwald geradeaus zu einer T-Kreuzung leitet. Hier wenden wir uns mit der grünen 10 rechts Richtung Oberbreitenau und Geißkopf. Sie begleitet uns jetzt bis zum Landshuter Haus. Teilweise steinig und steil führt sie durch Mischwald den Berg hinauf, geradeaus über eine Wendeplatte, dann ein Stück auf einem ebenen Waldweg weiter. Später zieht die 10 auf einer Forststraße bergauf und kreuzt eine Wanderwegkreuzung. Dann leitet ein schöner Pfad durch herrlichen Mischwald mit raschelndem Laub unter den Füßen steil nach oben. Über meh-

Am Hangmoor

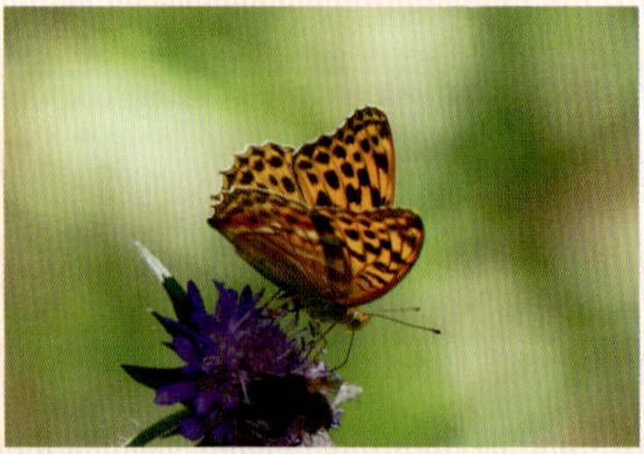

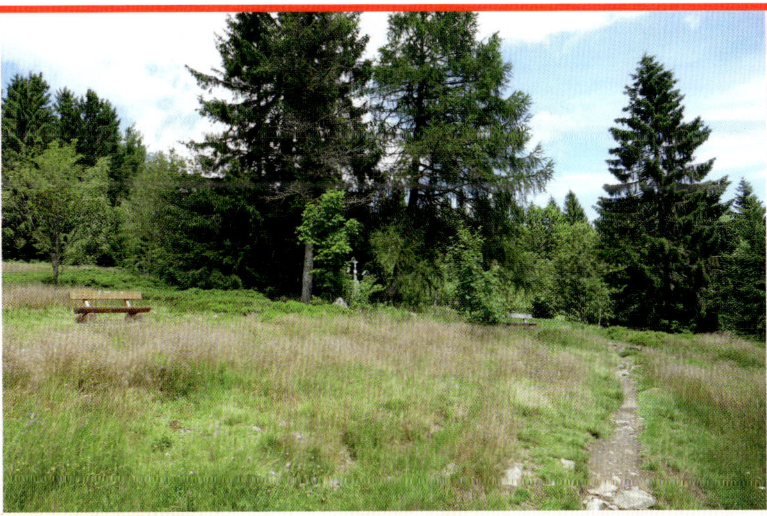

Pfad in den Zauberwald

rere Brücken geht es am Hangmoor mit plätscherndem Wasser entlang zu einer Forststraße.

Hier biegen wir links zum Landshuter Haus auf der Oberbreitenau 4 ab. Es ist erstaunlich: Wir befinden uns auf 1018 m ü. NN und noch bis Mitte des letzten Jahrhunderts lebten in dieser abgeschiedenen Gegend Bauern.

Von der Terrasse des Gasthofes hat man einen schönen Ausblick. Dann gehen wir wieder zur Forststraße zurück, suchen oberhalb des Landshuter Hauses die Markierungen und orientieren uns an den Hinweisen Richtung Geißkopf und Zachenberg rechts. An Totenbrettern und Rastbänken vorbei und zwischen Heidelbeersträuchern hindurch wandern wir fast eben in den Fichtenwald hinein. In diesem herrscht eine seltsame, zauberhafte Atmosphäre. Mit den skurrilen Bäumen und Holzfiguren fühlt man sich wie im Märchenwald. Die Hinweise zum Geißkopf und zur Geißkopfhütte lenken auf einen Steine- und Wurzelweg. Dann biegen wir vor einer Naturverjüngungsfläche links zum Geißkopf mit Aussichtsturm 5 ab. Nach

Aussichtsturm auf dem Geißkopf

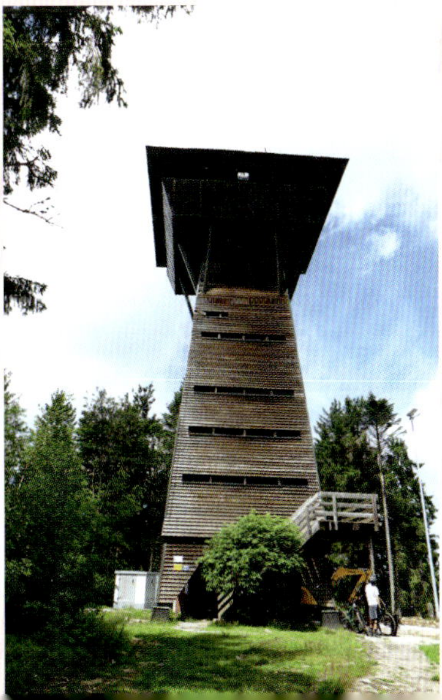

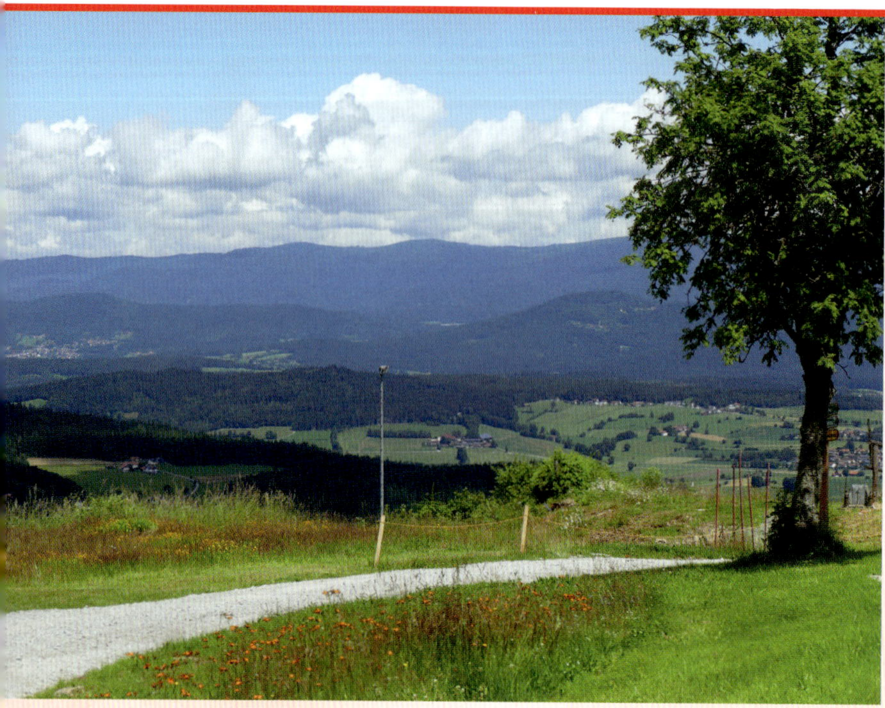

Blick vom Geißkopf

diesem folgen wir links dem Hinweis zur Oberbreitenau und zum Landshuter Haus in den Wald. Leicht bergab geht es zum tiefer liegenden Gipfel, der als solcher kaum erkennbar ist. Ab jetzt orientieren wir uns auch an der roten 4. Der steinige Weg setzt sich zwischen Fichten und Lärchen abwärts fort. An der Forststraße marschieren wir mit der 4 links, biegen 50 m danach links auf einen ebenen Waldweg ab. An der nächsten Abzweigung halten wir uns rechts und befinden uns wieder auf dem Weg, den wir vorhin schon in die Gegenrichtung gegangen sind. Rechts taucht wieder der Rastplatz mit dem Bär und dem Schwarzstorch (übrigens ein Waldbewohner) auf und nach 50 m kommt eine Kreuzung. Hier biegen wir ohne Markierung links ab. Der vergraste Weg führt zur Forststraße beim Landshuter Haus, auf der wir links abzweigen. Nun folgen wir bis Bischofsmais der Markierung grüne 12 Richtung Wastlsäge / Bischofsmais. Nach 400 m auf der Forststraße zweigt die 12 rechts auf einen kleineren, flachen Weg ab und passiert eine Rastbank mit Totenbrettern. Dort, wo an einer unscheinbaren Weggabel in der Mitte ein Radzeichen hängt, zweigt die 12 erneut rechts ab. Das kann man übersehen. Der mit viel Laub bedeckte, abwärts führende schmale Weg mündet in einen steinigen Hohlweg und kreuzt später eine Forststraße. (Hier ist rechts ein Abstecher zur Degenhardtkapelle möglich. Sie blitzt bereits zwischen den Bäumen hervor.) Wir setzen die Wanderung auf dem Wurzelweg abwärts fort. Der sehr naturnahe Weg wird steiniger und steiler, dann flacher und überquert bei einer Schutzhütte 6 erneut eine Forststraße. Nun wandern wir auf einem schmalen, nur mehr leicht abfallenden Weg. Immer dem „Hauptweg" folgen. In Wastlsäge überqueren wir die Straße und gehen rechts auf dem Bürgersteig in 300 m zum Start zurück.

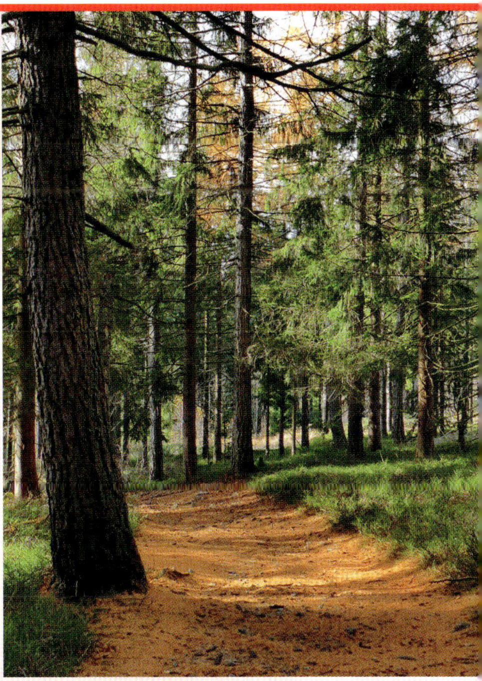

Lärchen im Herbst auf dem Geißkopf

Essen/Einkehren:

Berggasthof Landshuter Haus
Oberbreitenau 1
94253 Bischofsmais
Tel. 09920 255
Öffnungszeiten: Auf Anfrage

Geißkopfhütte
Oberbreitenau 2
94253 Bischofsmais
Tel. 09920 336
Öffnungszeiten: Auf Anfrage

Mann mit Hut im Zauberwald

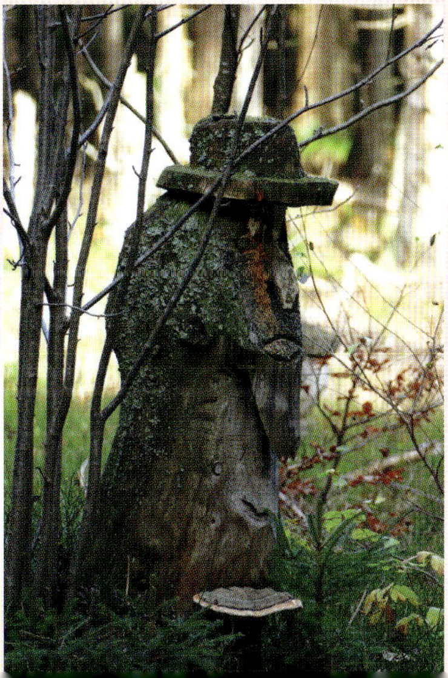

Hochmoor und verlassenes Dorf auf der Oberbreitenau

Leicht

10,5 km

↓↑ 225 m

3 Std.

Oberfrohnreut – Hölzerne Hand – Oberbreitenau – Breitenauer Riegel – Oberfrohnreut

Auf dieser gemütlichen Runde durchstreifen wir viel Wald, ein stimmungsvolles Hochmoor und Reste von verlassenen Häusern.

Zusatz-Info:
Überwiegend Waldwege und Pfade. Beim Abstieg nach der Bergwachthütte sehr steiniger Abschnitt.

Parken:
Wanderparkplatz in Oberfrohnreut beim Kneippbecken (Navi: Oberfrohnreut, 94469 Deggendorf)

Tourist-Information:
Oberer Stadtplatz 1
94469 Deggendorf
Tel. 0991 2960535

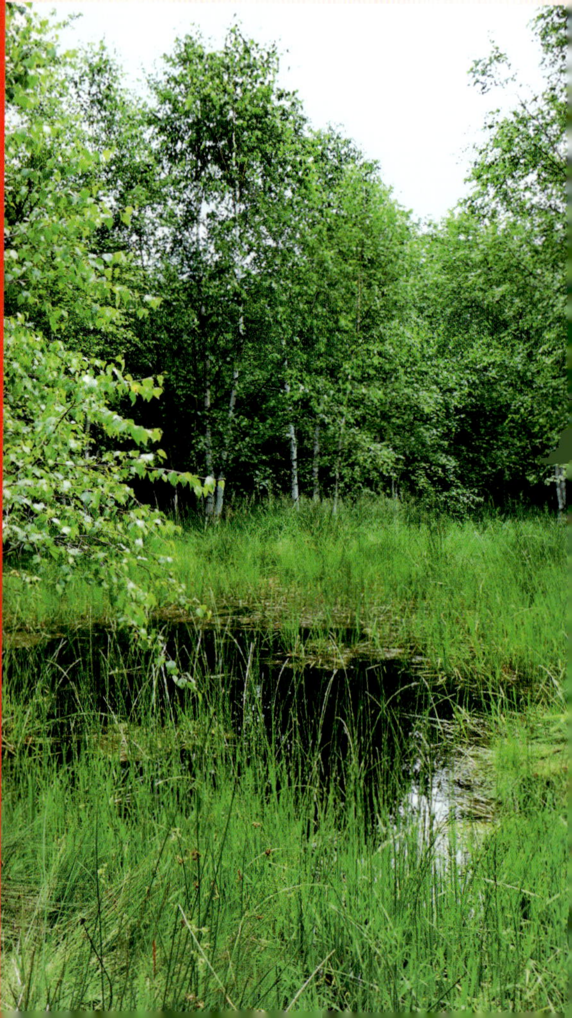

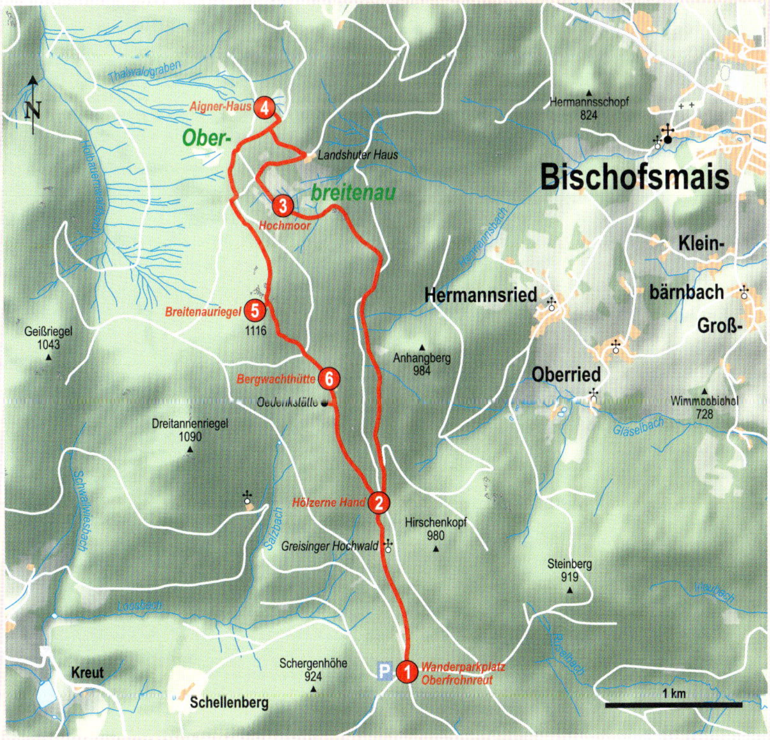

1 Start Oberfrohnreuth / Wanderparkplatz

2 Hölzerne Hand

3 Hochmoor auf der Oberbreitenau

4 Aigner-Haus

5 Breitenauer Riegel

6 Bergwachthütte

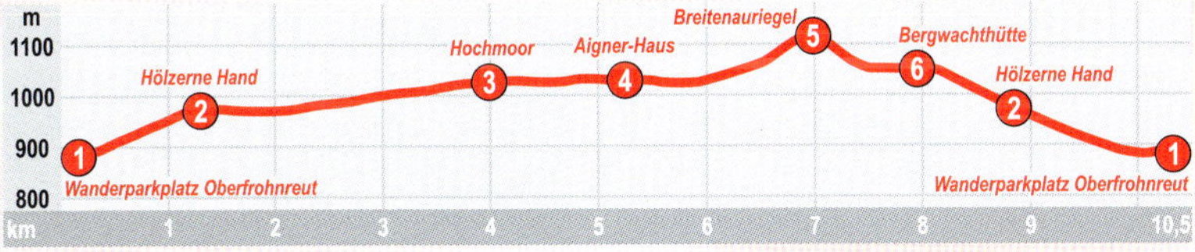

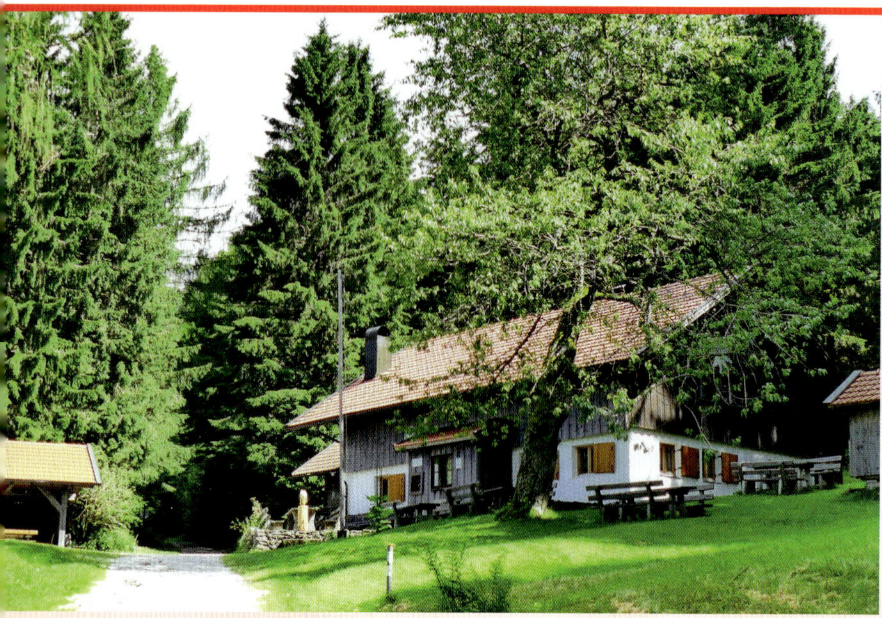

Hochwaldhütte

In Oberfrohnreut ❶ folgen wir der roten eckigen 2 Richtung „Hölzerne Hand“ und „Oberbreitenau“, wandern am Kneippbecken vorbei. Ein paar Meter weiter lenken die Markierungen rechts. Langsam ansteigend geht es zur Hochwaldhütte, dann zur „Hölzernen Hand“ ❷ und zu einer Wegspinne an der Forststraße. Auf dieser gehen wir wenige Meter links, dann zwischen Goldsteig auf der linken Seite und Rastplatz-Pilz auf der rechten Seite ohne Markierung auf der Forststraße geradeaus. (Nicht dem Goldsteig folgen!) Nach 70 m zweigt links ein Waldweg mit dem Hinweis „Oberbreitenau / Landshuter Haus“ ab. Der ebene Weg verläuft anfangs noch parallel zur Forststraße, schwenkt aber bald von ihr weg. Er lotst fast immer auf gleicher Höhe am Hang entlang durch schönen Mischwald. Später taucht rechts unten zwischen den Bäumen eine Hütte auf. Wir bleiben auf dem bisherigen

Wegimpressionen

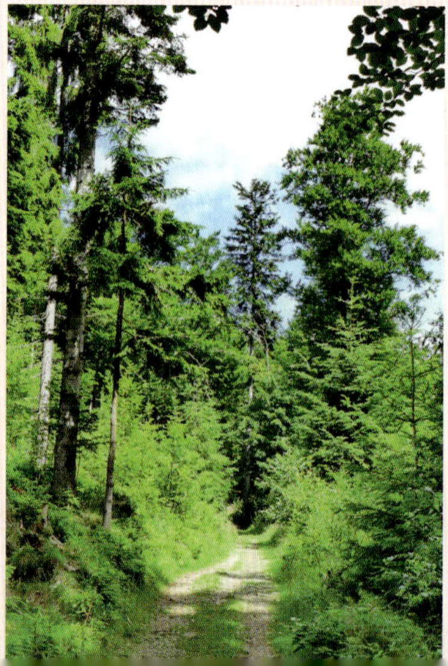

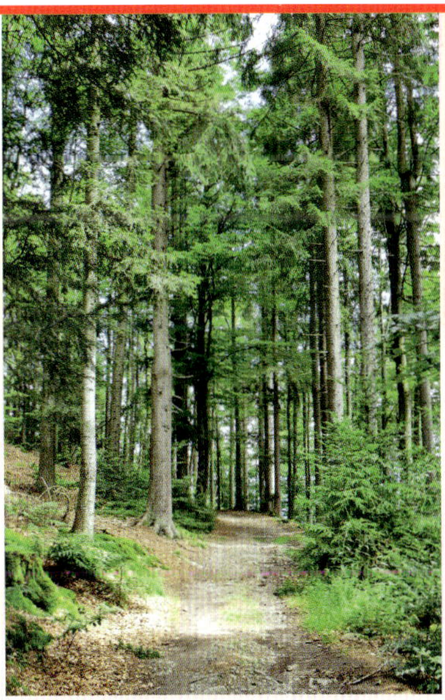

Auf dem Weg zum Moor

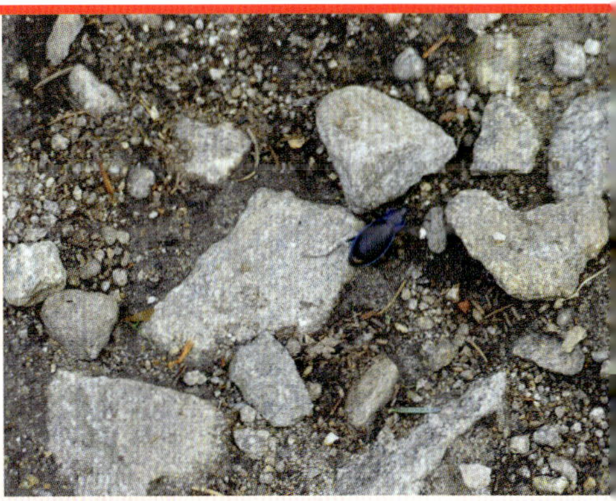

Laufkäfer

Weg, der geradeaus Richtung Oberbreitenau leitet. An einer T-Kreuzung zweigen wir rechts ab, folgen jetzt auch dem Goldsteig. Der naturnahe, zum Teil steinige Weg zieht durch Mischwald mit Brombeerranken und viel grünem Unterwuchs zum Naturdenkmal „Hochmoor auf der Oberbreitenau“ ❸. Wir streifen Mooraugen, und zur passenden Jahreszeit sind die weißen Büschel der Wollgräser zu sehen. Danach lenkt an der Forststra-

Rest eines Moorauges

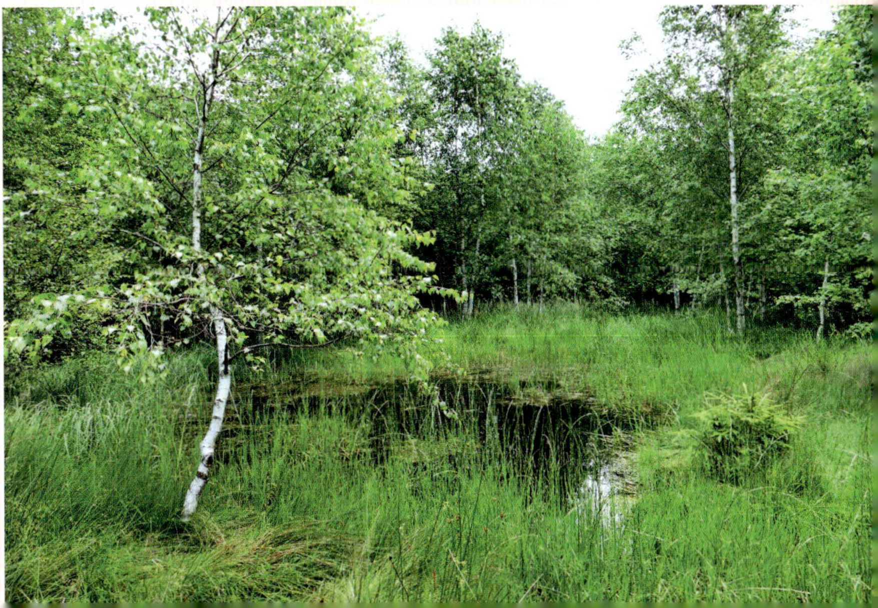

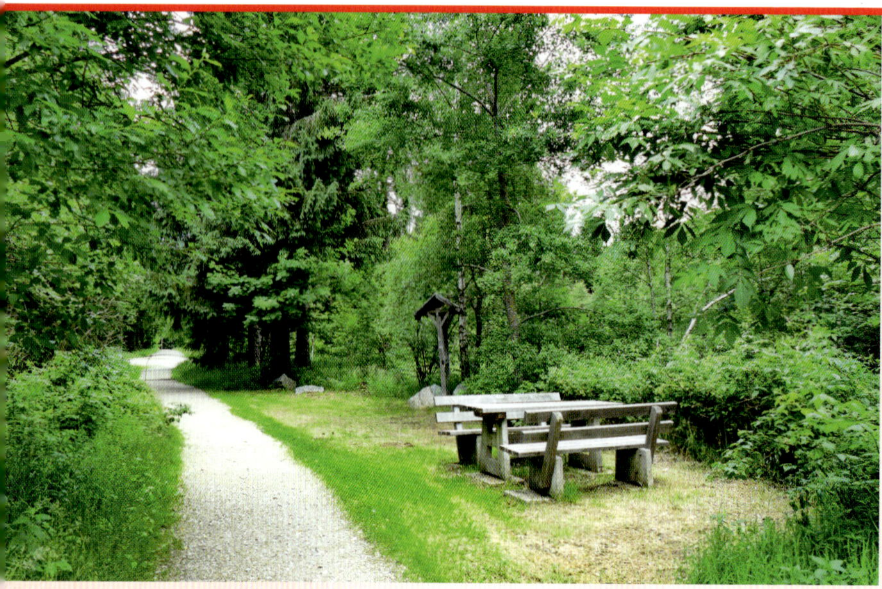

Rastplatz am Moor

ßenkreuzung die rote 2 rechts Richtung Oberbreitenau (auch Richtung Wühnried). Wir passieren die Grundmauern der verlassenen Häuser, von wo der Blick über das Hochmoor auf den Brotjacklriegel fällt. Daran schließt der Berggasthof Landshuter Haus an. Oberhalb davon biegen wir links mit dem Goldsteig und dem grünen Dreieck nach Gotteszell-Bahnhof ab. Ein Wiesenweg lotst wieder in den Wald. Der vergraste Waldweg stößt auf eine weitere Forststraße. Hier verlassen wir die bisherigen Markierungen

Oberbreitenau

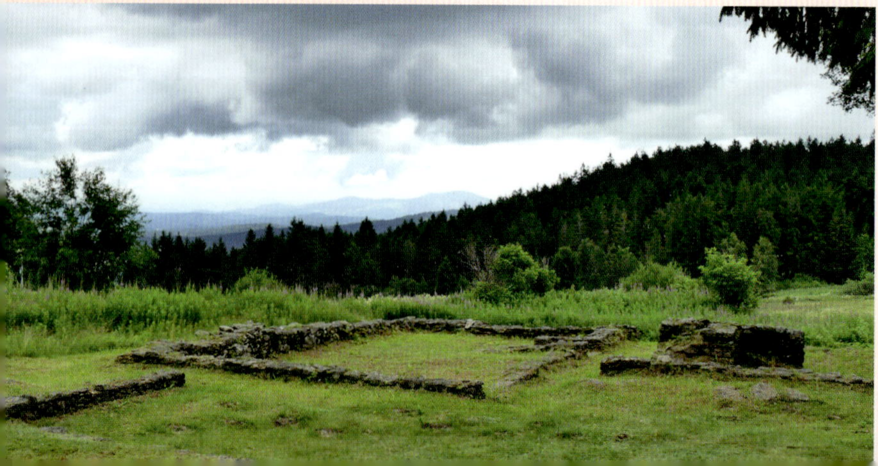

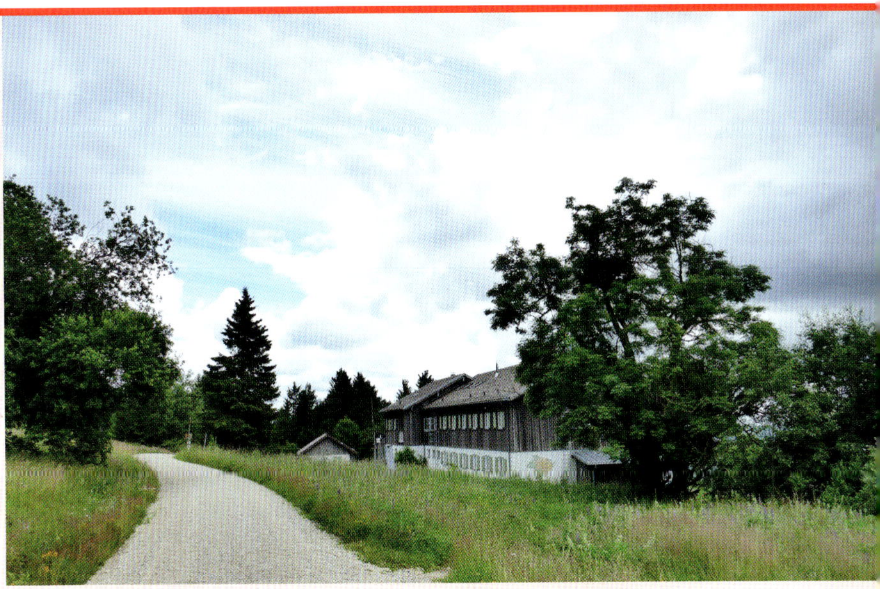

Landshuter Haus

und folgen rechts dem „Rundweg um den Geißkopf" auf der Forststraße. Nach 70 m biegt links ein fast zugewachsener Pfad zum „Aigner-Haus" 4 ab. Die versteckt liegenden Grundmauern der Häuser und eine Kapelle mitten im Wald sind sehenswert. Wir gehen zur Forststraße zurück, biegen rechts auf diese ab. Sie stößt auf eine weitere Forststraße, die von rechts dazukommt. Wir halten uns links. 80 m nach dieser Abzweigung, in der deutlichen Linkskurve, zweigen wir rechts auf den unmarkierten, breiten und

Verlassenes Haus mit Kapelle

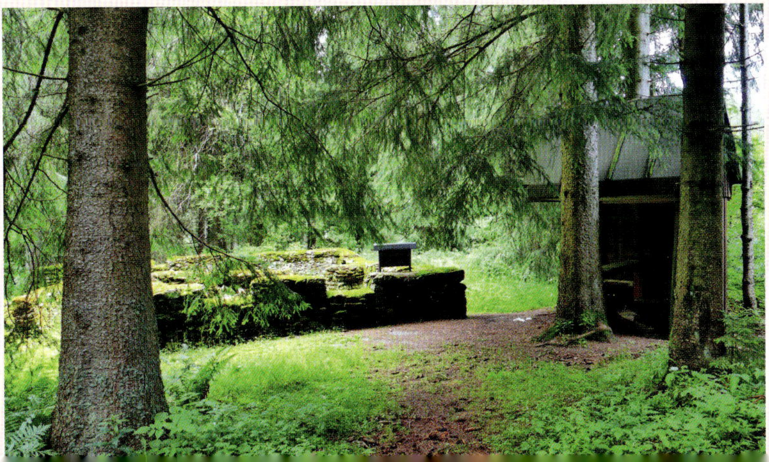

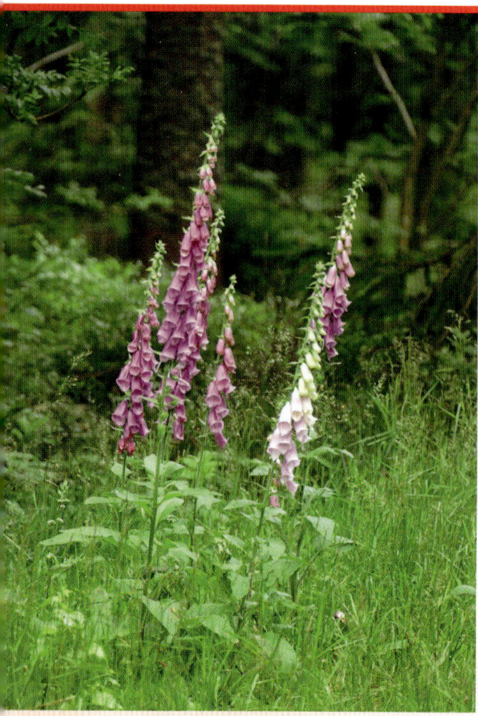

vergrasten Waldwirtschaftsweg ab. Er fällt zunächst minimal ab und macht dann eine Linkskurve. Dieser Weg bringt uns nach gut 400 m an eine große Forststraße. Die rote 3 und das grüne Dreieck lenken uns rechts, wenige Meter später zweigen wir links Richtung „Ruselabsatz“ und „Breitenauer Riegel“ ab. Zuerst auf vergrastem Weg, dann auf einem Wurzelweg geht es zum Gipfel des Breitenauer Riegel 5 hinauf, einer Felsgruppe mit kleiner Aussicht. Nach dem Gipfel weiter dem nun zum Teil steinigen Weg folgen. Er führt abwärts, trifft auf eine Forststraße, auf der wir rechts und an der nächsten Forststraße mit dem grünen Dreieck Richtung „Hölzerne Hand und Ruselabsatz“ und der Beschilderung zur Alpenvereinshütte links abbiegen. Auf der Hochebene führt der

Fingerhut ↑

↓ Gedenkstätte

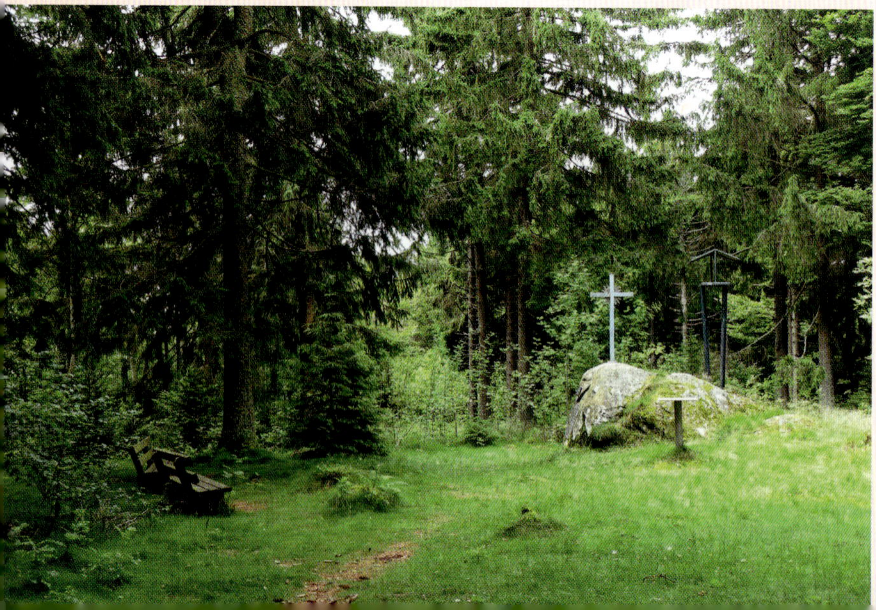

bequeme Weg an der idyllisch auf einer kleinen Lichtung gelegenen Bergwachthütte 6 vorbei, streift mit einem Abstecher eine Gedenkstätte. Dann geht es auf einem steinigen Weglein bergab, wo wir an der Weggabel rechts den kleinen Hohlweg nehmen (der linke Weg ist ebenfalls möglich). Sehr steinig geht es weiter bis zu einer Weggabel bei der Tafel „Wasserschutzgebiet". Wir nehmen den rechten, fast zugewachsenen Pfad und stoßen kurz danach wieder auf den Weg bei der Hölzernen Hand 2. Hier wenden wir uns rechts, gehen auf dem vom Herweg bekannten Weg abwärts zurück. Dabei passieren wir wieder die Alpenvereinshütte mit der Kapelle. Immer geradeaus bringt uns der Weg zurück zum Parkplatz in Oberfrohnreut.

Essen/Einkehren:

Berggasthof Landshuter Haus
Oberbreitenau 1
94253 Bischofsmais
Tel. 09920 255
Öffnungszeiten:
Dienstag bis Sonntag 10–17 Uhr

Hochwaldhütte
Oberfrohnreut
94469 Deggendorf
Tel. 09920 180997 (nur Wochenende)
Öffnungszeiten:
Wochenenden Jan.–März, Mai–Okt.

Kapelle bei der Hochwaldhütte

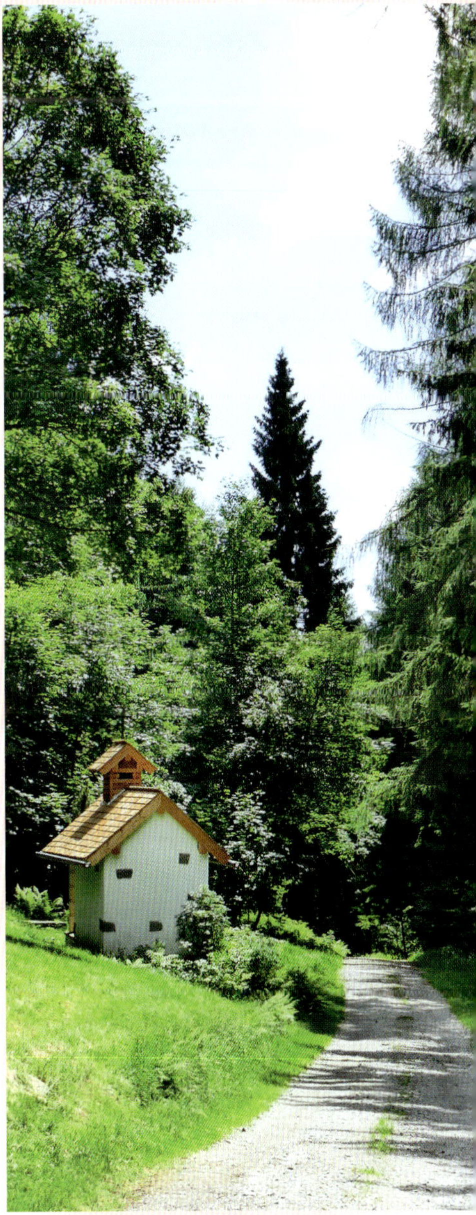

Impressum

Über die Autorin:
Sonja Berndl, geb. 1965, ist eine waschechte „Waidlerin“ und lebt im Bayerischen Wald. Sie ist Diplom-Sozialpädagogin (FH) und geht gerne wandern. Von ihr stammt auch der Wanderführer „Lallinger Winkel und Sonnenwald“. Noch mehr über sie gibt es auf ihrer Webseite: www.bayerischer-wald-wandern-blog.de

Kartographie:
Kartographie Muggenthaler, Heinz Muggenthaler, Stadtplatz 19, 94209 Regen

Bildnachweis:
Alle Fotos stammen von Sonja Berndl, außer das Porträt Seite 2, Seite 64, Seite 67 unten und Seite 125: Dr. Peter Schloth. Hintergrund: Bastetamon, fotolia.com; Wanderschuh: VRD, fotolia.com

Haftungsausschluss:
Alle Wanderungen in diesem Wanderführer wurden nach bestem Wissen sorgfältig recherchiert und geprüft. Die Benutzung dieses Buches erfolgt auf eigene Gefahr. Soweit gesetzlich zulässig, wird für Schäden und die Richtigkeit der Angaben keine Haftung übernommen.

Bibliografische Information der Deutschen Nationalbibliothek

Die Deutsche Nationalbibliothek verzeichnet diese Publikation in der Deutschen Nationalbibliografie; detaillierte bibliografische Daten sind im Internet über http://dnb.dnb.de abrufbar.
ISBN 978-3-95587-783-5

FSC www.fsc.org
MIX
Papier aus verantwortungsvollen Quellen
FSC® C014138

Für uns, die Battenberg Gietl Verlag GmbH mit all ihren Imprint-Verlagen, ist Nachhaltigkeit ein wichtiger Teil unserer Unternehmensphilosophie. Daher achten wir bei allen unseren Produkten auf den Einsatz umweltschonender Ressourcen und Materialien.
Dieses Buch wurde auf FSC®-zertifiziertem Papier gedruckt. FSC (Forest Stewardship Council®) ist eine nicht staatliche, gemeinnützige Organisation, die sich für die verantwortungsvolle und ökologische Nutzung der Wälder unserer Erde einsetzt.

Unsere Partnerdruckerei kann zudem für den gesamten Herstellungsprozess nachfolgende Zertifikate vorweisen:
- Zertifizierung für FOGRA PSO
- Zertifizierungssystem FSC®
- Leitlinien zur klimaneutralen Produktion (Carbon Footprint)
- Zertifizierung EcoVadis (die Methodik besteht aus 21 Kriterien in den Bereichen Umwelt, Einhaltung menschlicher Rechte und Ethik)
- Zertifikat zum Energieverbrauch aus 100 % erneuerbaren Quellen
- Teilnahme am Projekt „Grünes Unternehmen“ zum Schutz von Naturressourcen und der menschlichen Gesundheit

1. Auflage 2022
ISBN 978-3-95587-783-5

www.battenberg-gietl.de